中国生物产业竞争力研究

Study on the Competitiveness of Chinese Biology Industry

白京羽　张领先　林晓锋　著

中国农业大学出版社
·北京·

内容简介

本书通过理论研究和实证分析，系统分析国内外生物产业发展现状、趋势及其政策，定量评估生物产业竞争力，探索适合中国生物产业发展的新思路、新方法、新路径。重点基于生物产业发展和竞争的特点，借鉴波特的“钻石模型”，提出改进的、六个方面决定因素的生物产业竞争力关系模型；利用层次分析法建立生物产业竞争力评价体系，并分别进行国际测定和国内省际具体测定；提出提升中国生物产业竞争力的政策建议。研究成果以期为我国生物产业发展与规划提供理论与方法支撑。

图书在版编目（CIP）数据

中国生物产业竞争力研究/白京羽，张领先，林晓锋著. —北京：中国农业大学出版社，2020.8

ISBN 978-7-5655-2423-3

Ⅰ. ①中… Ⅱ. ①白… ②张…③林… Ⅲ. ①生物技术产业-竞争力-研究-中国 Ⅳ. ①F269.24

中国版本图书馆 CIP 数据核字（2020）第 175426 号

书　　名　中国生物产业竞争力研究

作　　者　白京羽　张领先　林晓锋　著

策划编辑　张秀环　　　　**责任编辑**　张秀环

封面设计　郑　川

出版发行　中国农业大学出版社

社　　址　北京市海淀区圆明园西路 2 号　　　　**邮政编码**　100193

电　　话　发行部 010-62733489，1190　　　　读者服务部 010-62732336

编辑部 010-62732617，2618　　　　出　版　部 010-62733440

网　　址　http：//www. caupress. cn　　　　**E-mail** cbsszs @ cau. edu. cn

经　　销　新华书店

印　　刷　河北华商印刷有限公司

版　　次　2020 年 8 月第 1 版　　2020 年 8 月第 1 次印刷

规　　格　787×1 092　　16 开本　　13.25 印张　　330 千字

定　　价　48.00 元

前言 PREFACE

当前，现代生物技术开始进入大规模产业化阶段，全球范围的竞争日趋激烈。当前中国面临大幅提升生物产业国际竞争力的历史机遇，并且具备了一定的实力。因此，研究中国生物产业竞争力具有重要的现实和理论意义。

《中国生物产业竞争力研究》一书主要从生物技术研究领域的发展现状与趋势、生物产业发展的国际比较、中国生物产业发展现状、中国生物产业竞争力因素、中国生物产业国际竞争力、中国省际生物产业竞争力和国内外生物产业发展政策等方面展开研究。该书通过理论研究和实证分析，系统分析生物产业国内外发展现状、趋势及其政策，定量评估生物产业竞争力，探索适合中国生物产业发展的新思路、新方法、新路径，以期为我国生物产业发展与规划提供理论与方法支撑。

全书共分 8 章。

第 1 章为绪论，分析国内外生物产业发展与政策相关研究现状，阐述全书研究内容、研究方法与研究的技术路线，统领全书。

第 2 章为生物技术研究领域的发展现状与趋势，通过 Web of Science 数据库对全球生物产业研究文献进行计量分析，探寻全球生物产业研究发展的现状特征以及热点趋势。在全球生物经济蓬勃发展和国际高技术产业加速竞争的背景下，中国应在现已形成的良好发展基础上，顺应未来科技发展热点趋势，抓住机遇加强生物技术研究。应当加大基础科研投入，加强国际一流研究机构和高素质人才队伍建设，注重高质量研究成果产出与技术转化，加强国际合作交流，提高生物技术领域全球影响力与竞争力，以期为生物产业发展提供关键要素支撑，在新一轮的生物技术产业革命中抢占先机。

第 3 章为生物产业发展的国际比较分析，重点分析了国际生物产业发展的概况及其趋势、主要国家和地区生物产业发展情况及其关键影响因素、国际生物产业主要专业领域的发展及其趋势，生物产业发展的国际经验借鉴。目前全球生物科技重大成果频频涌现，各类颠覆性新技术为生命科学的发展与变革创造机遇。世界生物产业龙头企业市值集聚分布明显：美国引领全球生物产业；欧洲成为全球生物产业第二大经济体；加拿大生物产业均衡发展；印度生物医药产业借助信息业的高速发展，其生物信息学处于世界领先水平；日本是生物科技强国之一，在生物科技领域的科学研究实力雄厚，生物科技产业发展迅速，发酵工程、生物医药、生物环保、生物能源等多个生物技术产业领域均具有独特优势；韩国生物医药产业市场规模庞大。中国生物产业已初步具备国际竞争力，但与世界先进生物产业国家和地区相比还有一定差距，中国生物类似物研发总量领先全球，研发效率和质量不高。

第 4 章为中国生物产业发展现状分析，分析了我国生物产业发展概况（特征与发展态势、规模、区域分布、经营状况、领域分布），总结分析了我国部分国家生物产业基地发展现状，分析我国生物产业主要专业领域（生物医药、生物农业、生物工业、生物能源）发展现状，揭示了我国生物产业发展的优势和劣势。“十二五”以来，中国生物产业发展迅速，其复合增长率超过 15%，2015 年产业规模超过 3.5 万亿元。经过多年发展，中国在超级杂交稻育种技术与应用、转基因植物研究等领域达到国际先进水平，其中基因检测服务能力在全球已处于领先地位，出口药品已从原料药向技术含量更高的制剂拓展。此外，中国生物产品出口快速增长，出口结构不断优化。中国生物产业上市企业空间集聚态势明显，主要聚集在经济发达的省份或城市。上市企业最多的地区为广东省，其次为浙江省、北京市、江苏省、山东省和上海市。生物产业内部行业发展极不均衡，生物医药业占整个行业比重超过 80%，生物农业、生物质能分别占比 8%和 6%，生物工业行业份额最小，仅占比 3%。

第 5 章为中国生物产业竞争力因素分析，界定生物产业概念和生物产业竞争力的理论内涵，比较分析了竞争力的主要理论模型，基于生物产业发展和竞争的特点，借鉴波特的“钻石模型”，提出生物产业竞争力的判断基准和决定因素。

第 6 章为中国生物产业国际竞争力评价，从生物资源条件、技术创新能力、人才竞争力、资本竞争力、生物安全监督管理和政府支持力度六个方面提出生物产业国际竞争力评价指标体系，并利用层次分析法建立了生物产业国际竞争力的评价模型，对中国生物产业国际竞争力进行定量评估。中国生物医药产业国际竞争力已上升至世界第二，其与第一名美国之间的差距主要来源于市场需求开发、科技研发投入、资本市场支持、相关基础设施建设以及下游产业发展。

第 7 章为中国省际生物产业竞争力评价，从影响省际生物产业竞争力的各个因素入手，分别定量评价中国省际生物医药、生物农业、生物工业、生物能源等产业竞争力，揭示基于省（自治区、直辖市）域生物产业发展的竞争态势。我国生物医药产业竞争力较强的地区包括浙江省、山东省、上海市、广东省和江苏省等；生物能源产业竞争力较强的地区包括山东省、安徽省、河南省、黑龙江省和江苏省等；生物农业产业竞争力较强的地区包括山东省、北京市、广东省、河南省和江苏省等；生物工业产业竞争力较强的地区包括广东省、江苏省、山东省、浙江省和上海市等。

第 8 章为国内外生物产业发展政策研究，比较分析国际生物产业政策变化，从中国生物产业政策概况、结构性政策和配套性政策方面时序分析了中国生物产业政策变化，总结比较了中国部分省（自治区、直辖市）生物产业政策变化，提出提升中国生物产业竞争力的政策建议。美、欧等发达国家与地区已经形成一套较为完善的政策支持体系，全方位促进区域内生物产业的发展。美国主要是通过建立高层协调机制和产业组织体系、实施专项计划、制定税收优惠政策和设立生物产业基地等措施全方位支持其生物产业发展。欧洲重视生物技术发展战略，加大生物技术研究投资，改革税收制度，促进了欧洲生物产业的蓬勃发展，使欧洲生物产业在全球舞台上扮演着重要的角色。日本主要是制定生物技术战略，加大重点项目资金资助，促进“产学官”的联合。印度政府大力支持生物信息技术的研究，采取加大税收优惠政策和创造良好的法制环境，助推其生物产业迅速发展。中国将生物产业列为重点培育发展的战略性新兴产业之一，出台实施了一系列财税、价格、金融等优惠政策，生物产业保持了健康发展的良好态势。当前我国生物产业以政府主导型产业政策模式为主，还有零星分散的专项产业政策、条块分割的产业调控政策以及促进集聚的产业布局政策。主要省（自治区、直辖市）生物产业促进手段和优惠政策各具特色，但共性的产业推进措施主要包括保障资金支持、促进人才引进、创新体系建设、注重市场培育、引导产业发展方向以及加强组织和办事机制保障等。该章最后从明确我国近期生物产业发展重点、制定促进我国生物产业发展的政策、进一步加强对生物产业集聚区的扶持、针对主要专业领域组织实施产业发展专项计划等方面提出了提升中国生物产业国际竞争力的政策建议。

本书研究过程中，傅泽田教授等专家对本研究的选题、研究方法与模型算法给予了大力帮助，做出了贡献；研究生李博（第3章）、尹政清（第2章、第7章）、丁俊琦（第4章）、许舒瑶（第8章）在本书的编写过程中做了大量富有成效的研究工作，这里一并表示感谢！

本书可以为生物产业、产业经济和产业政策等学科研究的理论界同仁和从事该领域研究的研究生提供参考，也可以供高技术产业管理部门及生物产业综合服务机构参考使用，还可以为生物产业生产经营主体提供指导。

由于作者的水平和能力有限，书中错误或不妥之处在所难免，诚恳希望同行和读者批评指正，以便今后不断改正和完善。

著者

2020年8月于北京

目录 CONTENTS

第1章 绪论

1.1 问题提出与研究意义

随着生命科学研究和生物技术创新的一系列重大突破和应用，世界范围内正在孕育一场具有划时代意义的生物科技革命和产业革命，生物产业是当今世界经济中极富活力的先导性、战略性产业，生物技术产业（biotechnology industry）（詹姆斯·D. 盖斯福德等，2003）必将成为21世纪的主导产业。伴随着生命科学领域一系列重大科学技术突破，生物产业正在展现出无可估量的前景。生物科技革命和产业革命将为中国全面建成小康社会、实现中华民族伟大复兴提供强有力的技术和产业支撑。提升生物产业国际竞争力、抢占生物经济[1]时代制高点、保障国家生物安全，已经成为世界各国特别是大国经济社会发展的战略重点。目前中国生物技术产业面临巨大的挑战和机遇，如果战略措施正确，完全可以大幅提高我国生物技术产业国际竞争力并实现跨越式发展（彭熠等，2006）。生物产业是21世纪创新最为活跃、影响最为深远的新兴产业，是我国战略性新兴产业的主攻方向，对于我国抢占新一轮科技革命和产业革命制高点、加快壮大新产业、发展新经济、培育新动能、建设“健康中国”具有重要意义。

1.1.1 生物产业的地位和战略作用

发达国家靠第一次工业革命起家，并且在第二次工业革命——信息革命中又占据了绝对优势，现在正试图在第三次工业革命——生物产业革命中抢滩领先。那么，生物产业为什么成为继传统工业、信息产业后的第三次工业革命呢？这是由生物产业在世界经济发展中的特殊地位所决定的。

1）生物技术可能解决世界的粮食问题

当前世界的粮食供应有两个非常显著的特点。一方面，发达国家由于工业与信息革命的进步、新技术（如育种、灌溉及其他技术）的应用及自然环境的逐渐改善，加上人口稳定及食物结构调整，粮食明显处于供大于求（政府被迫补贴以少种养农），急需开拓发展中国家这一潜在的市场以输出农业产品；另一方面，发展中国家的人口急剧膨胀、资金短缺、食物严重匮乏，粮食问题已经是这些国家所必须正确应对的重大问题。

---

1 生物经济（bio-economy）的概念由斯坦·戴维斯（Stan Davis）和克里斯托弗·迈耶（Christopher Meyer）于2000年正式提出。

生物技术的发展为农业注入了新活力。通过基因克隆、转基因及动植物克隆等新的生物技术，已使主要农作物（如玉米、黄豆、棉花、马铃薯、番茄等）的抗逆能力（如抗虫、抗病、抗除虫剂等）显著增强，使动、植物产品的产量与品质成倍提高，消耗进一步降低，成本减少，造就了发达国家经济增长新的突破口，也为广大发展中国家提供了低成本的粮食。

2）生物技术可能解决世界的能源问题

除了少数石油输出国以外，多数发达国家与发展中国家都面临严峻的能源紧缺局面。部分国家正在探索采用生物技术以弥补不足。生物能量转化可能是太阳能利用的最佳方式，目前植物储存的能量仅有7%被利用。1998年，以天然植物/农作物作为原料的能源生产已占美国能源总量的3%。美国与法国都在尝试用生长快、含能高（如芦苇类植物、农作物秸秆）的植物作为燃料直接发电。有科学家正在用生物技术改造原有的酒精等燃料发酵菌，或者用生物技术将植物油直接转化为可燃油（生物柴油的热能效率为普通柴油的四倍）。这些生物“汽（柴）油”具备了能效高、污染少、性能优以及可持续性等特点，随着技术的提高以及成本的降低，可能部分取代石油燃料。我国的生物资源丰富（仅农产品秸秆年产量约7亿吨），通过生物技术研究，无论是“以‘生’发电”，还是“以‘生’代油”都必将大有作为。

3）生物技术可以提高广大人民群众的生活质量

健康是人类的基本需求之一，又是每一个人的最高追求之一。因此，有效减轻每个社会成员的疾苦是各国政府必须考虑的问题。目前，医疗费用已成为许多国家不堪忍受的负担。据统计，美国国民的医疗支出约占国民经济总产值的20%，而我国政府的医疗费用支出也占了年财政支出的7%。医学科学研究发现，人类的疾病都直接或间接与基因相关，许多基因如胰岛素、生长激素、干扰素、红细胞生长促进因子基因等，可以直接开发成为基因药物，或者作为医药工业筛选新药物的“靶基因”，从而加快新药开发。对DNA序列多态性的研究还将有助于诠释人类不同个体对环境与疾病的抵抗能力，有利于按照每一个人的基因特点对“因”下药，形成二十一世纪的医学——“个体化医学”。同时，生物技术还可快速更新传统医药工业，比如生物改良的青霉素产生菌产量成倍增加，药效提高，副作用显著降低。

4）生物技术已经成为环境保护、资源保存和利用的重要力量，将为社会提供大量新的就业机会，成为新的经济增长点

我国的农业动植物品种数量约占全球总数的1/3，对世界新品种的培育发挥了重要作用。一些发达国家对我国的农业动植物品种资源高度关注，处心积虑想获得这些珍贵的资源，生物技术已经成为资源保护与利用的重要技术手段。我国人均年产垃圾440千克，已经高于人均粮食的年占有量。我国城市生活垃圾总量已经进入世界垃圾高产国行列，增长速率居世界第一位，但对垃圾的无害化处理率低下，历年垃圾累计达60多亿吨，占地5万多公顷，仅北京市的年产垃圾堆起来就相当于2.5个景山。利用生物技术手段对垃圾进行减量处理和再生利用，将对环境建设、疾病控制等产生深远影响。此外，生物产业与传统制药业和现代农业相结合，必将成为国民经济新的支柱产业，并提供大量新的就业机会。

此外，生物武器杀伤力大，持续时间长，因而是危险性极大的战略武器之一。由于人类及病原基因组研究与生物技术的发展，传统生物武器（如毒气、自然致死源、致病源及其粗培养品等）有可能被正在研制发展中的新生物武器所取代。就当前全球形势来看，作为战争的特殊方式，恐怖主义将有可能进一步抬头。只有全面掌握生物技术与生物武器的基本规律，才能知己知彼，防患于未然，保证我们国家的长期稳定发展。

1.1.2　中国生物产业竞争力发展的阶段描述

2010—2015 年，我国政府大力引导和推动生物产业建设规模，我国生物产业发展迅速，至 2015 年底，产值总量超 4 万亿元，同 2011 年产值 2 万亿元相比，增长了一倍，且占高科技产业总产值的 30%（刘畅和张晓辉，2016）。

1）我国具备发展生物产业的较好基础

（1）我国农业、中医、中药发展源远流长，具有发展生物产业、生物经济深厚的文化底蕴。我国是世界农作物起源的八大中心之一，有 7 000 年的农业历史。在长期的实践中形成了异常丰富的农作物和驯养动物遗传资源；中医药是目前世界上保存最为完整、流传最悠久的传统医药体系。在几千年的历史长河中，中华民族创造了以“天人合一”，辨证治疗和简、便、验、廉为特点的中医药理论体系和医疗模式，仅秘方、验方就达 30 万首，药典记载的有 6 万首。我国是最早发明和使用发酵技术的国家之一。早在公元前 500 年，我国就开始生产抗生素，公元 100 年又首次生产和使用杀虫剂。

（2）我国生物资源丰富，为发展生物产业、生物经济提供了宝贵的“基因资源库”。我国国土辽阔、海域宽广，自然条件复杂多样，加之有较古老的地质历史，孕育了极其丰富的植物、动物和微生物物种。全国高等植物有 30 000 多种，脊椎动物有 6 347 种，分别占世界总种数的 10%和 14%；药用植物有 11 000 多种，牧草 4 200 多种；经济树种有 1 000 种以上；陆地生态系统类型达 599 类。目前已知脊椎动物中有 667 种、种子植物中 17 300 多种、真核微生物中 2 000 多种是我国特有的。

（3）我国经济发展已进入全面建成小康社会和全面建设社会主义现代化强国的新阶段，为发展生物产业提供了广阔的市场和内在动力。经过 40 多年改革开放和经济快速发展，我国已达到了人均国内生产总值 10 000 美元的新的战略起点。人民生活由“消费型”向“发展型”升级，在基本解决“吃饭”问题之后，城乡居民对“健康消费”的支出大幅上升。同时，未来一段时期，我国将逐步进入老龄化社会，老年人用药总额将会快速增长；此外，随着我国工业化、城市化的加快，经济社会发展中的资源、环境瓶颈制约将日趋突出，迫切需要加快发展生物农业、生物化工、生物能源、生物环保等产业，推动循环经济和知识经济发展。

（4）具有社会主义集中力量办大事的制度优势。我国实行的社会主义市场经济制度，既有利于集中力量办大事，又能充分发挥市场机制的作用。

（5）生物产业相关人才储备较为丰富。为了学习先进的生物技术，我国积极鼓励优秀人才到海外学习，同时增设了许多科研院校，为生物产业发展提供了丰富的人才储备。目前，我国已形成了较为成熟的生物产业人才培训体系，在近千所高校中设置了生物学相关专业，还专门设置了数百所科研机构，全面培养生物技术人才。现有的生物技术人才数量较多、质量较高，为生物产业发展打下了坚实的基础，有利于我国生物产业竞争力进一步提升（赵嶂峰和陆一峰，2016）。

2）当前生物产业发展存在的突出问题

（1）生物企业规模普遍偏小、国际化程度较低。发达国家拥有一批跨国企业，可以在全球范围内整合资金、技术、市场、人才等资源，实现利益最大化。同发达国家相比，我国企业普遍规模较小、国际化程度低。

（2）自主创新能力不强。据有关资料显示，目前世界范围内正在研发的生物技术药物品种的63%在北美，25%在欧洲，7%在日本；生物技术专利的59%来自美国，19%来自欧洲，17%来自日本。我国除极少数生物技术药品拥有自主知识产权外，其他多为仿制或跟踪国外产品，目前97%的药品为仿制品。据有关专家估计，目前我国生物医药中上游技术比国际先进水平落后3～5年，而下游工程技术方面落后15年以上。

（3）政策、体制等方面还不能完全适应加快生物产业发展的需要。一是生物产业发展宏观管理缺乏强有力的协调机制。由于生物技术及产业的特殊性和历史原因，目前我国生物产业的技术研发、产业发展、安全监管、国际合作、人才培养等管理分散在多部门管理。由于管理职能分工不同，认识上的差异，加上现行管理体制存在的问题，不可避免地产生政出多门，政策不配套，造成生物产业链条、价值链条被分割，有限资源投入分散、效率不高。二是科技体制、投融资体制、医疗卫生体制等亟待完善。目前，以企业为主体的产业创新体系尚未完全建立，生物技术工程化环节薄弱，科技中介体系不发达，生物科技与经济结合不紧密的问题仍然十分突出。全国生物科技成果转化率不到5%，融资渠道严重不适应生物产业快速发展的要求。三是生物企业税负重。目前发达国家普遍实行消费型增值税，给予创业投资发展包括财政补助、税收优惠、政府担保等多方面的支持，而我国税制结构单一，对生物企业仍然实行生产型增值税。由于生物技术产品生产原材料投入少，同时从研究开发、临床试验到上市的周期长（至少在5年以上），所以增值税抵扣少，生物技术企业实际税负较重。

3）我国生物产业发展面临的机遇与挑战

我国具备加快生物产业发展的较好基础和诸多优势，面临跨越发展的重大战略。但同时也必须清醒地看到，我国生物产业发展总体经济技术基础与发达国家相比还存在较大差距，面对发达国家先发优势的挑战，如果不能把握稍纵即逝的机遇，有可能迅速拉大与发达国家的差距。

（1）我国生物产业发展面临重大机遇。一是时代机遇。当前，生物产业发展刚刚处于成长期，产业内尚未形成类似汽车、半导体、软件等那样由少数跨国公司控制产业发展的垄断格局，为我国在局部领域实现跨越式发展提供了时间和空间。我国可以充分利用这一时期，在具有产业经济技术基础的领域，抢占某些制高点，在国际分工格局中占据有利地位。

二是全球化机遇。生物产业发展具有资源依赖性强、高投入、高风险、高效益、长周期等特征。从生命科学研究、生物技术发明到进入生物经济时代，需要庞大的人力、财力投入，需要全球市场分摊创新成本，任何一个国家都难以独立承担。国际合作将是生命科学研究、生物技术创新和生物产业发展的基本特征。这为我国发挥生物资源丰富、市场潜力巨大等比较优势，广泛参与国际分工交流与合作，实现生物产业快速发展提供了有利条件。

三是生物产业与传统产业联动发展机遇。我国传统产业所占比重较大，生物技术应用的领域更加广泛，发展空间也比较广阔。我国可以坚持以应用促发展的方针，把发展生物经济、循环经济、知识经济和改造提升传统产业结合起来，进一步发挥我国在农业、化工、冶金等领域的比较优势，提高出口产品的附加价值，在发展生物经济的同时，促进我国经济社会的协调可持续发展。

(2) 我国生物产业发展面临的挑战。生物产业国际竞争是一国资源、资金、技术、人才、市场、企业、体制等要素综合实力的较量。必须清醒地看到，尽管在发展生物产业、生物经济方面，我国具有诸多有利条件，但与美国和日本等发达国家相比，我国生物产业总体经济技术基础与实力还存在较大差距。比如，发达国家财力雄厚，具备完善的资本市场，而我国融资渠道单一，资本市场不健全；发达国家拥有一批跨国企业，可以在全球范围内整合资金、技术、市场、人才等资源，实现利益的最大化，而我国企业普遍规模较小、国际化程度低；发达国家在培育新兴产业方面已经形成了比较完善的体制机制和政策环境，而我国社会主义市场经济体制初步建立，在政策、体制等方面还有许多地方不适应加快生物产业发展的需要。实践证明，新科技革命和产业革命的孕育期，是后发国家实现跨越发展的重大战略机遇期，同时，也有可能与发达国家的差距迅速拉大（綦成元等，2005）。

1.1.3　生物产业竞争力研究的目的和意义

当前，生物产业在医药生物技术、农业生物技术、工业生物技术三个产业化浪潮推动下正快速由最具发展潜力的高技术产业向高技术支柱产业发展。世界各国的政府和公众愈来愈意识到生物产业的巨大发展潜力及对人类和社会巨大而深远的影响，纷纷把发展生物产业作为基本国策。现代生物技术开始进入大规模产业化阶段，全球范围的竞争日趋激烈，使生物产业竞争力的研究日趋紧迫。生物产业竞争力是竞争力在生物产业层次上的体现，而其决定因素和测评模型的设计是研究的核心内容。

生物产业必将成为 21 世纪的主导产业，其发展对我国经济社会发展具有极其重要的意义。我国面临大幅提升生物产业国际竞争力的历史机遇，并且当前具备了一定的实力。在影响我国生物产业国际竞争力诸决定性因素中，我国在科学技术基础、投入力度与投融资机制、人力资源、政策、产业布局与结构等主要因素方面各具竞争优势与劣势。应当根据上述因素，借鉴生物产业发达国家有关政策和做法并结合我国具体国情制定相应政策，全面提升我国生物产业国际竞争力（彭熠等，2006）。

本研究的主要目的是力图在理论和实证两个层面对生物产业竞争力研究做出一定的贡献。在理论层面上，本研究试图在对竞争力理论成果进行梳理的基础上，将竞争力的一般理论引入生物产业领域，结合中国生物产业发展的具体特征，建立一个适合于中国生物产业竞争力分析的系统框架；提出并尝试解决一些在生物产业竞争力研究中客观存在但却被忽视的重要问题。在实证层面上，本研究一方面试图达到解决一定实际问题的效果，另一方面也是对理论研究提出的框架体系与分析思路的应用和验证。因此，实证研究力图在理论框架内，采用理论部分提出的方法与评价体系，对中国生物产业竞争力进行具体测定，并为中国进行生物产业技术创新与产业结构调整、加大政府对生物产业支持力度等提供理论和实证依据。简而言之，本研究是对中国生物产业竞争力进行的专项研究。对中国生物产业竞争力进行指标测度，使人们对中国生物产业竞争力的状况有一个比较正确的认识；同时，在实证研究的基础上，提出全面提升中国生物产业竞争力的对策。

1.2 生物产业竞争力及其相关概念

1.2.1 生物产业的概念及分类

1）生物技术

目前，国际上对生物技术的定义比较多，定义内涵总体上也比较宽泛。美国生物技术工业组织（BIO）对生物技术的定义是“利用细胞的和分子的处理加工去解决问题和制造产品，是相关技术的集成”。《生物多样性公约》对生物技术的定义是“利用生物系统、活生物体或者其衍生物为特定用途而生产或改变产品或过程的任何技术应用”。经济合作与发展组织（OECD）对生物技术的定义是“将科学与技术应用于生物有机体及其部分、产物和模型以改变生物及非生物材料而创造知识、产品以及服务”。在此定义下，OECD又给出了生物技术所包含的具体内容，主要有：DNA（译码），包括基因组、基因治疗、基因探测器、DNA测序/合成/复制、基因工程；蛋白质和分子（功能团），包括蛋白质/缩氨酸测序/合成、脂类/蛋白质多糖工程、蛋白工程、激素及生长因素、细胞感受器/信号化/信息素；细胞及组织培养和工程，包括细胞/组织培养、组织工程、杂交、细胞融合、疫苗/免疫激素、胚胎繁殖；生物处理，包括生物反应器、生物处理过程、生物萃取、生物浆化、生物脱硫、生物补救、生物过滤；亚细胞，包括基因治疗、病毒工程。

比较上述定义可以看出，几大权威机构对生物技术定义或在强调现代生物技术的同时，又注意扩展其范围；或对生物技术做出宽泛的表述之后又强调现代生物技术的核心地位。这种两难的境地完全是由生物技术现实状况所决定，一方面生物技术正处于日新月异的发展之中，存在着未来发展的不确定性；另一方面，基于现代基因和细胞的生物技术表现出不可估量的应用前景，是当前科研和产业化的重心之所在。

相比较而言，选择OECD对生物技术的定义作为生物产业定义的依据。首先，这个定义是开放的；其次，定义中强调了产业要素，更接近产业定义；最后，定义对现代生物技术的补充界定为确定生物产业的新兴行业提供了基本线索。

2）生物产业的定义及内涵界定

产业的概念具有多层次性，是与社会生产力发展水平相适应的社会分工形式的表现，是一个多层次的经济系统。产业是居于微观经济的细胞（企业）与宏观经济的单位（国民经济）之间的一个集合概念。它是具有某种统一属性的企业的集合，又是以某一标准划分的国民经济的组成部分。

产业既不是某一企业的某些经济活动或者所有活动，也不是部分企业的某些或者所有经济活动，而是指具有某种同一属性的企业经济活动的总和。从需求的角度来说，产业是具有同类或者相互密切竞争关系和替代关系的产品或者服务的集合；从供应的角度来说，产业是指具有类似生产技术、生产过程、生产工艺等特征的物质生产活动或者类似经济性质的服务活动的总和；从经济实体的角度，产业是生产同类产品及其可替代品的企业的集合。

生物产业既包括采用以基因工程和细胞融合为代表的现代生物技术及以发酵为代表的近代生物技术成果形成的生物制造业，又包括因生命科学理论创新而丰富的生物资源，还包括相关服务业。具体来说，它包括生物医药、生物农业、环境生物产业、工业生物产业等。从产业链的角度来看，它既包括为生物技术研究提供支持的设备制造、制剂生产以及相关的信息服务业，也包括运用生物技术工艺进行生产或提供服务的产业，甚至相应的储、运、销等需要专门的生物技术知识与技能的产业也应包括在内。其中，生物科技界比较关注的是现代生物技术产业部分，它也是风险投资领域关注的焦点（张明菊，2006）。

全球生物产业处在高速发展阶段，然而到目前为止，国内外对生物技术产业/生物产业还没有一个标准的、统一的定义。对“生物产业”的称呼、内涵的理解，各国也不尽相同，有的国家称为“生物技术产业”，如美国、英国、印度；有的国家称为“生物产业”，如日本。相应地，各国对生物技术产业或生物产业的细分行业也没有一个标准的划分方法，有些国家的细分行业也只是按照生物技术在各领域的应用情况划分的。

国内对生物产业主要是采用如“生物技术与新医药产业”“现代生物技术产业”“生物技术产业”等这一类称呼。这些叫法过多地强调了生物技术或生物技术应用的领域。本书倾向于使用“生物产业”这一叫法，这种叫法有助于生物产业从科学家人群逐步进入政府、企业、投资者、消费者等社会大众的思维模式中。

对生物产业的定义是以以下两个定义为依据的：①经济合作与发展组织（OECD）对生物技术的定义。②国家统计局将产业定义为：同类生产经营活动单位的集合。

因而，简单地说，生物产业是由于生物技术在国民经济中的应用形成的产业活动。本文对生物产业规范的表述为：将科学与技术应用于生物体及其部分、产物和模型，为改变生物及非生物物质而创造新技术、产品以及服务的同类生产经营活动单位的集合。科学与技术的进步使生物体及其细胞的、亚细胞的和分子的组成部分成为可以利用的资源，这些资源是生物产业赖以存在的基础。科学及技术提供的手段对这些资源进行加工、改造、利用，以创造知识、制造产品或提供服务便构成了整个生物产业。由此可见，生物产业既包括采用以基因工程和细胞融合为代表的现代生物技术及以发酵为代表的近代生物技术成果形成的生物制造业，又包括因生命科学理论创新而丰富的生物资源产业，还包括相关服务业。以上三部分构成了生物产业的完整内容。

目前，生物科技界比较关注的是现代生物产业部分，这同样是风险投资领域关注的焦点。但是生物产业定义的最终效果要使整个产业边界清晰，保证生物产业的完整性，这同样是政府部门和社会大众所期待的。

3）生物产业的分类

生物产业可以划分为两大类领域产业，即传统生物产业（Ⅰ类）、现代生物产业（Ⅱ类）。

传统生物产业（Ⅰ类）是指运用传统工艺对动物、植物、微生物等进行加工处理，制造市场可流通商品的经济实体总和，其又可以分为发酵类（ⅠA）、天然药物/中药（ⅠB）和保健食品（ⅠC）三个中类。中类可继续往下分为若干小类，如表 1-1 所示。

表 1-1 传统生物产业（Ⅰ类）分类

中类	小 类
发酵类（ⅠA）	氨基酸（ⅠAa）、有机酸（ⅠAb）、酶制剂（ⅠAc）、酿酒类（ⅠAd）、维生素（ⅠAe）、抗生素（ⅠAf）
天然药物/中药（ⅠB）	中药饮片（ⅠBa）、中药提取物（ⅠBb）、中成药（ⅠBc）
保健食品（ⅠC）	功能性食品（ⅠCa）、营养素（ⅠCb）

现代生物产业（Ⅱ类）是指将现代生物技术的研究成果应用于各个相关行业，制造市场可流通的商品并规模化生产的经济实体的总和。现代生物产业主要包括生物医药（ⅡA）、生物农业（ⅡB）和生物工业（ⅡC），详细分类如表 1-2 所示。

表 1-2 现代生物产业（Ⅱ类）分类

中类	小 类
生物医药（ⅡA）	基因药物（ⅡAa）、人用疫苗（ⅡAb）、生化药物（ⅡAc）、诊断试剂（ⅡAd）
生物农业（ⅡB）	转基因农作物（ⅡBa）、现代育种（ⅡBb）、超级杂交稻（ⅡBc）、植物组织培养（ⅡBd）、生物农药（ⅡBe）、生物肥料（ⅡBf）、饲料添加剂（ⅡBg）、兽用疫苗（ⅡBh）
生物工业（ⅡC）	生物环保（ⅡCa）、生物材料（ⅡCb）、现代生物技术改造传统生物产业（ⅡCc）、生物能源（ⅡCd）

1.2.2 竞争力的概念及层次划分

竞争力是指为了自己的利益而跟别人争胜的能力。企业竞争力就是在竞争性的市场中，一个企业所具有的能够持续地比其他企业更有效地向市场（消费者，包括生产性消费者）提供产品或服务，并获得赢利和自身发展的综合素质。更为简单的说法是，有竞争力的企业是那些短期和长期都有效益和有效率的企业。

对于竞争力的分类，具有代表性的分类方法是：Donald G McFetridge（1995）认为竞争力可以分为企业竞争力、产业竞争力和国家竞争力。经济合作与发展组织（OECD）（1992）将竞争力区分为宏观竞争力（macroeconomic competitiveness）、微观经济竞争力（microeconomic competitiveness）和结构竞争力（structural competitiveness）。Fajnzylber 将竞争力区分为虚假竞争力和真实竞争力。张金昌博士认为从竞争主体的角度将竞争力分为国家竞争力、地区竞争力、企业竞争力、产业竞争力、区域利益共同体竞争力；从竞争对象的角度，将竞争力分为产品竞争力、价格竞争力、成本竞争力、生产率竞争力、规模竞争力、出口竞争力等。从研究的主流来看，竞争力的研究大致是沿着国家竞争力、产业竞争力和企业竞争力三个层次进行的。

1.2.3 产业竞争力的内涵及本质

1）产业竞争力的界定

产业竞争力是指一国或地区可贸易的产业以及从事贸易的企业在向本国开放外国市场上

所具有的开拓、占据其市场并以此获得利润的能力。它强调的是一个国家或地区的企业和行业在国际市场上所具有的动态的生产力的绝对优势。

产业竞争力的含义有三个方面：一是产业竞争力是一个涉及区域或者国家之间的经济关系并包含着比较优势的经济学概念；二是产业竞争力并不是指单个企业的竞争力的加总，产业内部企业之间的相互关系即产业组织结构、相关产业和辅助产业的状况以及国家的经济发展状况等都会对产业竞争力产生影响；三是产业竞争力是通过产品或者服务在市场上的份额来体现的，它取决于消费者的认知度，产业竞争力是产业资源配置效率与产业制度安排的结晶，其本质是生产力之间的较量。

2）产业竞争力的经济学分析

斯密（1776）认为，国民财富的增加是基于三个方面的原因形成的。一是加强分工，二是增加资本数量，三是改善资本。凯恩斯认为经济增长是由就业水平决定的，而就业水平是由国民收入水平决定的，因而，经济增长应该由国民收入来衡量。经济学家哈罗德和多马进一步丰富了凯恩斯的理论，提出现代经济增长的经典模型：假设单一品种的产品、单一水平的生产技术、资本折旧率为0，以固定速率增加的劳动力供给、资本产出比固定不变，若以G表示经济增长，S表示储蓄率即资本报酬率，C表示资产与产出之比，这一模型可以表示为$G=S/C$，该模型表明资本和劳动是不可替代的。

20世纪60年代，新经济增长理论对古典经济学的理论给予了修正和发展。新经济增长理论主要表现为三种观点：一是技术内生化，二是人力资本论，三是制度创新论。从经济增长理论的发展脉络可以看出，古典经济学派认为产业竞争力是来自资本，而新经济增长理论则对产业竞争力有了进一步的认识，认为除了资本之外，产业竞争力更为重要的来源是技术、人才及制度。由此，我们可以看到，对产业竞争力的经济性的解释逐渐走向深入。

1.3 研究内容和研究方法

1.3.1 研究内容

本研究立足于竞争力理论及比较优势理论，在借鉴其他理论成果的基础上，对中国生物产业竞争力进行实证研究，最后提出了提高中国生物产业竞争力的政策建议。

1）生物技术研究领域的发展现状与趋势

通过Web of Science（WOS）数据库对全球生物产业研究文献进行计量分析，探寻全球生物产业研究发展的现状特征以及热点趋势。从全球生物技术研究数量的时间特征、研究发展的时空特征、研究领域分布特征、研究机构的对比特征等方面，对比分析全球生物技术研究领域主要国家的研究现状；从国家（地区）间合作关系、全球生物技术研究热点及其研究领域交叉关联方面，时空分析生物技术研究相关的学科概念以及分支研究领域的交叉关联现状及其研究热点；归纳总结了全球生物技术研究发展趋势。研究成果对于相关研究和管理人员把握生物技术领域研究现状及其发展趋势，以及进一步指导生物技术成果转化和下游产业市场发展具有参考意义。

2）生物产业发展的国际比较分析

利用生物经济学、产业经济学和系统思想的理论与方法，分析国际生物产业发展概况，系统地总结和分析了主要国家生物产业发展情况和关键影响因素，归纳与预测了国外生物产业主要专业领域的发展及其趋势，借鉴生物产业发展的国际经验。

3）中国生物产业发展现状分析

从生物产业的特征与发展态势、规模、区域分布、经营状况、领域分布等方面，基于上市公司数据分析了我国生物产业发展概况；总结分析了我国部分国家生物产业基地发展现状；从生物医药、生物农业、生物工业、生物能源和生物环保等生物产业主要专业细分领域，分析我国生物产业主要专业领域发展现状，揭示了我国生物产业发展的优势和劣势。

4）生物产业竞争力因素分析

在界定生物产业概念和生物产业竞争力的理论内涵的基础上，概述竞争力理论，即对竞争力的内涵、竞争力的主要理论模型、竞争力的主要评价理论与方法做一些简单的介绍和评述。介绍了竞争力的主要理论模型，包括 Michael Porter 的钻石模型、Dong-Sung Cho 等的九因素模型和中国工业经济研究所的工业竞争力模型。介绍竞争力的主要评价理论与方法。由于生物产业发展和竞争具有的特点，借鉴波特的“钻石模型”，提出生物产业竞争力的判断基准，层次分析了生物产业竞争力的因素，并从生物资源条件、技术创新能力、人才竞争力、资本竞争力、生物安全监督管理、政府支持力度 6 个方面分析了生物产业竞争力的决定因素。

5）中国生物产业国际竞争力评价

确定中国生物产业国际竞争力评价指标体系的选择原则和条件。基于协同理论、经济增长内外生变量理论，提出生物产业竞争力评价的要素指标；在此基础上，选择评价中国生物产业国际竞争力的各指标，重点从生物资源条件、技术创新能力、人才竞争力、资本竞争力、生物安全监督管理和政府支持力度 6 个方面建立定量评价中国生物产业国际竞争力的指标体系，并通过层次分析方法确立了各指标的权重。利用层次分析法建立了生物产业国际竞争力的评价模型，并对中国生物产业国际竞争力进行具体测定；考虑中国的实际情况，本研究选择世界上著名的生物产业大国以及与中国相似的发展中大国，即美国、法国、德国、英国、日本和印度作为中国的国际参照对象。通过对中国和上述 6 个国家生物产业的国际竞争力进行综合评价与比较，衡量中国生物产业国际竞争力。

6）中国省际生物产业竞争力评价

从影响省际生物产业竞争力的各个因素入手，分别定量评价中国省际生物医药、生物农业、生物工业、生物能源等产业竞争力，揭示基于省（自治区、直辖市）域生物产业发展的竞争态势。结合中国省际生物医药、生物农业、生物工业、生物能源等产业特征，通过筛选有代表性的数据指标，构建中国省际生物产业竞争力评价指标体系；通过查阅文献，整理有关数据，对数据进行无量纲化处理得到标准数据，通过 KMO 和 Bartlett 球形检验值等检验指标进行效度检验，开展因子分析效果判断；通过总方差解释，开展主成分提取；从旋转后的因子载荷矩阵，确定因子类型；通过 SPSS 软件分析，对变量做线性回归得到系数的最小二乘估计，通过因子综合计算而得到综合绩效得分。

7）国内外生物产业发展政策研究

政府对生物产业的重视程度一定程度上促进了中国生物产业的发展，但是由于中国生物产业发展时间相对较短，产业技术和知识基础薄弱，在产业结构、组织、布局和技术方面均存在很多问题。如何谋划我国生物产业政策布局与导向，进一步推动产业的优化和升级是一个需要思考的问题。本部分比较分析了国际生物产业政策变化，从中国生物产业政策概况、结构性政策和配套性政策方面时序分析了中国生物产业政策变化，总结比较我国部分省（市、自治区）生物产业政策变化，探讨政策与产业发展实践之间的关系；基于中国生物产业竞争力分析与测定结果，从明确我国近期生物产业发展重点、制定促进我国生物产业发展的政策、进一步加强对生物产业集聚区的扶持、针对主要专业领域组织实施产业发展专项计划等方面，提出提升中国生物产业国际竞争力的政策建议。

1.3.2 研究方法

本研究总结和分析了国内外生物产业发展现状及趋势，基于生物产业发展和竞争特有的特点，提出生物产业竞争力的判断基准、决定因素和生物产业竞争力评价的要素指标，利用层次分析方法建立了中国生物产业国际竞争力的评价模型，并对中国生物产业国际竞争力进行具体测定。

（1）相关理论借鉴与引申相结合。本书将查阅国内外许多著名学者有关竞争力的大量理论文献，同时参阅众多相关书刊、杂志上关于竞争力的最新理论文献，借鉴其中的部分理论研究成果，并在此基础上做进一步探讨和引申，以期运用比较完整的竞争力理论来实证研究中国生物产业竞争力问题。

（2）理论分析与实证评价相结合。本书在对竞争力理论进行基本介绍的基础上，借鉴波特的“钻石模型”，基于生物产业特点提出生物产业竞争力的判断基准和决定因素，对中国生物产业竞争力进行具体测定，并在实证研究的基础上提出可行性对策，以期为提升中国生物产业竞争力提供理论依据。

（3）具体分析与抽象分析相结合。本书将在当前现代生物技术开始进入大规模产业化阶段，全球范围的竞争日趋激烈的现实背景下来研究中国生物产业竞争力问题，测度中国生物产业竞争力情况及其决定因素的影响力度。

（4）定性分析和定量分析方法相结合。本书将需要整理和处理大量的统计数据，利用层次分析方法建立了中国生物产业竞争力的评价模型，并对中国生物产业竞争力进行具体测定。

本研究具体研究技术路线如图 1-1 所示。

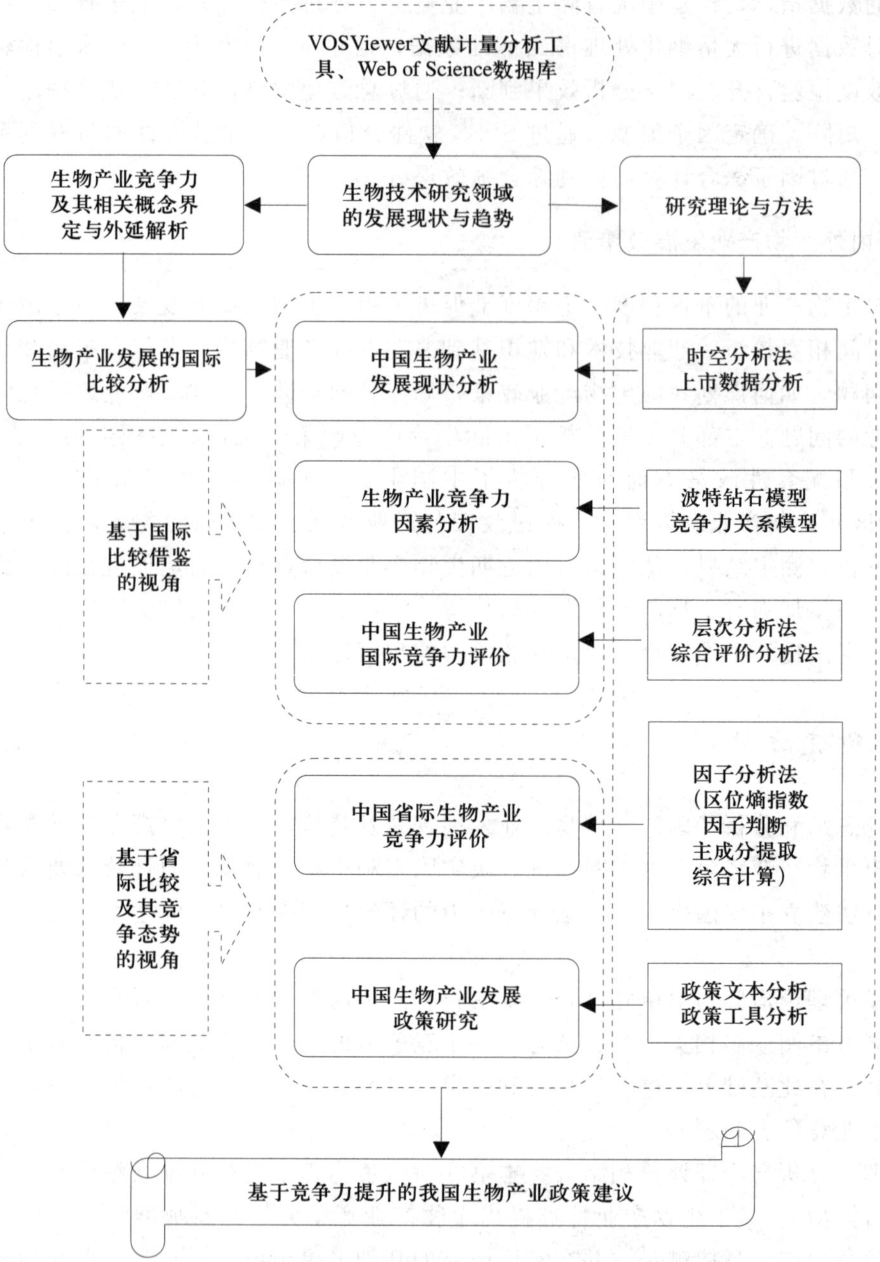

图 1-1 研究技术路线图

1.4 本书研究的特色与创新

综观目前国内外研究动态，本研究主体和内容设计与之比较，有如下几个方面的特色与创新。

（1）研究领域创新。本研究主体为中国生物产业竞争力问题。国内外有关竞争力的研究多集中在宏观层次的、国家综合部门或工业部门的国际竞争力的研究；有限的农业竞争力主题的国际竞争力、产业结构主题的国际竞争力等研究文献，涉及生物产业的内容极少；针对生物产业的特征，从国家的角度、大行业的角度、国际视野的角度对生物产业竞争力进行系统研究，几乎尚属空白。本研究基于生物产业发展和竞争具有的特点，借鉴波特的“钻石模型”，提出中国生物产业竞争力的决定因素。基于协同理论、经济增长内外生变量理论，提出生物产业竞争力评价的要素指标。利用层次分析方法建立了中国生物产业竞争力的评价模型。在竞争力理论、生物产业竞争力理论研究上有所创新。

(2) 本研究结合生物产业特征创新地提出了生物产业竞争力关系模型。由于生物产业发展和竞争具有的特点，借鉴波特的“钻石模型”并不能完全解释生物产业发展和竞争力。生物资源条件的优劣是生物产业能否可持续发展的特征，也是评价生物产业竞争力的重要因素。生物产业是一个新兴产业，人才的作用是十分重要的，因而是新兴的生物产业竞争力的重要来源。生物产业是一个新兴的技术推动型产业，而不是市场拉动型产业，只有生物技术发展到一定程度，生物产业才能实现技术突破、产品突破直至产业突破。因此，本研究总结提出生物产业竞争力的 6 个关键性影响因素：生物资源条件、技术创新能力、人才竞争力、资本竞争力、生物安全监督管理、政府支持力度。

(3) 本研究创新地提出了生物产业竞争力评价指标体系与评价方法。对竞争力研究方法的研究是研究竞争力的核心所在，国内外学者有过许多报道，但综观国家行业层次的国际竞争力研究方法则大多指标单一或层面单一，无法真正反映行业的国际竞争力的大小。本书采用定量与定性分析系统结合的方法，创新地提出了 6 类 43 个指标的生物产业国际竞争力评价指标体系，建立了中国生物产业竞争力测定模型，既反映生物产业某一时点的静态比较优势，又反映其未来时点的动态比较优势预测值；既反映某一时点的运行状况，又反映其未来时点的运行绩效前景估计值，为正确制定提高中国生物产业国际竞争力的政策和策略提供理论依据。

第 2 章　生物技术研究领域的发展现状与趋势

当前，全球各主要发达国家和新兴经济体为抢占生物产业发展制高点，纷纷加大了生物技术和生命科学的研究力度。我国政府同样重视生物产业的发展，2016 年国务院印发了《“十三五”国家科技创新规划》，提出发展先进高效生物技术，重点部署前沿生物技术的创新突破和应用发展；2017 年国家发展和改革委员会印发了《“十三五”生物产业发展规划》，进一步提出了生物产业发展的具体规划。因此探究中国在全球生物产业研究中的发展定位对于指导我国生物产业高质量发展、进一步缩小发展差距具有重要意义。相关领域研究文献的数量和质量正日益成为评价各国生物产业要素竞争力的重要指标之一，尤其是以高被引文献为代表的高质量研究成果正引领生物技术科研的前进方向，也正日益成为评估未来生物产业发展趋势的重要指标。本研究通过 Web of Science（WOS）数据库对全球生物产业研究文献进行计量分析，探寻全球生物技术研究领域的发展现状特征以及热点趋势，将为我国生物技术相关研究和生物产业的发展提供参考。

2.1　全球生物技术研究发展现状

1）全球生物技术研究数量的时间特征

以 2010—2019 年 Web of Science（WOS）数据库收录的生物技术研究文献的数据为例，其总体数量呈现稳步增长态势（图 2-1），由 2010 年的 16 304 篇增长到 2019 年的 35 826 篇，增幅高达 120％。

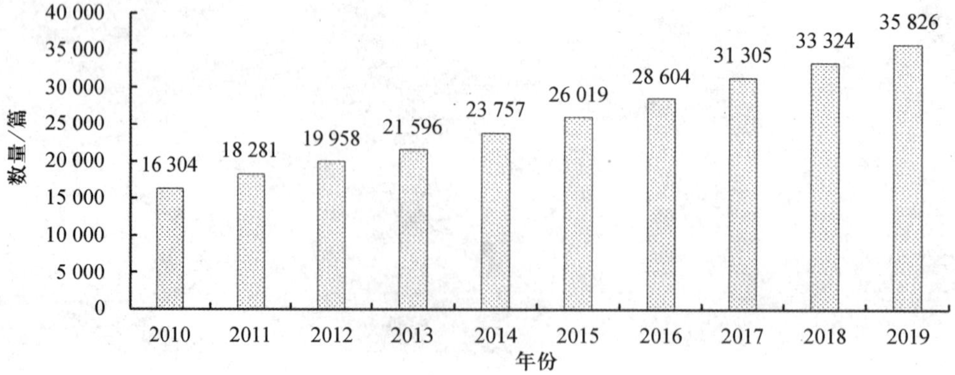

图 2-1　2010—2019 年全球生物技术文献发表数量

数据来源：WOS 数据库。

2）全球生物技术研究发展的时空特征

根据 WOS 数据库文献检索结果，统计了 2010—2019 年全球生物技术研究文献发表总量排名前 10 的国家，如图 2-2 所示。

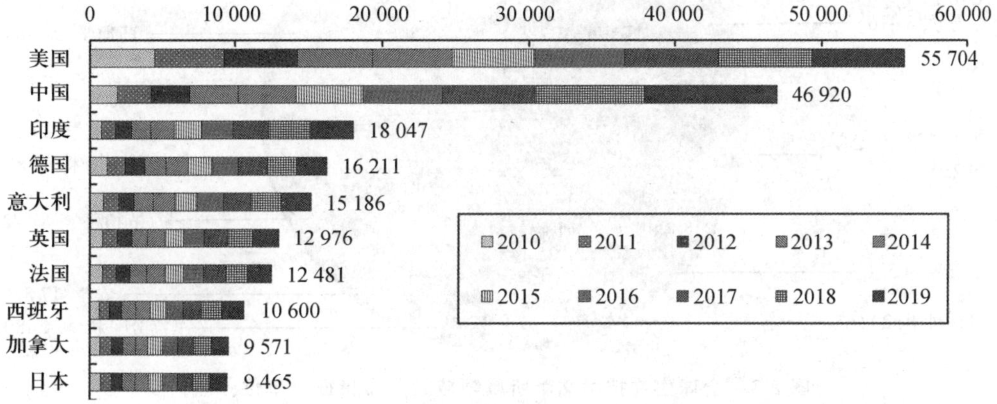

图 2-2　2010—2019 年全球生物技术文献发展的时空特征（单位：篇）

数据来源：WOS 数据库。

从空间分布特征来看，中国和美国以压倒性的优势占据全球生物技术研究文献数量的榜首。2010—2019 年两国发表的生物技术文献总数占据全球的 50%。其中，美国以 55 704 篇的总量领跑全球，中国以 46 920 篇的数量紧随其后；欧洲的整体生物技术研究竞争力也十分强劲，德国、意大利、英国、法国和西班牙分别位列全球第 4～8 名；全球生物技术研究的聚集性也十分明显，全球生物技术研究大国主要分布于北美洲、欧洲、东亚以及南亚地区，其中亚洲的生物技术科研大国包括中国、印度和日本。

从时间变化趋势来看，相较于西方发达国家，以中国和印度为代表的世界新兴经济体在生物技术研究领域的发展规模正逐步扩大。2018 年之前，美国每年的生物技术文献发表数量始终保持全球第一，而 2018 年以来，中国逐渐赶上并超越美国成为全球第一。印度在全球生物技术研究领域的竞争力增长同样迅速，其相关领域文献数量从 2010 年的 793 篇增长到 2019 年的 2 910 篇，从全球排名第 7 跻身世界第 3。这凸显了中国等发展中国家大力发展生物产业相关科学研究，意图在全球新一轮的生物产业发展竞争中赶超西方发达国家的决心与实力。

3）全球生物技术研究领域分布特征

图 2-3 统计了各生物产业对应的研究领域及其下属的分支学科的文献分布现状。总体来看，生物研究文献在各领域间的分布较为均衡。其中，生物医药相关研究文献的比例最大，其细分领域在五个领域中也是最多的；其次是生物农业、生物环保和生物能源领域，生物材料的研究文献数量最少。这反映了各领域全面发展的趋势，生物医药领域的研究规模最大，这可能与更高的生物医药产业发展的科研需求有关。

4）全球生物技术研究机构对比特征

表 2-1 统计了 2010—2019 年全球发文最多的 10 家国内外生物技术研究机构。从发文总

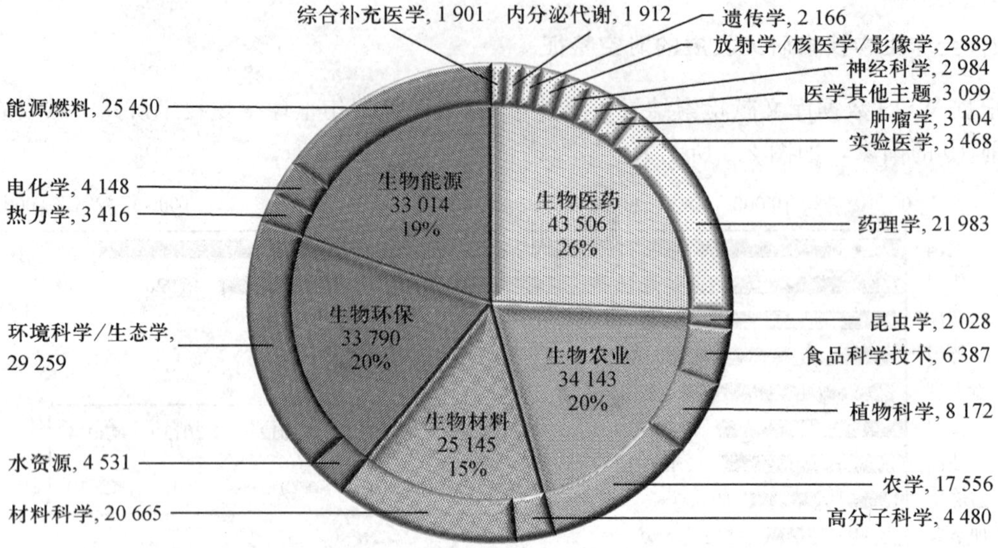

图 2-3　全球生物技术文献所属领域的分布特征（单位：篇）

数据来源：WOS 数据库。

数量来看，中国科学院和中国科学院大学分别以 6 938 篇和 2 109 篇的发文数量成为全球生物技术研究文献发表数量排名第 1 和第 6 的机构；发文数量前 10 的外国机构中，美国机构有 3 家，印度 2 家，法国、德国、西班牙、意大利和巴西各 1 家，其中法国国家科研中心和美国加州大学为国外机构发文最多的前 2 名。

表 2-1　发文数量前 10 位的国内外生物技术研究机构

外国机构	文献数量/篇	被引率/（次/篇）	中国机构	文献数量/篇	被引率/（次/篇）
法国国家科研中心	4 888	18.71	中国科学院	6 938	19.77
美国加州大学	4 003	32.32	中国科学院大学	2 109	16.50
美国能源部	2 826	33.13	浙江大学	1 323	18.44
德国亥姆霍兹联合会	2 175	27.15	清华大学	1 071	21.84
印度科学与工业研究理事会	2 006	15.60	上海交通大学	916	17.90
西班牙高等科学研究理事会	1 968	21.80	北京大学	873	23.10
意大利国家研究委员会	1 861	16.42	华南理工大学	830	19.87
印度理工学院	1 802	13.97	中国农业科学院	684	12.30
巴西圣保罗大学	1 590	12.92	复旦大学	667	20.83
美国农业部	1 575	20.69	四川大学	667	14.34

数据来源：WOS 数据库。

从国内机构特点来看，中国科学院以绝对优势成为生物技术研究领域内发文数量最高的机构，北京大学是文献被引率最高的机构；在这 10 所机构中，发文数量最多的生物技术研究机构类型大多为大学（80%）。

文献的被引频次越来越广泛地被用以评估科研成果的影响力，从全球各国生物科研机构发表文献的被引情况来看，发文数量最多的中国科学院文献被引率已经超过了法国、印度、意大利、巴西等国；从发表文献数量最多的中美研究机构来看，中国科学院的文献被引率为19.77 次/篇，相当于美国加州大学 32.32 次/篇的 61%；从中美两国被引率最高的研究机构来看，北京大学发表文献的被引率（23.10 次/篇），也仅为美国能源部相关研究单元（33.13 次/篇）的 70%，可见中国生物技术代表性研究机构的科研影响力已超过印度、巴西等国，与法国、意大利等欧洲国家水平相当，但与美国顶尖研究机构相比仍有一定差距。

2.2 全球生物技术研究热点现状

1）国家（地区）间合作关系分析

对 2010—2019 年高被引文献进行合作关系分析，得到全球各主要生物技术研究国家和地区间的合作关系图谱，如图 2-4 所示。

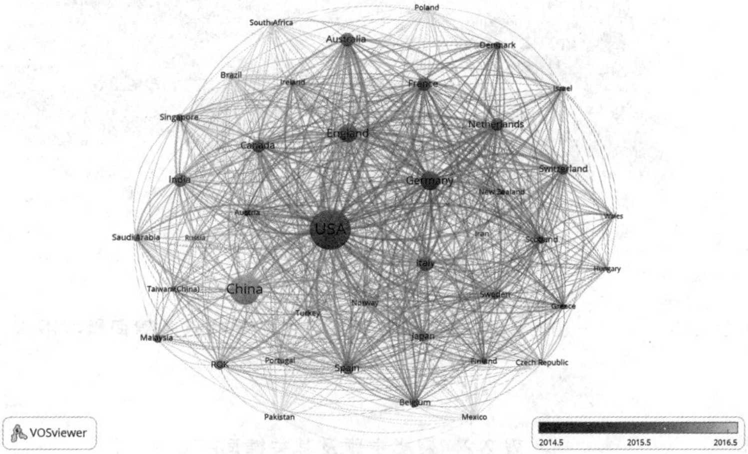

图 2-4　2010—2019 年全球各国和地区生物技术高被引论文数量及其平均发表时间

数据来源：WOS 数据库。

从文献总量（气泡大小）来看，高被引文献发表数量最多的国家（地区）是美国（1 599 篇），其次是中国（963 篇），德国和英国分别位居第 3（455 篇）和第 4（439 篇），这凸显了美国在生物技术研究领域强大的学术影响力，中国虽已超越英德等生物技术研究强国，但与美国相比仍具有一定差距。

从各国和地区研究合作的关联程度（连线密集程度）来看，美国与全球其他国家的合作关系最为密切，其次分别是德国、英国、法国和意大利，中国排名第 6，与欧美等国相比具有较大差距，反映了中国在生物技术研究领域的国际合作相对不足。

从各国和地区生物技术领域高被引文献的平均发表时间（色阶）方面，以美国、德国等国为代表的老牌生物技术研究国家，其研究开展的时间较早，也较早取得了具有全球影响力的研究突破；中国比欧美国家取得重大研究成果的平均时间稍晚，反映了中国在生物技术领域研究成果的逐步积累和未来发展潜力。

2）全球生物技术研究热点

通过对 2010—2019 年高被引文献进行聚类分析，得到热点关键词的共现图谱如图 2-5 所示。从共现频次的统计结果来看，排名前 10 的关键词中 production（生产）出现了 878 次、biomass（生物质）838 次、energy（能源）634 次、cell（细胞）624 次、source（资源）601 次、synthesis（合成）512 次、disease（疾病）488 次、function（功能）481 次、molecule（分子）452 次、protein（蛋白质）384 次。所有的关键词最终共形成 5 个聚类，从图中可以看出经过聚类得到的这 5 个簇分别以不同颜色展现在图谱中。虽然从文献聚类分析的结果中不能直接得到各个簇的研究主题，但可以根据其关键词组成情况推测得到（表 2-2）。从关键词数量及频次来看，生物医药研究是生物技术研究文献的热门主题，其次是生物能源和生物材料，而生物化学和生物农业领域的热度较低。

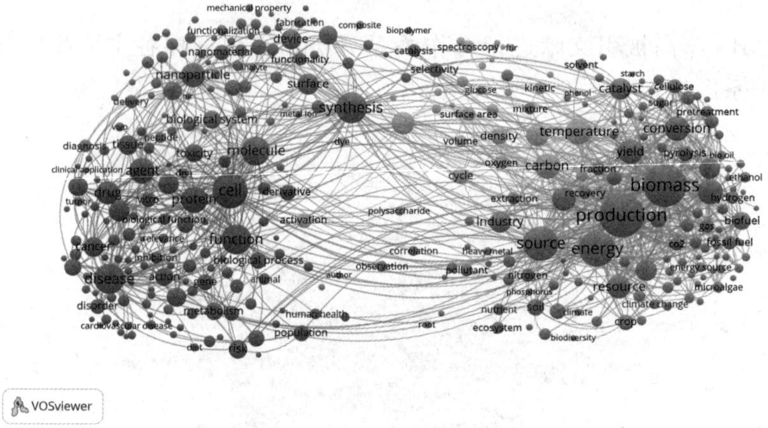

图 2-5　2010—2019 年全球生物技术高被引文献热点关键词聚类图谱

数据来源：WOS 数据库。

表 2-2　聚类主题及其关键词

聚类号	主题	关键词数/个	主要关键词
#1	生物材料	71	合成、分子、纳米粒子、表面、设备、聚合物 (synthesis，molecule，nanoparticle，surface，device，polymer)
#2	生物化学	31	温度、碳、稳定性、密度、激活、氧 (temperature，carbon，stability，density，activation，oxygen)
#3	生物医药	110	细胞、功能、疾病、蛋白质、媒介、药物、药品、治疗 (cell，function，disease，protein，agent，drug，medicine，therapy)
#4	生物农业	29	土壤、氮、农业、养分、生态系统、废水 (soil，nitrogen，agriculture，nutrient，ecosystem，wastewater)
#5	生物能源	99	生产、生物质、能源、资源、燃料、产量、转化、生物燃料 (production，biomass，energy，source，fuel，yield，conversion，biofuel)

数据来源：WOS 数据库。

3）全球生物技术研究领域交叉关联现状

从各簇之间的连线情况来看，各研究领域之间存在密切的交叉现象，其中生物材料和生物医药二者之间的联系较为密切，导致这一现象的可能原因一方面是细胞学（cell）、蛋白质组学（protein）、药物机理（drug mechanism）、毒理学（toxicity）等领域的生物医药研究需要分子生物学（molecule）研究的支撑；另一方面是以合成生物学（synthesis）、纳米生物技术（nanoparticle）为基础的生物医用材料的研发也为生物医药例如再生药物（regenerative medicine）、药物递送（drug delivery）、疾病诊断（diagnosis）、理化检测（detection）等领域研究的发展提供了重要的手段。

生物能源与生物化学和生物农业间的交叉研究现象也较为明显。在生物能源领域的研究中，以生物氢（biohydrogen）、生物柴油（biodiesel）和生物乙醇（bioethanol）为代表的生物燃料（biofuel）研究涉及生物燃料中的生物质能向电能（electricity）、热能（heat）等能源（energy source）的转化需要生物化学研究的协助；而生物能源本身是可持续的（sustainability），有助于缓解二氧化碳排放（CO_2 emission）、气候变化（climate change）、化石燃料（fossil fuel）污染等环境问题（environmental concern），在这一点上，生物能源的研究实质上也是对生物环保研究的表现；目前，人类的生物能源主要来自植物中的生物质能，其中农作物（crop）占了很大的比重，因此生物农业的研究为提高生物能源产量（yield）提供了科研支撑；现代农业的发展同样离不开生物技术研究，通过研究农业生态系统（ecosystem）中的生物治理（biological treatment）方法以提高生物多样性（biodiversity），降低农药化肥给土壤（soil）带来的重金属污染（heavy mental pollution），提高污水处理（wastewater treatment）效率，提高土壤氮（nitrogen）、磷（phosphorus）等营养成分（nutrient）含量，最终提高农作物产量（yield）和农业生产率（productivity），这样的农业发展模式也体现了生物环保研究的应用价值。

值得注意的是，生物医药和生物材料领域的研究与生物农业研究的交叉关联不甚密切，这也在一定程度上体现了生物技术细分领域之间的相对独立性。

2.3　全球生物技术研究发展趋势

通过对 2010—2019 年高被引文献进行共被引分析，得到了全球生物技术研究的时间线图谱如图 2-6 所示，图中的气泡颜色的深浅代表不同关键词所属文献的平均发表时间，其颜色越深代表该关键词出现在文献中的平均时间越早，反之则代表关键词出现的平均时间越晚，关键词反映了文献的研究主题，关键词出现的时间越晚可以推测其研究主题越新颖。

结果表明，70%的材料/化学品领域的生物技术研究关键词所属文献的平均发表时间在 2015 年之后，表明材料/化学品是近年来较为热门的生物技术研究领域；其次是医药/健康领域，平均出现时间在 2015 年之后的关键词占到了 50%以上；而对于环境/生态和能源/燃料研究领域而言，这一比例分别为 33%和 31%。这反映出材料/化学品是未来最具潜力的生物技术研究分支领域，其次是医药/健康领域，而环境/生态和能源/燃料领域的研究潜力相对较低。

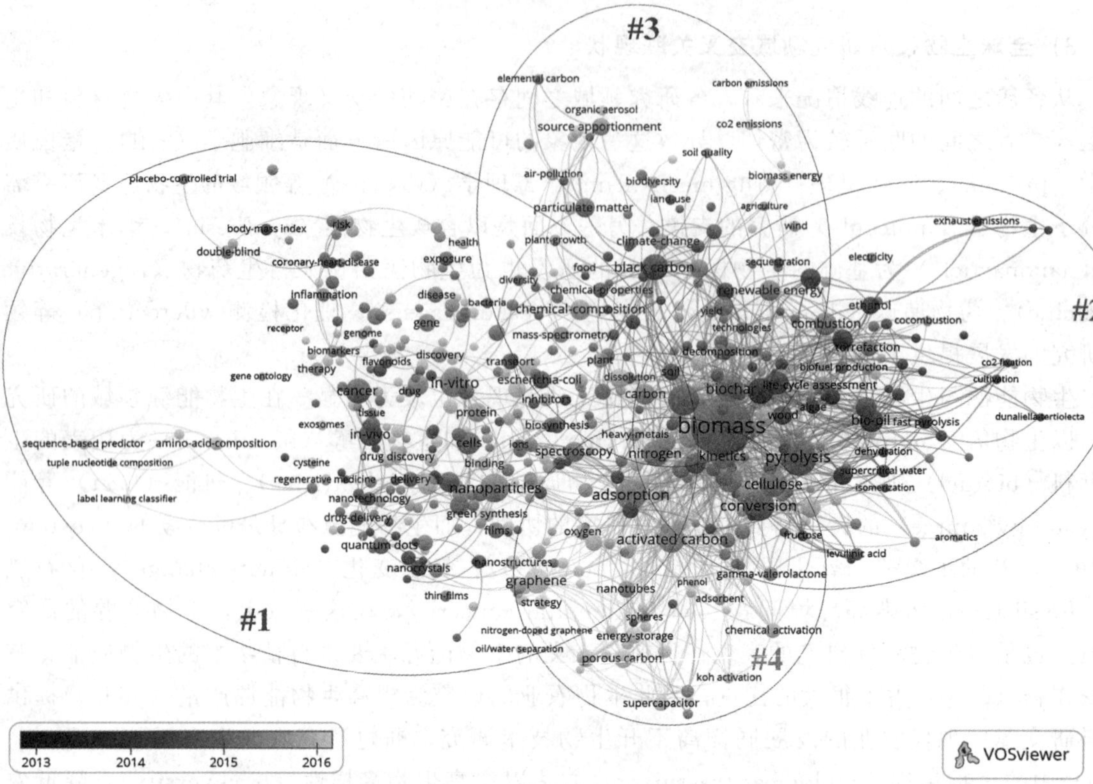

图 2-6　2010—2019 年全球生物技术研究的时间聚类图谱

数据来源：WOS 数据库。

在最近几年的生物技术研究热点关键词中，与医药/健康领域相关的有分子对接、可塑性、生物活性和机器学习；与能源/燃料领域相关的有木质素资源化利用、热重分析以及超级电容；属于环境/生态领域关键词有水处理和绿色合成；涉及材料/化学品领域的研究关键词包括碳量子点、纳米片以及多孔碳。

第3章　生物产业发展的国际比较分析

全球生物产业快速发展已经超过50年。50年中，生物产业发展经历了以下四个发展阶段：第一阶段，20世纪70年代，以DNA重组技术的成功，标志着生物技术的诞生及其新纪元的开始。第二阶段，20世纪80年代，以第一个基因工程药物——重组人胰岛素的上市，标志着生物产业的崛起，生物技术在医药领域经历了一段快速发展时期，被称为生物技术应用的第一次浪潮。目前生物产业中生物医药产品仍占主导地位，约占70%以上。第三阶段，20世纪90年代，以转基因食品为标志，生物技术在农业领域迅速应用，形成了生物产业的第二次浪潮。第四阶段，进入21世纪，以生物材料聚乳酸、生物能源燃料乙醇等相继上市为标志，生物技术在工业等领域的广泛应用与融合，形成了生物产业的第三次浪潮。目前，由于全球性的化石能源紧缺，生物能源作为一种可再生的替代能源，成为生物产业中发展最快的一个热点。

3.1　国际生物产业发展的概况及其趋势

3.1.1　国际生物产业发展的概况

从品种情况来看，目前全球生物技术公司从事研究的领域主要集中于基因重建技术、细胞融合技术（细胞工程）、酶工程、发酵工程、动植物细胞培养技术、生物反应器与生化工程设备技术等。生物产业的主要进展就是应用这些技术开发研究生物活性物质、单抗、疫苗、酶诊断试剂、抗生素、氨基酸等，并应用这些技术改造传统工业。

近年来，美欧等发达经济体纷纷聚焦生物经济，在促进可持续发展的同时，进一步巩固其领先地位。美国政府在《国家生物经济蓝图》中，明确将"支持研究以奠定21世纪生物经济基础"作为科技预算的优先重点。从跨国制药公司数量来看，2017年世界排名前10位的制药公司中，美国有5家，世界排名第一和第二的制药公司分别是美国的辉瑞和默克。在药物创新成果方面，1950—2018年，美国FDA累计批准了1 577个新药（新分子实体或新生物技术药品）。

从市场发展情况来看，在转基因技术方面，2002年全球转基因作物的种植面积达5 867万公顷，2018年全球转基因作物种植面积已超1.9亿公顷。2017年世界500强企业排行榜中，生物类行业有15家公司，美国最多，有6家，中国2家，瑞士2家，英国2家，德国1家，法国1家，以色列1家。

从国别分布情况来看，由于专利药在技术和市场具有高度的垄断性，并对保密性要求较高，成本主要是研究开发费用，而生产费用所占比例很低，因此，专利药的生产一般都是在发达国家生产。美国拥有世界上约一半的生物技术公司和一半的生物技术专利。从专利公开量来看，从2009年的393 753件到2013年的462 150件，增长速度较快。从专利申请的公开国来看，美国、中国、日本专利公开总量分别排名前3。其中，美国在4个子领域（化学制药、生物制药、医疗仪器及器械和制药专用设备）的专利公开量排名第一，说明专利对于生物医药产业的发展有重要意义，在生物医药高端技术领域，美国是专利保护的主要市场和创新发展主力军。此外，中药领域的专利分布也非常具有代表性，主要是在中国、日本和韩国。目前，由于欧美医药市场对于中药的认可度不够，因此中药专利的布局主要还是局限在东亚国家（朱修篁等，2015）。

3.1.2 国际生物产业发展趋势分析

在近十年Science评选的年度十项科技进展中，生命科学和生物技术领域的相关研究占了一半以上。当前，生物技术正在引领世界经济产业和科学研究的革命性发展。近年来，在主要发达国家和新兴经济体的政策扶持、资本聚集等驱动下，全球生命科学与生物产业发展迅速。从趋势来看，当前正处于生命科学群体性突破和颠覆性创新的跨越发展关键时期，以及生物技术大规模产业化的加速进程阶段。

1）国际生物产业市场增长趋势

全球生物产业市场呈高速增长趋势。前瞻产业研究院《2020－2025年中国生物技术行业市场前瞻与投资战略规划分析报告》显示，2010—2016年，全球生物技术领域的年均复合增长率为3.7%。预计2016—2020年的年均复合增长率接近20%。

2）国际生物产业科技发展及其趋势

从全球生物科技的发展来看，各类颠覆性新技术为生命科学的发展与变革创造机遇，重大成果频频涌现。一方面，基因组学技术不断突破，引领基因组研究从“读取”进入“编辑”和“编写”时代。基因组测序成本不断降低，第二代测序技术趋于成熟，单细胞基因组学发展迅速，单分子测序技术走向实时、微型、高通量、低成本、长读取长度方向，更经济适用且自主可控的小型化测序平台走近应用。DNA合成成本快速下降，DNA数字存储密度开发取得突破。基因组编辑工具CRISPR技术进入更加精准的“点对点时代”。合成生物技术研究推进认识、利用和改造自然的进程，人工合成生物体、人工设计操纵生物功能不断取得突破。“人工合成酵母基因组计划”取得里程碑式阶段性成果，新的五条酵母人工染色体被成功合成。创新型研发工具与技术平台技术快速发展，精度与效率不断提升，功能不断增强，技术通路进一步拓宽。超分辨成像技术、蛋白质编辑、多重基因组工程、DNA分子机器等取得关键性突破。微生物、酶等卓越生物催化剂的功能开发与改进更加智能高效，有望带来化学品和材料绿色制造的新变革。众多科技创新企业致力于疫苗、抗体、药物、营养品、材料和食品等的生物路线研发，获得投资关注。另一方面，生命科学行业正在与包括3D打印、人工智能、云计算、大数据、物联网、区块链、智能制造、机器人等在内的新技术交叉融合，开拓数字医疗、基因疗法、CAR-T等技术。生物工程与互联网、高性能计算、人工智能和自动化技术交叉融合，大大提升生物设计和筛选的效率以及工业过程定制管理的科学性和安全性，有效驱动相关产业技术革新。

3）国际生物产业分布及其集聚态势

（1）从世界生物产业龙头公司的市值分布来看，美国正领跑全球。截至 2019 年底，对全球各大股票交易所（纽约证券交易所、美国纳斯达克、东京证券交易所、中国香港证券交易所、泛欧交易所、伦敦证券交易所）的公开数据进行汇总分析，整理出了 2019 年全球前 25 家生物产业龙头公司的市值排名如表 3-1 所示。这 25 家生物技术公司的总市值达到 9 634.95 亿美元，相比上年同期 9 188.50 亿美元的总市值增长了 4.9%。在这 25 家公司中，美国占据了 11 家，合计市值达 5 039 亿美元，在全部 25 家公司市值中的占比为 50.43%；中国占据 5 家，合计市值 1 191 亿美元，占比为 12.36%；紧接着是丹麦的 2 家公司合计市值 1 176 亿美元，占比为 12.20%；澳大利亚、爱尔兰和印度各占据 1 家，其市值分别占据 8.33%、5.99%和 2.12%；韩国和比利时各有 2 家公司入榜，合计市值分别为 437 亿美元和 272 亿美元，占比分别为 4.54%和 2.82%。从各国的生物产业龙头公司的市场分布可以看出，美国生物产业的发展领先全球，值得注意的是，中国生物产业的龙头公司市场规模仅次于美国，但市值总量仍远落后于美国。

表 3-1　2019 年全球市值排名前 25 家生物技术公司

排名	公司	市值/亿美元	涨跌幅/%	国家
1	Amgen	1 265	3.1	美国
2	Novo Nordisk	1 035	27.1	丹麦
3	CSL	803	33.2	澳大利亚
4	Gilead Sciences	800	−13.4	美国
5	Celgene	760	51.7	美国
6	Allergan	577	−2.0	爱尔兰
7	江苏恒瑞医药	566	83.2	中国
8	Biogen	541	−12.0	美国
9	Vertex Pharmaceuticals	512	−18.2	美国
10	Regeneron Pharmaceuticals	342	−6.8	美国
11	Alexion Pharmaceuticals	238	−4.8	美国
12	Samsung Biologics	219	−5.2	韩国
13	Celltrion	218	−12.1	韩国
14	药明康德	189	51.2	中国
15	Incyte	180	42.9	美国
16	江苏豪森药业集团	178	—	中国
17	Seattle Genetics	169	101.2	美国
18	UCB	158	−5.7	比利时
19	云南白药集团	152	38.1	中国
20	Genmab	141.4	76.2	丹麦

续表3-1

排名	公司	市值/亿美元	涨跌幅/%	国家
21	Sun Pharmaceutical Industries	141.3	−23.0	印度
22	BioMarin Pharmaceutical	132	−19.0	美国
23	Galapagos	114	107.3	比利时
24	国药集团	106	−17.2	中国
25	Mylan	100	−37.1	美国

数据来源：根据全球各大股票交易所的公开数据整理。

（2）生物产业呈现出高投入、高产出、高风险等特点，除了创新技术外，资本也是行业发展重要推动力。一方面，以大型跨国药企对创新型生物技术公司为代表的兼并与收购活动活跃。据安永会计师事务所统计，2018 年 1～5 月，全球生命科学（包括生物制药和医疗技术领域）的兼并与收购数量，较 2017 年同期交易数量增加一倍以上，由 214 笔增加到 561 笔，2018 年上半年生物技术和制药公司最大的 10 笔并购交易总额达到 1 702 亿美元。另一方面，包括早期阶段在内的创新型生物技术公司的融资规模越来越大。2018 年 1～2 月，生物技术创业公司已筹集到至少 28 亿美元的资金，超过 2013 年全年投资总额。而且，在单笔投资金额和投资项目估值两项重要指标上都创下历史最高纪录，大额集中投资趋势明显，两个月内达到 60 笔交易，平均每笔投资金额达 8 400 万美元，其中 3 家公司最新融资额突破 1 亿美元大关，分别是：基因测序新锐 Helix（2 亿美元）、Viela Bio（2.5 亿美元）、红细胞疗法新锐 Rubius（1 亿美元）。

（3）从全球生物产业的地理分布来看，其集聚态势明显。MarketLine 咨询公司（Matthew H，2018）2017 年发布的“Global Biotechnology”报告显示，2016 年美国生物技术产业总产值占全球的 46.5%，亚太地区占 24.9%，欧洲占 18.0%，中东地区和其余地区分别仅占 1.8%和 8.8%。

3.2 主要国家和地区生物产业发展情况及其关键影响因素

我们选取美国、英国、德国、加拿大、日本、韩国、印度这些较有代表性的国家作为比较研究的对象，以波特的钻石模型理论为分析框架，比较影响各国生物产业竞争力的主要因素，找出我们的优劣势，进一步认识我国在国际竞争中的分工地位，以及提高产业竞争力的着力点。

3.2.1 欧美区域生物产业发展情况及其关键影响因素

1）美国

美国 2016 年生物产业产值占到全世界的 46.5%，美国政府在《国家生物经济蓝图》中，明确将“支持研究以奠定 21 世纪生物经济基础”作为科技预算的优先重点。目前，美国生物医药产业已在世界上确立了国际优势，研发实力和产业发展领先全球，美国拥有世界上约一半的生物医药公司和生物医药专利。美国生物医药产品销售额占全球生物医药产品市场的50%左右。Graul 等（2019）报道了美国在 2018 年上市的新药数量占全世界的 65%。从跨国制药公司数量来看，2017 年世界排名前 10 位的制药公司中，美国有 5 家，世界排名第一和第二的制药公司分别是美国的辉瑞和默克。

美国持续不断上市的新药，为其强大的生物医药产业奠定了基础。美国药物审批机构是美国药品食品监督管理局（FDA），在药物创新成果方面，以 FDA 每年批准的新药（新分子实体及生物技术产品）为指标进行比较，自 1950 年至今获批的新药以美国默克公司为最多，已累计有 56 个新药获批，其次是美国礼来公司获批 51 个新药，罗氏公司获批 50 个新药。1950—2019 年，FDA 累计批准了 1 577 个新药。美国 FDA（2020）的公开数据显示（图 3-1），2018 年，FDA 批准了 59 个新药，打破了 1996 年批准的 53 个新药的历史记录（王飞，2019）。

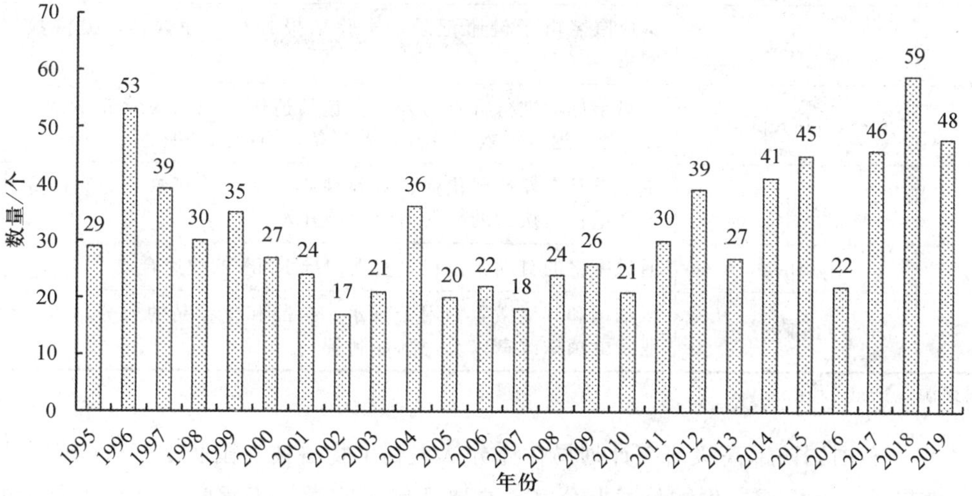

图 3-1　1995—2019 年美国 FDA 批准上市的新药数量

数据来源：FDA，2020。

作为全球第一大农业大国，在 1996—2017 年 22 年间，美国一直保持着全球转基因农作物种植面积第一名，引领全球转基因作物商业化进程。据美国国家农业统计局（NASS）在 2018 年公布的"Genetically Engineered Crops: Experiences and Prospects（转基因作物：经验与展望）(2016)"报告的数据显示，1996 年美国种植了约 150 万公顷转基因作物，包括棉花、大豆和玉米，当年全球共种植 170 万公顷，美国占 88.2%，此后，转基因作物一直得到美国农民的广泛种植，种植面积逐年扩大，除 2015 年因棉花面积下降 18.4%，玉米面积下降 2%以及转基因作物总面积有所下降外，其余年份均实现了增长，至 2017 年达到了 7 500 万公顷，较 1996 年增长了 50 倍。

（1）要素状况。雄厚的研发与创新实力、发达的风险投资。

——雄厚的研发与创新实力。为应对日趋激烈的国际科技创新竞争局势，国际大型生物医药企业争相加大科研投入。据欧盟委员会公布的"The 2017 EU Industrial R&D Investment Scoreboard（2017 年全球企业研发投入（R&D）排行榜）"显示，从上榜企业总部所属地看，美国企业数量最多，高达 10 家，其中美国强生制药以 86.28 亿欧元的研发投入金额排名世界第二。美国生物医药领域创新企业数量在全球占据明显优势，据国际知名商业媒体 Fast Company 发布的“The world’s 50 most innovative companies 2018（2018 年世界最具创新力公司榜单）”显示，全球有 11 家公司入选该榜单的生物医药领域最具创新力企业，其中美国占据 8 家，数量优势明显（表 3-2）。

表 3-2 2018 年美国入选生物医药领域最具创新力企业榜单

行业排名	企业名称	主要经营范围及优势
1	AliveCor	数字医疗公司，其产品便携式心电图仪 Kardia Mobile 已获美国食品药品监督管理局批准
3	OneOme	该公司研发的 RightMed 基因测试为患者的临床护理提供全面、具有成本效益的药物基因组学解决方案
4	GE Healthcare	开发出能够有效识别早期乳腺癌的 3D 乳腺癌 X 线检测系统
5	Syapse	集成匿名电子健康记录，实验室报告和测序数据，提供数据共享网络
7	Spark Therapeutics	针对罕见病进行特效药开发，包括遗传性视网膜营养不良、血友病 A、神经退行性疾病及其他致盲条件引起的失明
8	Biogen	主要涉足多发性硬化症、脊髓性肌萎缩症、阿尔茨海默氏症和其他神经退行性疾病的靶向治疗药物开发
9	Synthego	通过密集的自动化过程，实现向导 RNA 的快速合成
11	Ginkgo	将细菌和其他微生物用于香水、食品和化妆品的成分培养，生物工业发酵菌株改良以及酶制剂制备

数据来源：Fast Company。

2014 年，美国国防部高级研究计划局在充分认识到生物科技对国防军事可能带来的颠覆性改变的前提下，专门成立生物技术办公室，主要开展生物学、工程学和计算机科学的交叉研究，将生物技术推进应用于军事防务。近年来，该机构年度经费始终保持在约 30 亿美元，生物技术领域研究经费呈总体增长趋势，2015 年度为 2.71 亿美元，占其年度经费的 9.2%；2016 年度为 2.77 亿美元，占比 9.3%；2017 年度为 2.93 亿美元，占比 9.8%；2018 年度为 2.77 亿美元，占比 8.7%。从生物领域经费投入的分布情况来看，美国国防部高级研究计划局更倾向投资于解决实际问题的应用研究领域（占 84%）。2014—2018 年，生物医学技术（39%）、生物材料与装备（40%）以及基础作业医学（16%）领域始终占据较高的比例，尤其是生物材料与装备领域的投资增幅明显。

——发达的风险投资。美国也是风险投资最活跃的国家之一，风险投资是美国生物医药企业创业和发展的主要资本来源。1998—2000 年，美国生物医药领域的风险资金从 14 亿美元上升至 43.9 亿美元。2000 年以后，虽然美国经济增长速度滑坡，生物医药产业创投资金占资金总额的比例却大幅上升，2004 年达到 46.3 亿美元。2006 年第 3 季度开始，美国风险资本在生命科学领域的投资首次超过 IT 行业，成为风险投资的第一大行业，2007 年依然延续了这一趋势。在 2019 年全球生物医药行业金额最大的前 10 件风险投资事件中，美国占据 5 家企业。

（2）企业结构和竞争。高度集聚的产业集群、充满活力的企业市场竞争和垄断全球的转基因种子市场。

——高度集聚的产业集群。在空间布局上，高度集聚的产业集群是美国生物医药产业发展的重要特征，许多州和地区把发展生物技术产业集群作为重要的发展战略。目前已形成了旧金山、波士顿、华盛顿、北卡研究三角园、圣迭戈五大生物技术产业集聚区。其中位于旧金山的硅谷生物技术产业从业人员占美国生物技术产业从业人员的一半以上，销售收入占美国生物产业的 57%，企业研发投入占 59%，其销售额每年以近 40%的速度增长。

——充满活力的企业市场竞争。2019 年，一些备受瞩目的创新生物医药公司递交了纳斯达克上市申请，成功地吸引了很多投资者的注意力。例如，Stoke、Springworks、BioNTech 公司等。2020 年 1 月 16 日，摩根大通的会议报告指出，美国 2019 年均生物医药 IPO 指数（31%）表现优于市场基准指数（24%）。根据 2020 年 HBM Partners 发布的“HBM Pharma/Biotech M&A Report 2020”数据分析，全球制药企业与生物技术企业之间的并购金额从 2014 年到达顶峰以来呈下滑态势，这一态势持续了 4 年时间，最终在 2019 年激增至创纪录的 1 710.34 亿美元，美国生物行业可能迎来新一波并购热潮（图 3-2）。

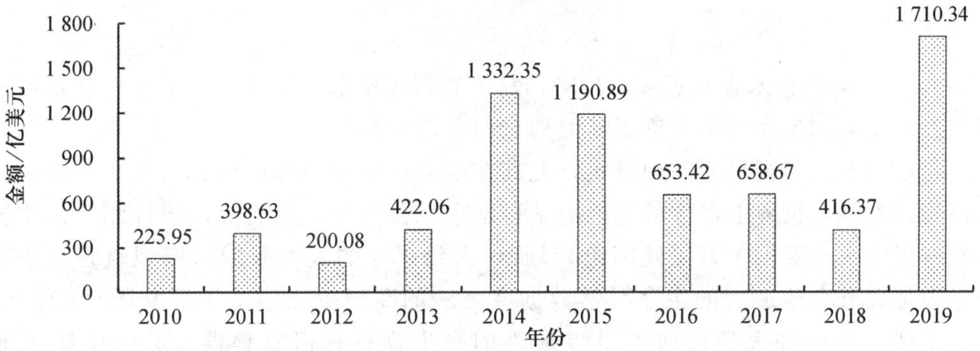

图 3-2　2010—2019 年美国生物医药产业并购金额

数据来源：HBM Partners。

——垄断全球的转基因种子市场。美国的孟山都（Monsanto）公司在美国玉米、大豆、棉花等多种重要作物的转基因种子市场上，占据 70%～100%的份额。全世界超过 90%的转基因种子使用了孟山都公司的专利。

（3）政府的角色。先进的监管体系、优化的政策环境和大力支持发展转基因作物产业。

——先进的监管体系。自 1998 年发布首个细胞和基因治疗行业指南以来，美国 FDA 陆续发布 29 项指南，其中部分指南经过更新完善，也有一些指南因不再适用而撤销。29 项指南大致可以分为 6 类：细胞和基因治疗的一般原则，共计 4 项指南，涉及总则、有效性评估、动物实验和早期临床试验；基因治疗，共计 12 项指南，在所有类别中数量最多，涉及制造与控制（CMC）、复制型逆转录病毒（RCR）检测和受试者跟踪、脱落研究、载体设计、环境评估及 3 类疾病（血友病、眼科、罕见病）；细胞治疗，共计 6 项指南，涉及制造与控制、供体及 4 类产品（治疗类癌症疫苗、膝关节、心肌和胰岛）；最小化操作细胞类产品，共计 5 项指南，涉及自体使用及异体使用的胎盘/脐带来源的造血干细胞；再生医学疗法，共计 2 项指南，关于治疗严重疾病疗法的加速审评及相关医疗器械的监管，治疗类蛋白的免疫原性检测。

美国 FDA 对细胞基因治疗类产品形成了一套相对完整的监管体系，并根据技术发展情况不断更新，从产品研发的各个环节给予企业指导，对于工艺成熟、风险收益比较高的产品大胆批准上市，这一做法走在全球前列，值得借鉴。

——优化的政策环境。美国已经在政策层面形成一个多层次的立体体系来加强对生物产业的扶持。第一个层次就是专门的组织领导机构。目前，美国总统、国会均设有专门的生物技术委员会来跟踪生物技术的发展，研究制定相应的财政预算、管理法规和税收政策。其中，美国生物技术行业组织——生物技术工业组织（BIO）一直致力于协调产业和政府之间的关系，推动政府制定有利于生物技术研究、开发和产业发展的政策。这样，美国政府通过成立高层次的科技发展领导和协调机构，制定科技发展宏观战略和规划，对生物技术及其产业发展产生影响。

——大力支持发展转基因作物产业。根据国际农业生物技术应用服务组织（ISAAA）的调查数据，2018 年美国共批准了 546 个转基因作物转化体，这一数量居全球第一，其中批准转基因粮食作物 192 个品种、转基因饲料作物 180 个品种以及商业耕种用途的转基因作物 174 个品种（ISAAA，2019），这反映了美国大力支持发展转基因作物的态度。

2）英国

2016 年英国生物技术企业近 4 400 家。发达的制药技术、较强的技术基地和不断增加的政府研发投入使英国生命科学投资不断增加（商务部数据）。

（1）要素状况。英国科研基础坚实，尤其在生命科学领域基础研究实力十分强大。英国剑桥桑格研究院拥有世界上最多的基因组学科学家，曾经是“人类基因组计划”的主要贡献机构，现在正牵头“英国十万人基因组计划”，大约 1/3 的人类基因研究项目在此进行，该研究所旁边是拥有全球最大的生命科学数据库之一的欧洲生物信息学研究所（EMBL）。位于剑桥、牛津、伦敦的大学形成了世界顶级的高生物科技研发集群。英国生物工业协会（BIA）与信息制药情报公司联合调查后认为英国的创新力很强，其临床前和临床在研产品数量位居欧洲第一。英国引人瞩目的生物药品临床前和临床阶段的研发优势，部分归因于英国在早期阶段和转化科学方面投入的大量资金，反映出英国大学研究的质量，也显示其生物技术生态系统吸引全球人才和资金的科学实力和能力。

（2）企业结构和竞争。强大的融资生态系、广泛的技术转让。

——强大的融资生态系“Pipeline Progressing：The UK’s Global Bioscience Cluster in 2017”报告显示，英国生物技术公司在整个融资生命周期中不断发展，2017 年首次上市发行（IPO）的融资金额是 2016 年的两倍多（图 3-3）。在影响英国生命科学行业的临床开发和创新药物批准的监管方面，生物产业协会发挥了重要作用，其在国内和欧盟都独立运营，并与合作伙伴组织合作，确保监管的一致性。

——广泛的技术转让。在伦敦的生命科学集群中，活跃着一批致力于支持“鼓励研究和对研究成果应用”的技术转让的商业组织和非商业组织，这些中介机构通过组织会议、课程、开展高校与产业界的交流活动、资助新创企业和研究项目等多种途径和方式，促进生命科学集群研究创新的开展和新企业的孵化。

（3）政府的角色。营造发展环境、脱欧问题带来的不确定性。

——营造发展环境。英国政府以优惠的营业税率和资金资助计划，以及对小型未上市公司投资的优惠政策，鼓励生物技术科学研究不断突破，保证了英国在欧洲生物技术领域保持领先地位。此外，英国还不断完善综合资金市场管理和法律框架，以保护知识产权和鼓励企业不断开发新产品。英国生物技术的发展也受益于欧洲医药鉴定局，其总部设在英国。

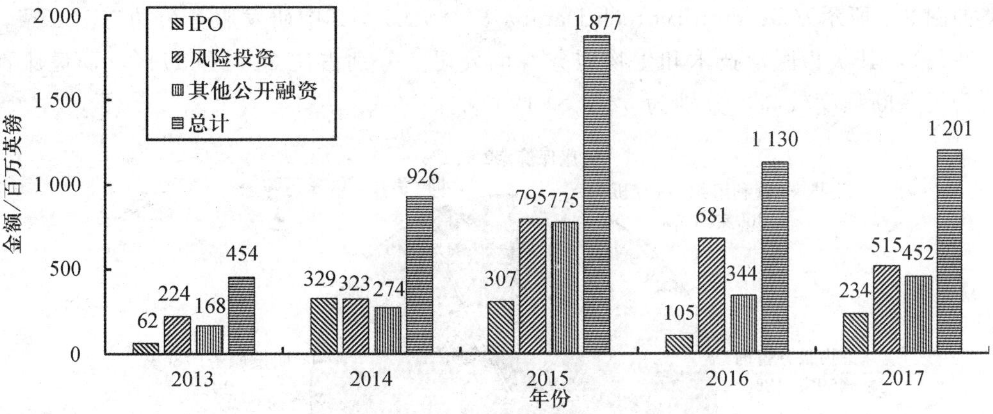

图 3-3　2013—2017 年英国生物技术公司融资金额

数据来源：Pipeline Progressing：The UK's Global Bioscience Cluster in 2017.

——脱欧问题带来的不确定性。一方面，由于英国脱欧计划，英国首相鲍里斯·约翰逊政府承诺将投入 4.34 亿英镑用于运输和储存，避免从欧盟撤离后出现药品和医疗产品短缺，且退出欧盟后，英国政府打算通过有利于转基因作物的立法，这将使该行业受益；另一方面，离开欧盟引起的广泛的不确定性可能导致一些投资者推迟为英国项目提供融资，且脱欧可能会在未来给生物技术公司带来更大的行政负担，如果英国离开欧盟而对人员的自由流动施加任何限制，雇用外国工人将变得更加困难，限制欧盟居民在英国工作的资格可能会限制该行业的劳动力供应，从而导致未来的工资成本更高，进而可能限制其利润率。

3）德国

金融危机后，德国的生物技术行业一直稳步增长，2018 年德国生物产业收入比 2017 年增长了 9.9%。大多数公司都活跃在医疗生物技术领域，2017 年医疗相关生物技术的增加值约占整个医疗健康行业的 3%。德国在《国家生物经济政策战略》中提出，通过大力发展生物经济，实现经济社会转型，增加就业机会，提高德国在经济和科研领域的全球竞争力。

（1）要素状况。专利和就业的优势、坚实的研发基础和成熟的资本市场。

——专利和就业的优势。德国在专利（2018 年授予 605 项专利，1 360 项申请）和就业岗位（德国制药工业协会统计的 130 902 个制药岗位和德国生物技术工业协会统计的 27 445 个生物技术岗位）方面保持着欧洲第一的排名。

——坚实的研发基础。德国拥有世界一流的大学和研究机构，如马普研究所、亥姆霍兹联合会和莱布尼茨学会等，坚实的研究基础是德国生物技术产业成功的关键。此外，德国还拥有良好的生物技术基础设施，已在全国各地建立多个生物技术集群。

——成熟的资本市场。在生物技术领域的投资中，风险投资最为突出，其次为控股公司、投资银行、商业银行和“种子”基金。风险投资仍是德国生物科技产业的主要资金来源，根据德国生物技术工业协会的统计数据，2018 年德国吸引风险投资金额达 3.69 亿欧元，居欧洲第三。

（2）企业结构和竞争。据德国生物技术数据库（German Biotech Database）的公开数据显示，截至 2020 年，德国生物技术公司的数量总共达到 2 676 家，对其按提供服务的类型进行分类如图 3-4 所示（German Biotech Database，2020）。其中研发服务公司有 786 家，占比最大（29%），其次为医疗技术和生物服务咨询公司，分别占比 21%和 17%，而健康保健和制药的公司垄断程度较高，分别为 52 家和 120 家。

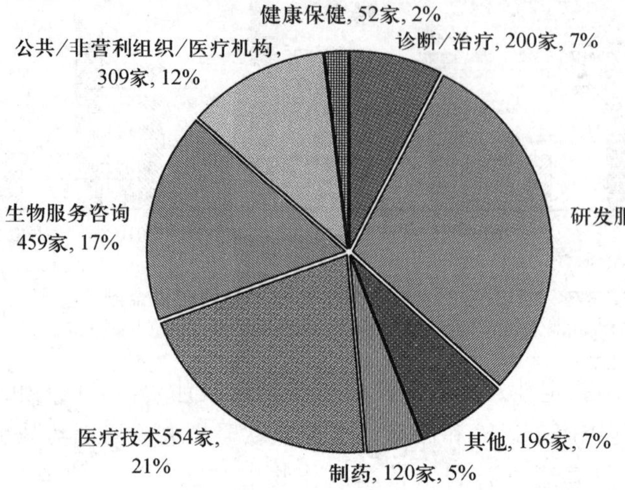

图 3-4　截至 2020 年德国生物技术公司分类

数据来源：German Biotech Database，2020。

(3) 政府的角色。政府投资力度大、鼓励外国投资。

——政府投资力度大。德国政府通过提供不同的立法对其生物产业有直接的积极影响，如“版权法”“专利法”和“设计法案”，所有这些行动都为创新产品和独特的医疗设备创造了一个受到高度保护的环境，降低了不健康竞争的风险。此外，德国政府采用了“项目基金”战略，提供不同类型的激励措施，如现金激励和本地及外国投资者降低利率的贷款。

——鼓励外国投资。在德国政府法规框架中，外国投资者即使在邮件和电信等公共部门也能够 100%私人控股。所以在生物医药领域，通过投资公司对外国公司的决策进行控制或影响，这将使现有公司能够分担巨额投资带来的风险，并吸引外国公司的技术工人分享他们的经验和知识。

4) 加拿大

加拿大将生物产业定义为与主要基于生物资源的产品和工艺的发明、开发、生产和使用相关的经济活动，它是一个跨健康、能源、农业、化学品和材料工业的多学科领域。

2003 年，温哥华 Michael Smith 基因组科学中心的研究人员率先在中国和加拿大对引起 SARS 爆发的病毒基因组进行了测序。他们的工作为开发潜在的疫苗奠定了基础。加拿大的 Agrisoma 公司开发并销售油籽作物生产的生物燃料，在 2012 年的首次生物燃料喷气飞行中使用。2014 年西非爆发埃博拉疫情后，加拿大温尼伯的国家微生物实验室开发了一种实验性疫苗，在动物研究中显示了预防埃博拉感染的潜力，2016 年，该疫苗获得美国 FDA 的突破性疗法认定，并获得欧洲药物管理局的优先药物资格。由于这些成功和创新，使加拿大成为世界生物经济发展的重要一方。同时，近年来加拿大广泛推行转基因作物种植，其种植面积居于世界第四。

（1）要素状况。坚实的研发基础。在生物技术领域加拿大拥有 460 多家生物技术公司、1.3 万名员工，年研发经费 17 亿加元，此外加拿大还有 100 多个研究院所、3 万多名研发人员。

（2）企业结构和竞争。根据 BIOTE Canada 公司在 2018 年发布的“Biotechnology Industry Data Survey 2018”调查报告的数据显示，大多数公司（34%）属于健康生物技术公司，其次是研发服务公司（15%），农业生物技术公司、医疗技术与设备公司各占 10%（图 3-5）。

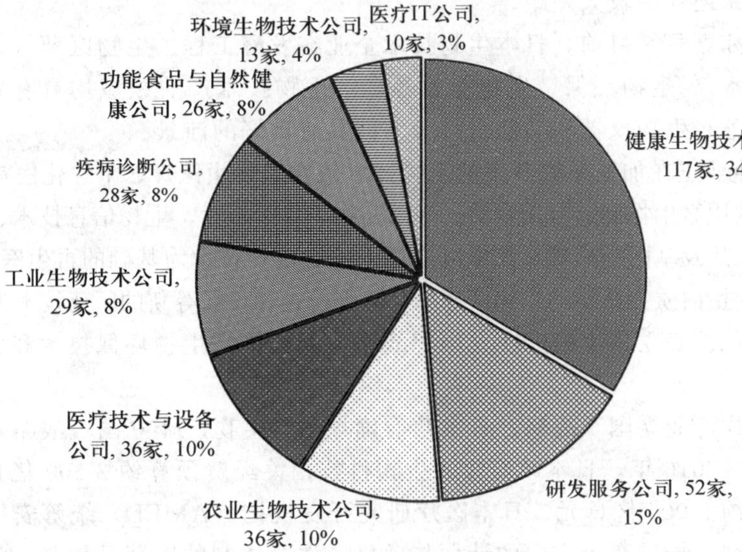

图 3-5　2018 年加拿大生物技术公司分类

数据来源：BIOTE Canada，2018。

（3）政府的角色。加拿大在基因工程、保健、远程医疗、治疗设备、环境生物技术研究领域都取得很多成果。政府重视生物技术和生命科学研究，不断为其发展提供宏观的指导和政策性的调控。如加拿大国家研究委员会（NRC）为生物技术研究机构制定了战略计划，其战略重点主要包括生物医药加工、设计、制造和纯化，支持基因疗法研究；开发抗癌疫苗，研究特有癌抗体增强免疫反应的机理；以动物为模型开展传染病形态等生物诊断学方面的研究；海洋领域系统生物学、基因学研究及生物信息学应用研究等。根据 BIOTE Canada 公司在 2018 年发布的《加拿大生物技术产业》调查报告的数据显示，最受欢迎的政府项目是科学研究与实验发展项目（SR & ED），72% 的企业受益于该项目；工业研究援助计划（IRAP）资助了 58%的企业，排名第二；省级资助计划资助了 33%的企业，排名第三。

3.2.2　亚洲区域生物产业发展情况及其关键影响因素

1）日本

日本是生物科技强国之一，在生物科技领域的科学研究实力雄厚，生物科技产业发展迅速。其中，以医药品以及诊断试剂为代表的“健康与医疗”领域占据日本约一半的医疗市场份额，2015 年，日本国内生物产品与服务市场规模达 31 108 亿日元，比 2014 年增长 1.1%。

其中，利用基因重组技术制造的产品（基因重组技术应用产品）市场规模达 20 347 亿日元，占比达 65.4%，比 2014 年增长 0.5%；除此之外的其他生物产品与服务市场规模为 10 761 亿日元，比 2014 年增长 2.6%（吴松，2016）。

(1) 要素状况。主要重视研发投入。据欧盟委员会 2018 年公布的“The 2018 EU Industrial R&D Investment Scoreboard（2018 年全球企业研发投入（R&D）排行榜）”数据，日本进入该榜单的 3 家企业平均研发占比为 19.5%，位居世界第一。但从企业研发投入的总量上看，与美国等国家还存在较大差距。

(2) 企业结构和竞争。目前，日本生物技术企业在发酵工程、生物医药（尤其是基因工程和单克隆抗体制备）、生物环保、生物能源等多个生物技术产业领域均具有独特优势。在药物发现、生物服务、生物仪器和功能食品等方面具有良好的前景。

日本生物医疗企业正在加速研究开发的生物技术依次是再生医疗、个性化医疗、生物医药、基因检查和诊断、利用微生物制造有用物质、基因药物、基因芯片、生物信息技术、生物传感器、转基因植物、细胞医疗及基因治疗等，其中以应用干细胞培养技术为基础的再生医疗技术、以有关免疫抗体等人体内蛋白质为药物的生物医药品、基因检查和诊断等新的医药技术为发展特色。

(3) 政府的角色。确立“生物产业立国”战略、大力推进生物环保技术和大力支持发展转基因作物产业。

——确立“生物产业立国”战略。日本政府确立了“生物产业立国”战略，为此大幅增加了生物研发经费。2016 年，日本政府投入生物科技相关经费预算约 2 500 亿日元，其中投入健康与医疗领域约 2 000 亿日元。日本医疗研究开发机构（AMED）统筹安排健康与医疗领域的研究开发计划，推进 9 个方向的计划与项目：举国体制的医药品创制、举国体制的医疗机器开发、创新性医疗技术研发据点、再生医疗实用化高速公路构想、基因组医疗实用化、癌症研究、实现脑与心健康大国、新发与再发传染病控制、攻克难病（吴松，2016）。

——大力推进生物环保技术。早在 1986 年日本通产省就开始实施“大规模水复兴 90 计划”，以应对欧美和日本对生物整治和废水处理技术的迫切需求。这项计划帮助许多企业建立了废水处理系统。现在，许多日本公司向欧洲出口废水处理设备和技术。新时期，面临能源紧缺和全球变暖的世界性挑战，日本开始重视节能减排相关的生物技术研发。日本政府承诺到 2020 年二氧化碳的排放量比 1990 年减少 25%，为了实现这一目标，日本政府调整了研究开发的投入重点，大幅增加与节能减排相关的生物技术研发投入，重点增加生物能源、生物材料和食品发酵技术的政府资助。自 2008 年开始，日本经产省设立了“用生物技术固定二氧化碳”“纤维素生物技术资源作为原料制造化学产品及燃料”等专项。日本农林水产省、环境省也加大了对生物燃料、可再生资源利用技术的研究投入。

——大力支持发展转基因作物产业。根据国际农业生物技术应用服务组织（ISAAA）的统计数据显示，2018 年日本共批准了 492 个转基因作物转化体，这一数量居全球第二，其中批准转基因粮食作物 185 个品种、转基因饲料作物 177 个品种、商业耕种用途的转基因作物 130 个品种（ISAAA，2019）。这反映了日本大力支持发展转基因作物的态度。

2) 韩国

韩国生物医药产业市场规模较大。2016 年韩国医药产业的市场规模约占全球医药市场的 1.8%，占国内 GDP 的 1.2%，国内制造业 GDP 的 4.3%。

在 2019 年全球市值最高的 25 家生物技术公司的排名中，韩国有两家公司上榜：Samsung Biologics 公司（219 亿美元）以及 Celltrion 公司（218 亿美元），其市值总和占全部 25 家公司总市值的 4.54%。截至 2019 年，美国 FDA 共批准生物类似药 23 款，其中韩国药企 Celltrion 公司和 Samsung Biologics 公司共占 6 款。

（1）要素状况。研发投入力度大、庞大的国际贸易市场。

——研发投入力度大。据韩国制药和生物制药商协会（Korea Pharmaceutical and Bio-Pharma Manufacturers Association）（2018）的在线分析报告显示，2016 年韩国制药企业研发预算为 11.56 亿美元，比前五年年均增长 6.7%。2016 年，韩国制药企业研发支出平均占销售收入的 6.0%，上市制药企业研发支出占销售收入的 8.9%。尤其指出的是，创新型制药公司研发占比为 11.7%，远远超过了制造业的 3.7%。根据韩国政府发布的《药业 2020 前景》规划显示，在 2020 年前，将投入 89 亿美元用于药品研发，扶持更多药企进入世界市场，发展成为“发达国家七大制药强国”之一。

——庞大的国际贸易市场。韩国药品进口主要来源地为美国、德国、日本、英国、瑞士和中国。从进口产品来看，2015 年，韩国进口原料 16.83 亿美元，其中从中国进口 4.71 亿美元，约占韩国进口总额的 28%，同比增长 21%；进口成品药 31.4 亿美元，其中从中国进口 4.6 亿美元。从进口品种看，韩国进口主要原料药品种为阿立哌唑、甘磷酸胆碱、氯吡格雷（75 mg 压片）、格列苯脲、碘普罗胺、头孢克洛、轻质碳酸钙、氯沙坦钾、碘海醇等，医药中间体进口主要品种为非无菌亚胺培南、盐酸头孢替安、胆酸、牛磺酸等，进口诊断试剂品种为葡糖脱氢酶、葡糖氧化酶等。

从出口来看，韩国药品主要出口地区为日本、中国、土耳其、越南、爱尔兰和美国。2015 年，韩国出口原料药 12.75 亿美元，其中对中国出口 8 081 万美元，约占韩医药原料出口总额的 6.2%；出口成品药 16.65 亿美元，其中对中国出口 8 567 万美元，约占韩药品出口总额的 6.1%。韩出口原料药品种主要为纤维素醚、抗生素、核酸及其盐、维生素 B_2、羟丙甲纤维素等，出口成品药品种为 Quinvaxem（五联疫苗）、人用疫苗、球蛋白、制成包装的血清血分、生长激素、卡巴拉汀透皮贴剂、Neuronox 肉毒素、免疫制品等。

（2）企业结构和竞争。截至 2016 年，全国共有 950 家药品生产企业。其中，生物制剂企业 367 家、原料药生产企业 204 家、准药品（保健品）生产企业 379 家。

——京畿地区是韩国生物医药产业聚集地。目前约有 288 家药品企业、38 家植物原料药企业、209 家医用护肤品企业、1 081 家医疗器械企业在京畿地区设厂。首尔是制药业的核心地区，共有 29 家药品企业、75 家植物原料药企业、26 家医用护肤品企业、601 家医疗器械企业。

——外资企业与内资企业共存。韩国大型的内资制药企业主要有东亚制药、韩美制药、大熊制药、柳韩洋行和富光制药等。另外 2016 年绿十字、光东制药、锺根唐制药、Cellitrion 制药、第一制药（JEIL）等也以超过 1 兆韩元（10 亿美元）的销售总额排名韩国制药企业前 10 位。同时，韩国市场目前还活跃着近 50 家外资企业或合资企业，包括赛诺菲、默克、辉瑞、诺华、葛兰素史克、礼来、阿斯利康等，他们控制了韩国处方药市场近 60%的份额。

（3）政府的角色。生物产业的政策倾斜、高效的药品监管政策。

——生物产业的政策倾斜。韩国政府通过学术支持、对生产制造环节的经济扶持与投资，推动生物药领域的研发和创新。1994 年，政府启动了第一个国家倡议“Biotech 2000”，重点发展生物药行业，并在 2007 年前投入了大约 200 亿美元用于各种生物技术研究。随后韩国又实行了第二个政府计划“Biovision 2016”，目标是使韩国成为世界生物技术产业的龙头之一。在资助计划和医疗健康需求不断增长的驱动下，韩国生物医药产业获得了飞速发展，2000 年韩国仅有 1 家生物医药公司公开上市，到 2012 年已有 50 家生物医药公司挂牌，一些其他领域的企业如 LG、三星等都开始了生物医药领域的投资。

——高效的药品监管政策。韩国药品监管机构和制药企业的不断努力，其药品的监管和质量管理体系不断完善，韩国药品不仅受到东南亚、中美、南美国家的信任，也得到欧美国家的信任。韩国 MFDS 于 2014 年 5 月加入国际药品认证合作组织（PIC/s），这是韩国药品生产企业质量和管理能力的国际证明，此外，2016 年 11 月，韩国成功加入国际人用药品注册技术国际协调会议（ICH），这为韩国赢得了较高的国际地位，为韩国在全球市场的发展创造了有利的环境，同时也证明了韩国的药品监管体系水平与包括美国在内的发达国家相当，成为领先的药品监管政策国家之一。

3）印度

印度生物产业经历了三十多年持续的技术和资本积累后，其人力物质资本、技术水平、创新力及国际化程度都达到了较高的水平。其中，生物医药产业是印度生物产业的支柱产业之一，印度生物医药产业借助信息业的高速发展，其生物信息学处于世界领先水平。此外，印度在生物化肥研制、胚胎移植、DNA 和遗传基因相关方面取得了显著的成绩。印度能够生产 500 多种原料药、6 万多种制剂，质量稳定、价格优惠，药品出口在国际市场上占有优势，出口份额不断增长，2015 年印度药品出口额由 116.6 亿美元增至 125.4 亿美元，专利数为 7 475 项。印度是全球非专利药的生产中心（路翰静，2016）。

印度也是全球第五大转基因作物种植国。根据国际农业生物技术应用服务组织（ISAAA）于 2019 年发布的“Brief 54：Global Status of Commercialized Biotech/GM Crops：2018（2018 年全球生物技术/转基因作物商业化发展态势）”的统计数据显示，2018 年印度转基因作物种植面积达 11.6 万公顷，转基因作物种植率高达 95%，居世界第五。

（1）要素状况。药品研发成本低、丰富廉价优质的人力资源和生物资源较丰富。

——药品研发成本低。印度的制药公司始终以低价通用名药进军国际市场，原因是印度以比西方竞争对手低得多的成本开发新药。印度最大的制药公司 Ranbaxy 采用“广泛风险管理和成本效率”模型使开发一个新药的成本仅需 1.2 亿～1.8 亿美元，而发达国家制药公司平均需要 5 亿～8 亿美元。该公司通过广泛风险管理节省了 1.3 亿～2 亿美元，通过降低劳务费用节省 1.6 亿～3 亿美元，通过提高运营效率还可节省 1.4 亿～2.2 亿美元。

印度进行医药研发的关键吸引因素是人力和基础设施成本低、更低廉的设备维护费用、原料供应价格具有竞争力以及按照非临床新药安全性试验规范（GLP9）执行现代研究计划的能力。此外，在基因组学时代的药物研究中，由于印度的人口结构、独特的病人群体和疾病模式也使它具有重要地位。

在印度申请 IND（新药临床试验申请）或 NDA（新药上市申请）的费用比美国或欧洲低得多。在印度，药物的开发费用约为 0.2 亿美元，其中 IND 和 NDA 申请分别占 500 万～800 万美元和 800 万～1 000 万美元。但在美国或欧洲，到 IND 阶段可能在 800 万美元左右，但 NDA 申请将需要在美国或欧洲进行临床试验，这样费用就可能接近 1 亿～2 亿美元。而在印度进行临床试验，即使需要 CRO（合同研究机构）的帮助，也比在国外进行同样的临床试验费用要低 50%左右。如果不用 CRO，成本可进一步低至国外的 20%。

——丰富、廉价、优质的人力资源。印度人口众多，劳动力资源丰富，据印度产业联盟（Confederation of India Industry）估计，印度每年有生物科学和工程的研究生 65 万人，其中博士研究生 1 500 人。且绝大多数，特别是受过教育和拥有高等学历的人都能说较流利的英语。

——生物资源较丰富。印度的生物多样性占世界已知生物多样性的 8%，有 4.6 万种植物和 8.1 万种动物。

（2）企业结构和竞争。制药企业数量众多、国际化程度高。

——制药企业数量众多。印度有 30 000 多家制药企业，多是生产仿制药的中小企业，也有在世界上具有影响力和创新力的大型企业，如瑞迪、西普拉等。印度生物医药产业借助信息业的高速发展，其生物信息学处于世界领先水平。此外，印度在生物化肥研制、胚胎移植、DNA 和遗传基因相关方面取得了显著的成绩。

——国际化程度高。2015 年，印度药品企业出口额为 125.4 亿美元，向美国出口 47.4 亿美元，增长 23.4%；在欧盟和非洲方面，印度企业同样保持药物出口额增长，分别为 15 亿美元和 30.4 亿美元。印度企业的医药产品能进入要求严格的欧美市场体现了较高的国际化水平，同时印度也是除美国外有最多 FDA 批准的生产线的国家。

（3）政府的角色。政府加强投入、重视生物安全问题。

——政府加强投入。2005 年 3 月，印度政府出台了《国家生物技术发展战略》草案，草案制定了 2005—2015 年印度生物技术产业的发展目标，强调生物技术产业享受优惠的税收减免政策、优惠的金融政策以及优惠的贸易政策；至 2007 年，印度政府正式出台《国家生物技术发展战略》，加大对生物技术企业的扶持力度（徐庭琴，2018）。2016 年印度科技部生物技术局正式发布了《国家生物技术发展战略（2015—2020 年）》，计划提出未来将开展实施大型生物技术研发项目，吸引多方投资，创新生物技术产品，建立强大的基础设施和商业化设备，培养大量生物技术领域科技人才。

——重视生物安全问题。为解决转基因产品的安全问题，印度科技部生物技术局发布了被公认为全球最完善的生物安全指导原则；生物技术局和印度农业研究委员会联合成立了负责认证印度转基因产品的权威机构。截至 2015 年，印度已建成并投入运行了 2 个四级生物安全实验室，且已经通过检验符合国际标准。

3.3　国际生物产业主要专业领域的发展及其趋势分析

3.3.1　生物医药产业的发展及其趋势

近年来，随着全球经济发展、人口总量增长和社会老龄化程度的提高，药品需求呈现出明显的上升趋势，全球医药市场保持了持续较快增长。据智研咨询发布的《2019—2025 年中国医药品行业市场需求预测及投资未来发展趋势报告》显示，从 2012 年到 2017 年，全球医药市场的年均复合增长率约为 3.2%，2018 年全球医药市场规模为 1.63 万亿美元，增速为 4.8%。东南亚和东亚、拉丁美洲、非洲、南亚等新兴市场年均复合增长率预计将超过 10%，成为全球医药行业的主要驱动力量。

1）研发投入

生物医药产业正逐渐成为世界各国重点发展的关键产业。为应对日趋激烈的国际医药产业竞争局势，全球各大生物医药企业争相加大科研投入。目前，全球大型制药公司研发投入占销售额的比重一般为9%～18%，而知名生物技术公司的研发投入占销售额的比重则在20%以上，对于纯粹的生物技术公司（不涉及化学药），研发投入比重更大。据欧盟委员会公布的“The 2017 EU Industrial R&D Investment Scoreboard（2017年全球企业研发投入（R&D）排行榜）”显示，共有25家制药企业排名全球企业研发投入排行榜前100位，瑞士罗氏、诺华以及美国强生3家制药巨头排行全球企业研发投入前10位，如表3-3所示。从上榜企业总部所属地看，美国企业数量最多，高达10家，日本和德国均为3家，英国、瑞士及爱尔兰各2家。然而，并没有中国企业上榜。分析这25家公司可以发现，它们的平均研发投入为42.36亿欧元，平均净销售额为265.29亿欧元，平均研发占比达17.4%。根据前瞻产业研究院发布的《2020－2025年中国生物制药行业市场需求预测与投资战略规划分析报告》显示，2013—2019年，全球前56家生物制药企业研发总费用的年平均增长率为4.32%，截至2019年研发总费用已增长至1 096.85亿美元，预计2020年研发总费用将增至1 142.46亿美元，如图3-6所示。

表3-3　2017年全球制药和生物技术领域研发投入企业排行

业内排名	全球企业排名	企业名称	国家	研发投入/亿欧元	净销售额/亿欧元	研发占比/%
1	8	罗氏	瑞士	92.42	471.41	19.6
2	9	强生	美国	86.28	682.00	12.7
3	10	诺华	瑞士	85.39	468.99	18.2
4	14	辉瑞	美国	73.77	501.13	14.7
5	16	默沙东	美国	64.83	377.64	17.2
6	22	阿斯利康	英国	53.58	218.26	24.5
7	24	赛诺菲	法国	51.56	365.29	14.1
8	29	拜耳	德国	47.74	475.37	10.0
9	30	百时美施贵宝	美国	45.95	184.30	24.9
10	32	吉利德科学	美国	44.27	288.30	15.4
11	33	新基制药	美国	42.41	106.53	39.8
12	35	礼来	美国	41.84	201.33	20.8
13	38	葛兰素史克	英国	39.53	325.48	12.1
14	39	艾伯维	美国	39.03	243.22	16.0
15	42	安进	美国	36.14	218.11	16.6
16	46	勃林格殷格翰	德国	31.12	147.98	21.0
17	49	武田	日本	27.27	135.80	20.1
18	53	艾尔建	爱尔兰	26.76	138.23	19.4

续表3-3

业内排名	全球企业排名	企业名称	国家	研发投入/亿欧元	净销售额/亿欧元	研发占比/%
19	64	美敦力	爱尔兰	20.80	281.85	7.4
20	67	诺和诺德	丹麦	19.96	150.36	13.3
21	68	默克	德国	19.72	150.24	13.1
22	74	百健	美国	18.35	108.61	16.9
23	79	第一三共	日本	17.41	77.58	22.4
24	82	安斯泰来	日本	16.91	106.54	15.9
25	86	梯瓦制药	以色列	16.01	207.79	7.7
均值				42.36	265.29	17.4

数据来源：欧盟委员会，2017。

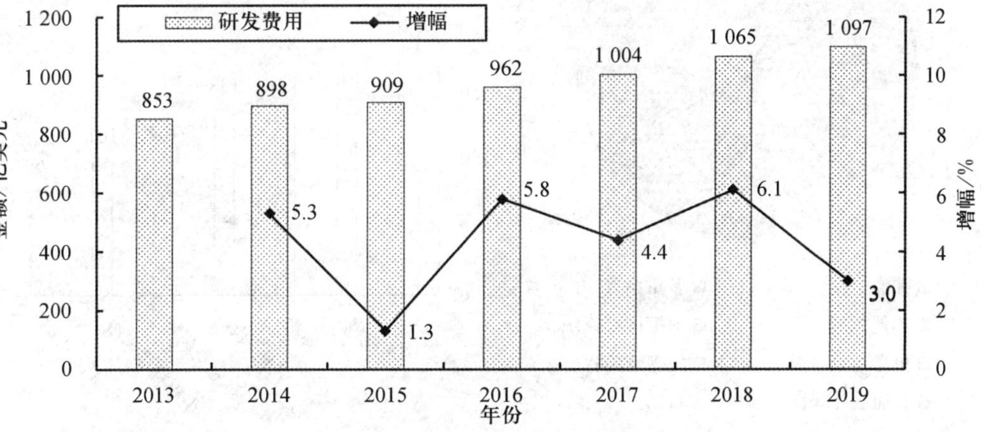

图 3-6　2013—2019 年全球前 56 家生物制药企业研发总费用

数据来源：前瞻产业研究院，2019。

2）投融资现状

前瞻产业研究院发布的《中国生物制药行业市场需求预测与投资战略规划分析报告》统计了 2013—2018 年全球生物制药 IPO 上市情况（图 3-7），从图中可以看出继 2014 年的 73 起 IPO

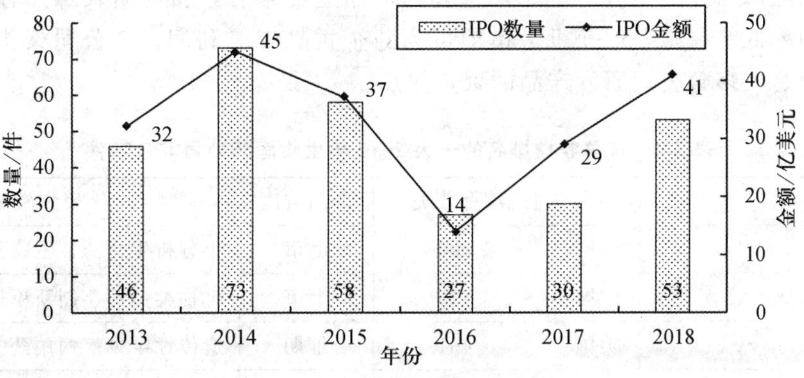

图 3-7　2013—2018 年全球生物制药 IPO 事件与融资金融统计

数据来源：前瞻产业研究院，2019。

事件后，2018 年全球生物制药企业 IPO 再次迎来第二个上市“小高峰”，达到 53 起，融资金额达到 41 亿美元。全球生物制药产业迎来新一波投资热潮，市场前景普遍被投资人看好。

根据 Nature Reviews Drug Discovery 杂志发表的“2019 biotech IPOs：Party on”论文显示，肿瘤和多重治疗是当前全球生物医疗融资最热门的两大领域，2019 年全球肿瘤和多重治疗领域的 IPO 资金总额分别为 25.55 亿美元和 18.65 亿美元，一共占据了全球生物医疗领域 IPO 总量的 58%，其中多重治疗领域的 IPO 平均收益最高（2.65 亿美元），紧接着是自身免疫和肿瘤领域，其 IPO 平均收益分别为 1.45 亿美元和 1.41 亿美元，如图 3-8 所示。

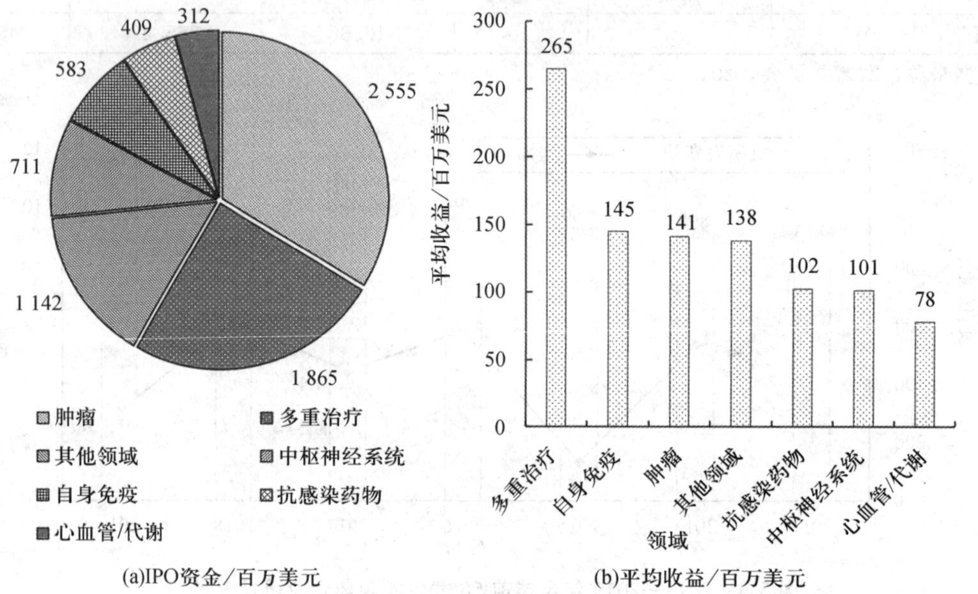

图 3-8　2019 年全球各生物医疗领域 IPO 及收益情况

数据来源：Morrison，2019.

报告还列出 2019 年全球 IPO 总收益前 10 名的生物医药公司以及它们的聚焦领域（表 3-4）。从表中可以看出，中国的豪森药业和福宏汉霖分别以 10 亿美元和 4.1 亿美元的 IPO 收益排名世界前 2 名，这反映了中国生物医药产业市场较高的投资回报，这对中国金融市场继续吸引更多生物医药产业投资十分有利。从各公司产品进度来看，新药研发虽然存在着耗时长、费用高、成功率低等风险，但获批上市即可为药企贡献丰厚利润。各公司聚焦领域多元化，其中癌症治疗是大多数公司研发产品的聚焦热点。

表 3-4　按总收益排名的十大 2019 年生物医药公司 IPO 事件

公司	国家	收益/百万美元	产品进度	聚焦领域
豪森药业	中国	1 000	上市	小分析生化药、生物药等
福宏汉霖	中国	410	上市	生物类似药、创新单抗药
BridgeBio Pharma	美国	401	Ⅲ期	遗传性罕见疾病用药
Adaptive Biotechnologies	美国	345	上市	肿瘤诊断及治疗

续表3-4

公司	国家	收益/百万美元	产品进度	聚焦领域
Gossamer Bio	美国	317	Ⅱ期	免疫/炎症感染
基石药业	中国	285	Ⅲ期	肿瘤免疫治疗、分子靶向药物
Phathom Pharmaceuticals	美国	209	Ⅱ期	武田分拆、GERD 治疗药物
IGM Biosciences	美国	201	Ⅰ期	治疗肿瘤的 IgM 抗体/双特异性抗体
Turning Point Therapeutics	美国	191	Ⅰ期	肿瘤小分子激酶抑制剂
Spring Works Therapeutics	美国	186	Ⅲ期	罕见肿瘤的小分子治疗剂

数据来源：Nature Reviews Drug Discovery，2019.

从全球各国家和地区的投资环境来看，根据 Pugatch Consilium 咨询公司发布的“2017 Biopharmaceutical Competitiveness & Investment (BCI) Survey”显示，全球各经济体在创新方面推出不同政策是影响生物制药竞争能力和投资环境发展的主要因素，一些较早出台明确政策鼓励创新的国家均走在生物制药领域的前列。中国在这份榜单中的评分（百分制）为 58.04 分，与第一名新加坡的分数差距为 29.32 分，处于中下游的位置。这一方面说明中国的生物制药行业创新和竞争力还比较低，另一方面也表明中国医药行业的发展潜力巨大。

3）新药研发

Graul 等（2019）统计了 2010—2018 年全球新药和生物制剂的上市情况（表 3-5）。从表中可以看出，2010—2018 年全球新药和生物制剂的研发聚焦于癌症、免疫系统、抗感染以及中枢神经系统治疗领域，这些领域总计上市新药和生物制剂数量分别为 99 个、54 个、50 个和 41 个，占比分别为 22.2%、12.1%、11.2%和 9.2%，这四个领域的新药总数量占到全部上市新药数量的 54.8%。并且全球新药上市的数量呈现逐年上升趋势，2018 年共上市 64 种新药和生物制剂，达历史最高值，相较于 2010 年增长了 121%。

表 3-5　2010—2018 年全球上市的新药和生物制剂分类统计　　个

治疗领域	年份									总计	比例/%
	2010	2011	2012	2013	2014	2015	2016	2017	2018		
癌症	7	7	10	12	10	14	5	18	16	99	22.2
免疫系统	5	4	5	11	2	5	10	8	4	54	12.1
抗感染	2	6	0	5	11	5	5	6	10	50	11.2
中枢神经系统	4	5	2	4	3	4	7	6	6	41	9.2
代谢类疾病	4	2	2	7	3	5	4	4	4	35	7.9
血液系统	1	3	2	1	7	7	4	2	6	33	7.4
内分泌系统	2	1	4	4	6	3	1	3	4	28	6.3
胃肠道系统	1	0	1	4	1	4	1	4	2	18	4.0
呼吸系统	1	1	2	1	5	3	1	1	2	17	3.8
皮肤病	0	1	2	1	1	2	4	3	3	17	3.8
眼科	1	2	0	1	2	0	1	2	3	12	2.7

续表3-5

治疗领域	年份									总计	比例/%
	2010	2011	2012	2013	2014	2015	2016	2017	2018		
心血管系统	1	1	1	2	1	1	2	0	1	10	2.2
骨骼肌系统	0	1	2	0	1	1	1	3	1	10	2.2
诊断试剂	0	0	1	1	3	0	2	1	1	9	2.0
肾脏泌尿系统	0	2	1	0	2	1	1	0	1	8	1.8
中毒/药物滥用	0	0	1	1	0	0	1	0	0	3	0.7
口腔/牙科	0	0	0	1	0	0	0	0	0	1	0.2
总计	29	36	36	56	58	55	50	61	64	445	100

数据来源：Graul 等，2019。

权威药物数据库 Pharma projects 发布了“Pharma R&D Annual Review 2019（2019 年全球药物研发年度回顾）”，报告统计了 2008—2019 年全球在研新药数量的变化趋势（图 3-9），从 2008—2019 年数据看，全球在研新药数量保持持续增长态势。但自 2016 年以来增速逐年放缓，直到 2019 年增速重新开始爬升。截至 2019 年，全球在研新药数量为 16 181 个，同比增幅为 6.0%。

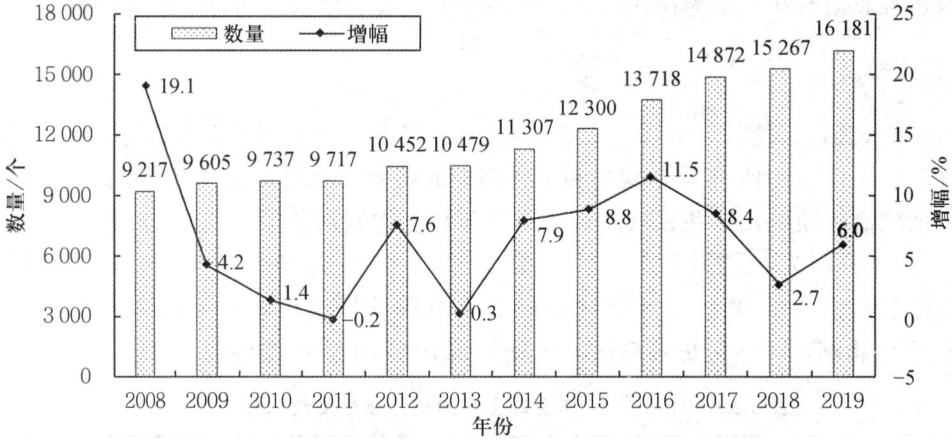

图 3-9　2008—2019 年全球在研新药数量

数据来源：Pharma projects 数据库，2019。

报告还指出了 2017—2019 年各研发阶段的全球新药研发管线数量（图 3-10），可以看出临床前阶段的新药数量逐年上升，这反映了生物医药产业逐年上升的新药开发热情；2019 年临床Ⅰ期药物数量增加了 7.2%，远高于 2018 年的 3.0%；2019 年临床Ⅱ期药物数量更是增加了 9.2%，而这一数据在 2018 年基本持平；但 2019 年临床Ⅲ期数据与 2018 年基本持平，与 2017 年相比呈现了负增长（−1.6%），正如报告所说，临床Ⅲ期研究就如同一堵墙，把很多开发的药物挡在了上市的道路上，这也显示了药物研发的难度比以往有提高。

根据知识产权产业媒体 IPRdaily 与 incoPat 创新指数研究中心联合发布的“2019 上半年全球生物医药产业发明专利排行榜（TOP 100）”的数据显示，生物医药产业专利涉及生物技术药、基因工程药物、疫苗、诊断试剂、微生态制剂、血液制品等技术领域。从企业国别来看，入榜企业来自 15 个国家，主要分布在美国（44）、日本（15）、中国（10）和德国（7），其中来

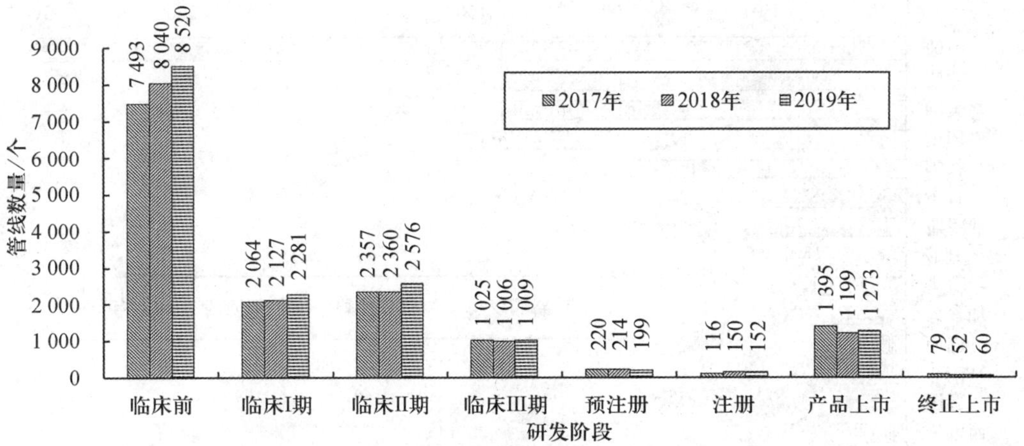

图 3-10　2017—2019 年各研发阶段的全球新药研发管线数量

数据来源：Pharma projects 数据库，2019。

自中国的恒瑞医药排名第 16 位、中国生物制药排名第 26 位、药明康德排名第 35 位。从发明专利申请数量来看，100 件以上的企业有 25 家，其中 Roche 公司（瑞士）以 895 件专利位居第一，Novartis 公司（瑞士）以 573 件专利、Johnson & Johnson 公司（美国）以 449 件专利分别位列第二和第三。

4）细分产业

细分产业：生物类似药、生物技术疫苗、基因检测和干细胞治疗。

（1）生物类似药。中国对生物类似药的定义是在质量、安全性和有效性方面与已获准注册的原研药（参照药）具有相似性的治疗用生物制品。生物制剂尤其是重组单克隆抗体、细胞因子等在肿瘤、自身免疫性疾病等治疗领域中展现出其他药物无法替代的突出临床疗效。然而随着大批原研生物药将在 2020 年专利到期，以原研生物药质量、安全性和有效性为基础的生物类似物的研发迎来重要发展机遇，越来越多的生物类似药也将批准上市。

从全球生物类似药的研发状态来看，根据科睿唯安（Clarivate Analytics）的 Cortellis 数据库的数据显示，全球处于活跃状态的生物类似药共 708 个，其中上市 121 个，批准 15 个，注册阶段 31 个，Ⅲ期临床 72 个，Ⅱ期 8 个，Ⅰ期 75 个，还有 386 个处于研发阶段，可见大多数生物类似药仍处于实验室研究阶段，已上市的生物类似药数量仅占研发总量的 17%。从国家和地区研发管线数量来看，中国以 251 个的绝对优势领先全球，这一数字是排名第二的欧盟的 1.7 倍（147 个），美国排名第三（141 个），印度、韩国、日本、俄罗斯紧随其后，管线数量分别为 129 个、96 个、50 个和 48 个（图 3-11）。

（2）生物技术疫苗。疫苗是指用各类病原微生物制作的用于预防接种的生物制品。我国是全球最大的疫苗生产国，也是世界上疫苗产品生产企业最多的国家，年产疫苗逾 10 亿人份，疫苗的种类和数量也是世界之最，其中用于预防乙肝、脊髓灰质炎、麻疹、百日咳、白喉、破伤风的儿科常见病的疫苗生产量达到年产 5 亿人份，已经全部实现计划免疫接种。

全球生物疫苗行业市场增速较快。据前瞻产业研究院发布的《2020－2025 年中国疫苗行业深度调研与投资战略规划分析报告》显示，2017 年全球疫苗市场规模已超过 270 亿美元，

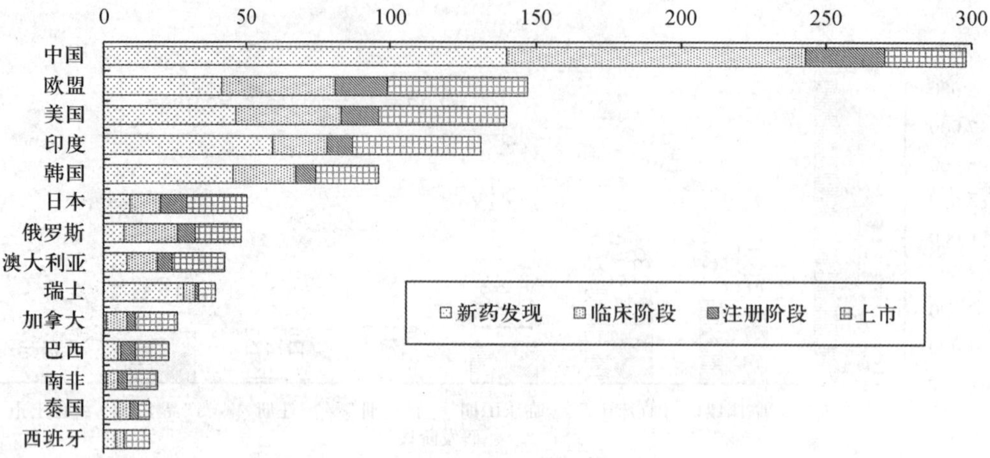

图 3-11　2019 年世界各国家和地区生物类似药管线数（单位：个）

数据来源：Clarivate Analytics Cortellis 数据库。

达到 276.82 亿美元。其中，儿童疫苗市场规模超过 160 亿美元，达 167 亿美元，主要是受辉瑞肺炎球菌等新型疫苗的驱动；成人疫苗市场规模达到 110 亿美元，主要是由于流感疫苗等驱动。该报告还预测了 2018—2024 年全球疫苗市场将以 7%的复合年增长率快速增长，并在 2024 年达到 446.27 亿美元，其中儿童疫苗市场规模预计在 272 亿美元，成人疫苗市场规模约为 174 亿美元。

2017 年全球四大疫苗生产巨头葛兰素史克、默沙东、赛诺菲和辉瑞合计占全球市场比重超过 90%。其中，葛兰素史克占比暂时领先，但优势并不明显，占比约为 24.0%；默沙东紧随其后，占比 23.6%；赛诺菲、辉瑞分别占到 20.8%、21.7%。另外，疫苗产品分布也相对集中。2017 年，全球成人疫苗市场中，流感疫苗占比 40.34%，宫颈癌疫苗销售额占比 22.73%，肝炎疫苗销售额占比 15.36%，肺炎疫苗占比 11.45%，以上四大疫苗产品合计占到 89.88%；儿童疫苗产品主要有肺炎疫苗、联合疫苗、水痘疫苗、肝炎疫苗、麻腮风疫苗等，其中肺炎疫苗的占比最大。

(3) 基因检测。进入 21 世纪以来，以基因技术为代表的生命科学进入快速发展阶段，随之而来的是一系列商业化产品、服务的落地，为人们的健康提供了更多选择，尤其是基因检测行业。基因检测指通过血液、组织或细胞分泌物，对生物染色体、DNA 分子进行检测的一系列技术。目前在医疗领域，基因检测除直接检测人体 DNA 分子外，还可通过检测人体内微生物基因信息，判断受检者健康状况和疾病风险。近年来，受益于基因测序技术的发展，基因检测行业进入快速发展阶段，也随之成为全球各国政府重点扶持发展的产业之一。据前瞻产业研究院发布的《2020－2025 年中国基因检测行业战略规划和企业战略咨询报告》统计数据显示，全球基因检测市场规模 2015 年接近 60 亿美元，2016 年后进入快速增长期，2017 年全球基因检测市场规模突破百亿美元。

据前瞻产业研究院 2018 年发布的《2020－2025 年中国基因检测行业战略规划和企业战略咨询报告》显示，虽然基因检测产业的市场规模已有显著增长，但应用领域仍较为集中，有待进一步拓展，目前，全球基因检测应用领域主要集中在肿瘤学、生命科学、生育与基因健康三大领域，占据着 80%以上的份额。

全球基因检测行业区域分布同样集中。2016 年，全球基因测序仪主要集中在北美地区，基因测序仪器达到 5 600 台，占到全球总数的 75.79%；其次是欧洲地区，基因测序仪器达到 947 台，占到全球总数的 12.82%；排名第三的是亚洲地区，基因测序仪器达到 660 台，占到全球总数的 8.93%；澳大利亚、南美地区和非洲地区所占的比例较小。

美国的基因检测产业发展位居全球之首，一方面是美国拥有世界最领先的基因检测技术以及众多权威的科学家和院士，是全球基因组学最早兴盛的地区，基因检测技术实力强，专利申请以 4.9 万件遥遥领先；另一方面美国很多医院都已经开始向病人提供基因测序的检测服务，基因检测的费用在几百至数千美元之间，消费者的接受度较高。

展望未来，全球基因检测行业市场规模将持续增长，基因测序、PCR、基因芯片三大细分领域市场规模有望迎来新的突破；其次，肿瘤将继续成为基因检测市场竞争的主战场，基因检测技术在肿瘤疾病早筛、分子分型、辅助诊断、个性化用药方面的应用前景广阔；最后，随着技术的进步，测序价格也会变得更加低廉，价格的下降让基因测序变得越来越简单，使之前很多难以实现的科学问题得到解决，包括临床诊断、遗传检测、个人基因组等。

（4）干细胞治疗。干细胞在医学界被称为“万用细胞”，它可以分化成多种功能细胞或组织器官。干细胞治疗的范围很广，一般能治疗神经系统疾病、免疫系统疾病和其他的一些内外科疾病。目前，干细胞已经治疗和正在临床试验阶段的疾病达到 140 多种。全世界已经保存了 200 多万份干细胞，并进行了数万例干细胞移植。

近年来，随着全球范围内干细胞研发的深入及转化应用的拓展，目前全球已经批准上市的干细胞药物共有 16 种，其中以美国、欧洲和日本的市场化应用最为广泛。干细胞技术在自身免疫性疾病、中枢神经损伤、心血管疾病等方面有着巨大的临床应用潜力。不仅如此，干细胞治疗的优势明显，比如治疗材料来源充足、治疗疾病范围广阔等，许多国家都将其作为重要的研究发展方向之一，根据智研咨询网发布的《2018—2024 年中国互联网＋干细胞医疗行业市场潜力现状与投资吸引力研究报告》显示，全球干细胞治疗产业主要集中在西方国家，其中北美市场占比为 43.1%，西欧市场占比为 36.8%，亚太市场占比仅 18.9%。

干细胞治疗产业链包括上游的采集、制备、存储，中游的分化、增值、制剂开发和下游的临床治疗和应用。我国干细胞产业基础研究位列世界前列，干细胞专利约 2 500 项，为世界第二。

3.3.2　生物农业的发展及其趋势

生物农业技术作为生物技术的重要应用领域之一，已成为农业科技革命的强大推动力，不仅在实现传统农业向现代农业的转变过程中发挥了重要作用，而且成为解决人类生存、发展的重要手段之一，特别是在保障食物安全、保护环境、寻求能源替代等方面将发挥巨大作用。目前，生物农业进入产业化的产品有转基因作物、转基因动物、生物农药、生物肥料等，但产业发展的焦点在于转基因作物是否在全球范围内的大面积推广种植。

根据农业投资机构 AgFunder 在 2018 年发布的“AgFunder AgriFood Tech Investing Report — 2018（2018 年农业食品科技投资报告）”显示，2018 年全球农业与食品领域的投资总额达到了 169 亿美元，较上年增长 11%；投资交易达到 1 450 笔，较上年增长了 10.5%。其中包含农业生物技术领域在内的上游产业投资金额为 69 亿美元，较 2017 年投资增长了 44.3%，成为全球农业投资的主要动力源。相对于 2017 年，2018 年全球农业各细分领域的年融资额有增有减，但农业生物科技领域增长了 59%，呈现高增长趋势，总融资金额高达 15.2 亿美元，这也使得农业生物科技成为 2018 年全球农业融资金额最大的一个领域。报告中还提到了各个细分领域的龙头企业的融资额及融资情况，包括农业生物科技领域、农场管理软件领域、新型农业系统等。在农业生物技术领域，总部位于波士顿的微生物技术公司 Indigo 在 E 轮融资中获得 2.5 亿美元巨额融资，估值超过了 30 亿美元。这表明生物农业投融资能力强劲，未来发展前景广阔。

1）转基因农作物

自 1983 年全球首例转基因植物（烟草）在美国诞生后，转基因技术在农业中得到了广泛的应用，抗虫、抗除草剂的转基因棉花、玉米、大豆、油菜等已经进入大规模商业化阶段，使农民获益匪浅。目前，第二代转基因作物一方面从消费者角度出发，以基因工程，特别是植物代谢工程为基础，重点在于改良产品品质、增加营养、提高食品的医疗保健功能，或用于工业原料，增加农副产品的附加值；另一方面，着重培育各类抗旱、抗寒、抗盐碱等非生物逆境的作物，逐步突破水资源短缺和其他逆境条件等限制农业发展的瓶颈。

（1）转基因作物应用率高速增长后趋于饱和。根据国际农业生物技术应用服务组织（ISAAA）在 2019 年发布的《2018 年全球生物技术/转基因作物商业化发展态势》显示，进入 21 世纪以来，随着全球人口的不断增长，以及生物技术的不断进步，世界各国逐渐放开了转基因作物的限制，加大了转基因作物的研发和种植，以应对人口不断增长和农作物面积不断减少带来的粮食危机。转基因作物也因此得到了快速的发展，其种植面积由 1996 年的 170 万公顷，到 2006 年突破 1 亿公顷，再到 2018 年达到 1.917 亿公顷，创历史新高（图 3-12）。

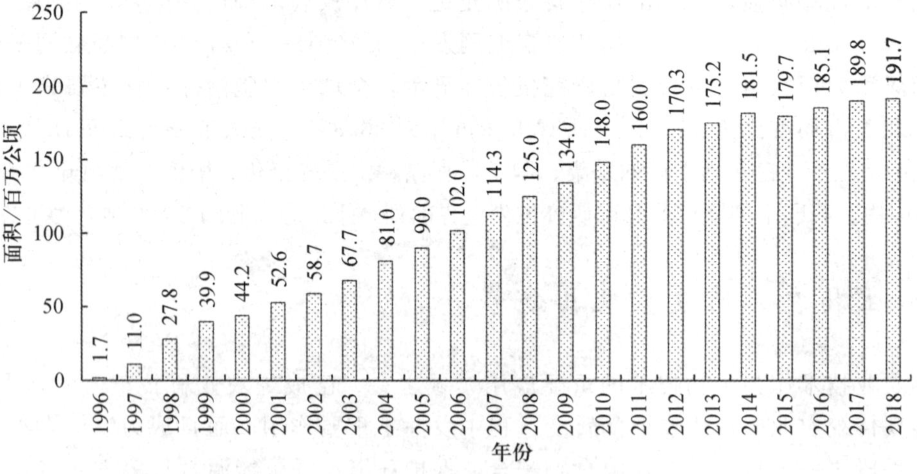

图 3-12　1996—2018 年全球转基因作物种植面积

数据来源：ISAAA，2019。

1996—2018 年，全球转基因农作物商业化 23 年间，种植面积激增了约 112 倍。然而值得注意的是，近年来转基因作物种植面积的增长趋势逐渐放缓，2018 年的增长率仅为 1%，这说明全球转基因作物种植面积已接近饱和，造成这种现象的主要原因是转基因作物在世界五大转基因作物种植国的平均应用率（大豆、玉米和油菜的平均应用率）不断增长，已经接近饱和，其中美国 93.3%、巴西 93%、阿根廷接近 100%、加拿大 92.5%、印度 95%。今后这些国家转基因作物种植面积的扩大将通过批准和商业化新的转基因作物和性状来实现，这些新性状将解决气候变化和新出现的病虫害等问题（ISAAA，2019）。

（2）转基因作物的种植分布。截至 2017 年，共有 24 个国家种植了转基因作物。这些国家主要分布在美洲、东南亚、欧洲的西南部和非洲的部分地区。这些国家中有 19 个是发展中国家（总种植面积 10 060 万公顷），5 个是发达国家（总种植面积 8 920 万公顷），其中美国以 7 500 万公顷的种植面积占到世界转基因作物种植总面积的 40%，位居世界第一。而中国的种植面积为 280 万公顷，仅占世界转基因作物种植总面积的 1.5%。

国际农业生物技术应用服务组织（ISAAA）统计截至 2017 年转基因作物种植面积达到或超过 5 万公顷的转基因作物种植大国共计 18 个，其中截至 2017 年排名前 10 位的国家的转基因作物种植面积及变化趋势如图 3-13 所示。

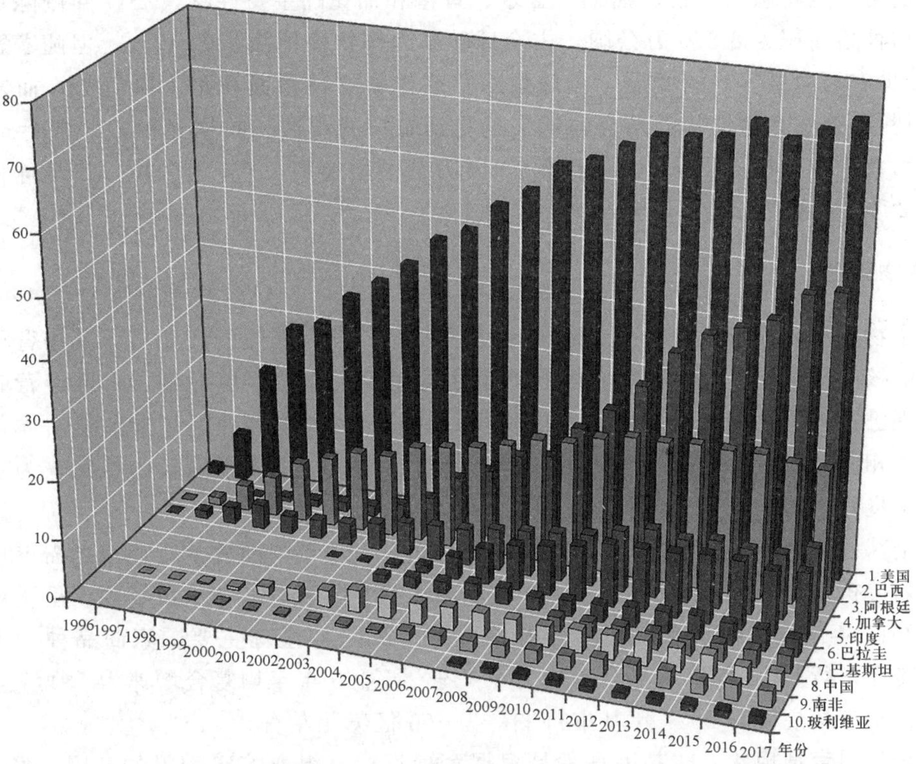

图 3-13　1996—2017 年转基因作物种植大国的转基因作物种植面积（单位：百万公顷）

数据来源：ISAAA，2019。

值得注意的是，这 18 个国家中有 14 个是来自拉丁美洲、亚洲和非洲的发展中国家。在绝对公顷数方面，到目前为止，同比增长最大的是美国 210 万公顷，其次是加拿大 150 万公顷、巴西 110 万公顷、印度 60 万公顷、巴基斯坦 10 万公顷。就全球种植的百万公顷土地而言，前三位的生物技术国家分别是美国（40%）、巴西（26%）、阿根廷（12%），总共占据了全球转基因作物种植面积的 78%。在 2017 年种植转基因作物的 24 个国家中，12 个国家（50%）位于美洲，8 个国家（33.4%）位于亚洲，2 个国家（8.3%）位于欧洲，2 个国家（8.3%）位于非洲。就转基因作物种植面积而言，88%的种植面积分布在美洲、10%在亚洲、1.5%在非洲、0.5%在欧洲。

（3）主要转基因作物的应用现状。四种主要转基因作物——大豆、玉米、棉花和油菜的种植面积有所下滑，但仍然是24个国家种植最多的转基因作物。转基因大豆以9 590万公顷的种植面积居首，占全球转基因作物种植面积的50%，2018年比2017年增长了2%。其次是玉米（5 890万公顷）、棉花（2 490万公顷）和油菜（1 010万公顷）。从全球单一作物的种植面积来看，2018年转基因大豆的应用率为78%，转基因棉花的应用率为76%，转基因玉米的应用率为30%，转基因油菜的应用率为29%。

除了大豆、玉米、棉花、油菜四大农作物外，2017年上市的转基因农作物还有苜蓿、甜菜、木瓜、南瓜、茄子、马铃薯和苹果等，更多品类的转基因农作物上市，为全球消费者提供了更多选择。

（4）转基因作物性状的应用现状。ISAAA（2019）报道了全球转基因作物性状的应用现状：除草剂耐性是转基因大豆、油菜、玉米、苜蓿和棉花的主要性状，2017年耐除草剂性状转基因作物种植面积为8 870万公顷，占全球转基因作物种植面积的47%。但随着智慧农业（免耕、减少农药用量等）的发展，全球耐除草剂作物的种植面积呈下降趋势，而复合性状（抗虫、耐除草剂和其他性状的结合）越来越受到农户的欢迎。数据显示，2017年全球复合性状转基因农作物种植面积从2015年的5 840万公顷增加到7 770万公顷，占全球种植面积的41%，2018年这一比例上升至42%。

2）生物种业

全球生物种业已经形成育种—制种—销售三大环节较为成熟的产业链，其中育种环节是生物种业的核心部分。全球生物种业经历政府主导时期、立法经营时期、垄断经营时期三个阶段后，现已进入生物种业全球化的发展阶段，目前全球生物种业呈现产业链一体化和与其他产业密切相关的特点。全球粮食产量和需求量同比增长，供需平衡较为稳定，为生物种业发展营造了良好的需求环境。

（1）全球种业规模。据前瞻产业研究院《2020－2025年中国种子行业市场需求预测与投资战略规划分析报告》显示，1999—2014年，全球主要国家商品种子市场规模呈逐年明显上升态势。2015年出现小幅下滑，2017年开始回升。2017年全球主要国家商品种子市场规模约383亿美元，行业10年年均复合增速为6.1%，行业5年年均复合增速为1.4%。2018年全球商用种子市场规模与2017年基本持平，为400亿美元左右。

（2）转基因育种现状。转基因育种是根据育种目标，提取特定的目的基因，经DNA重组与整合导入受体细胞基因组，经筛选获得稳定表达的转基因个体。相对于传统的育种技术，转基因育种不仅缩短了育种周期，而且能准确地选择任何一种目的基因，是未来生物育种技术发展的方向。由于转基因种子在防治病虫害、适应环境等方面具有较为突出的优势，目前在全球生物种业市场上，转基因种子占据了超过50%的市场份额。据前瞻产业研究院《2020－2025年中国种子行业市场需求预测与投资战略规划分析报告》显示，全球转基因种子市场份额占比54.3%，传统大田作物种子占比31.9%，传统蔬菜种子占比13.8%。

根据国际农业生物技术应用服务组织（ISAAA）在2018年发布“Brief 53：Global Status of Commercialized Biotech/GM Crops：2017（2017年全球生物技术/转基因作物商业化发展态势）”显示，截至2017年全球转基因玉米种子、转基因大豆种子、转基因棉花种子、转基因油菜种子、转基因甜菜及其他作物种子的销售额分别为87.2亿美元（51%）、

63.3 亿美元（37%）、14.2 亿美元（8%）、4.6 亿美元（3%）和 2.5 亿美元（1%），其中转基因大豆种子销售额较 2016 年增长 14%，转基因油菜种子增长 13%，转基因棉花种子增长 12%，转基因甜菜及其他作物种子增长 6%，转基因玉米种子增长 4%。

（3）全球竞争格局。当前中美两国已经占据全球种子市场份额约六成。美国是世界第一农业大国，也是生物种业第一大市场。美国自然资源丰富，农业生产规模化、区域化、专业化、现代化水平高，玉米、小麦、大豆等种植产业集中度高，优势明显，农产品产量、贸易量均是世界第一，这与其拥有全球领先的现代化生物种业密不可分。

据观研天下网站发布的《2019 年中国种子行业分析报告——行业竞争格局与未来趋势研究》显示中国已经成为仅次于北美的第二大种子需求国，美国种子市场份额占比第一，为 35%，中国市场份额占比 23%，其次是法国和巴西，均占比 6%。全球种子行业形成明显的双寡头垄断模式。继 2017 年 6 月中国化工成功收购先正达、2017 年 8 月陶氏与杜邦合并完成、2018 年 6 月 7 日拜耳成功实现对孟山都的收购后，世界种业形成了以农化集团为基础，以拜耳、陶氏杜邦、中化＋先正达、利马格兰为首的四大集团（图 3-14）。

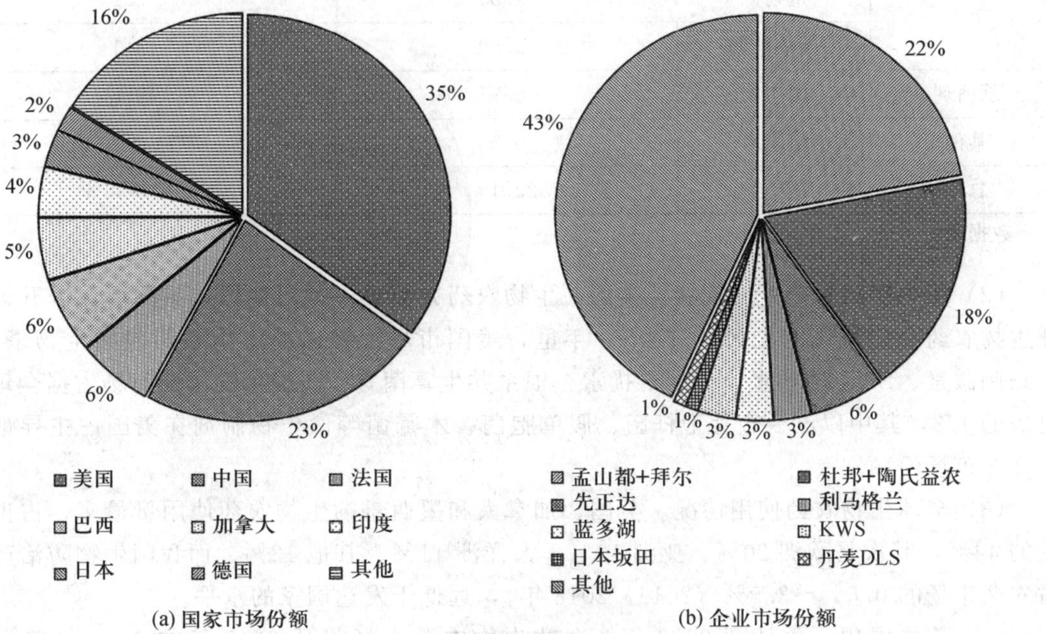

图 3-14　全球主要生物种业国家和企业市场份额

数据来源：观研天下。

3）生物农药

生物农药是指利用生物活体（真菌、细菌、昆虫病毒、转基因生物和天敌等）或其代谢产物（信息素、生长素、萘乙酸和 2,4-D 等）针对农业有害生物进行杀灭或抑制的制剂。生物农药包括传统农药（微生物农药、植物源农药、昆虫天敌和信息素）、抗生素、生化农药以及生物刺激素。生物农药因其毒副作用小、安全、环境兼容性好等特点而得到公认，已成为全球农药产业最热门的发展重点。

（1）全球生物农药市场概况。从麦可罗公司（2019）整理的“第十届生物农药发展与应用交流大会”报告中的数据可以看出，2017 年，全球生物农药的销售额已超过 33 亿美元，占整个植保市场的 5%，并以 13.9%的年复合增长率持续高速增长。新剂型研究、转基因植物、种药肥一体化技术、诱导抗性是国外生物农药发展的最新方向。生物农药的研究已进入到分子生物学技术层面，其他涉及苏云金杆菌、诱导抗性、节肢动物等技术点的研究项目数量急剧增加。

截至 2014 年应用最广泛的生物农药类别是抗生素类杀虫剂，如阿维菌素、多杀霉素、甲维盐等。而市场增长最快的生物农药类别是微生物杀菌剂，如枯草芽孢杆菌等。表 3-6 为全球各类别生物农药市场情况（张文君等，2016）。

表 3-6　2014 年全球生物农药市场情况

产品类别		2014 年销售额/亿美元	2009—2014 年均复合增长率/%
杀虫剂	抗生素	12.43	10.3
	微生物	5.55	8.3
	植物源	1.05	2.2
	天敌动物	1.60	6.1
杀菌剂	微生物	0.97	19.6
其他	信息素	0.55	0.2
总计		22.15	9.0

数据来源：张文君等，2016。

(2) 美国生物农药开发现状。美国在生物农药方面处于领先地位，美国环保署开创了全球生物农药登记简化的先河。过去 20 年里，美国市场上推出的生物农药包括生物杀虫剂、生物刺激素、SAR 诱导素、交配干扰素、根系共生真菌等。美国生物农药市场占据全球市场总额的 1/3，其中以苏云金芽孢杆菌、假单胞菌、木霉菌等微生物制剂在美国占主导地位并占 2/3 市场份额。

(3) 全球生物农药使用情况。美国、加拿大和墨西哥的生物农药使用量最多，占世界总量的 44%，其次是欧洲 20%、亚洲 13%、大洋洲 11%、其他 12%。而我国生物防治产品仅占农药市场的 0.6%～3.5%（2012—2018 年），远低于发达国家的水平。

(4) 前景展望。预计到 2022 年，全球生物农药市场将从 2017 年的 30.9 亿美元增至 60.1 亿美元，到 2025 年全球生物农药市场价值将达到 95 亿美元，其中微生物农药对全球农业和环境的贡献将会是生物农药增长的最主要原因。

4）生物肥料

狭义的生物肥料，是通过微生物生命活动，使农作物得到特定的肥料效应的制品，也被称之为接种剂或菌肥，它本身不含营养元素，不能代替化肥。而广义的生物肥料是既含有作物所需的营养元素，又含有微生物的制品，是生物、有机、无机的结合体，它可以代替化肥，提供农作物生长发育所需的各类营养元素。

全球生物肥料主要有固氮菌和溶磷菌，其中产品以固氮菌为主，占 75%，其次为溶磷菌，占 15%。根据博思数据发布的《2018－2023 年中国生物肥料行业市场评估及投资前景研究报告》，在下游需求的拉动下，全球生物肥料市场规模保持稳定增长的态势，2017 年全球生物肥料市场规模为 346.85 亿美元，较 2016 年的 310.25 亿美元增长 11.8%。

3.3.3　生物工业的发展及其趋势

生物工业是指在工业生产过程中使用或部分使用生物技术以实现产品的制造过程。目前，生物工业技术的主要应用领域是各种轻工业发酵产品的制造，核心技术是工业生物催化，其中，作为工业生物催化剂的主要产品酶，与化学催化剂相比，其显著优点是能在温和条件下高专一性催化各种生化反应。据美国能源部、商业部的预测，生物催化剂将成为 21 世纪化学工业可持续发展的必要工具，应用生物催化技术可以在未来的 20 年中减少传统化学工业原材料消耗、水和能源消耗的 30%，并减少污染物的排放 30%，这将彻底改变工业生产面貌。

生物工业技术涉及的产业面较广，在工业生物催化核心技术的指引下，带动了生物材料产业的发展，并推动了制药、化工、造纸、发酵等传统产业的更新换代，对经济社会的可持续发展将产生巨大影响。从目前的情况来看，世界生物工业尚未进入大规模产业化阶段或大规模改造传统产业阶段，只有一些行业或产品处于生产阶段或产业化的成长期（如生物材料等）。

1）生物材料

美国和日本等发达国家和地区的医疗器械产业发展时间早，国内居民生活水平高，对医疗器械产品的技术水平和质量要求较高。生物材料具有机械材料所没有的性能，市场需求的增长稳定。随着经济的发展、人口的增长、社会老龄化程度的提高，以及人们保健意识的不断增强，全球医疗器械市场需求持续快速增长。

伴随着临床应用的成功，生物医用材料及其制品产业已经形成，它是整个医疗器械产业的基础，行业发展速度较快。数据显示，全球生物医用材料呈现逐年增长的趋势，2017 年市场规模 2 178 亿美元，同比增长 6.71%。国际上生物医用材料及其制品，如冠脉支架、人工关节、骨科修复材料、种植牙、人工血管、人工神经、人工角膜、人工皮肤以及血液净化器皿等主要产品，以每年超过 20%的速度持续增长。吕惠琳（2017）对全球生物医用材料研究文献进行了计量分析，结果表明，美国和中国在生物医用材料的文献发表数量方面分别位居世界第一和第二，其中美国文献发表数量 3 129 篇、中国 2 651 篇，第三名是德国（1 004 篇），韩国、日本和英国紧随其后，分别发表了 745 篇、627 篇和 605 篇。

2）活性酵母

酵母作为一种可食用的、营养丰富的单细胞微生物，主要包括食用酵母、酵母提取物、药用酵母和饲料酵母等，与人类日常生活和工业应用具有广泛的联系，在食品工业、医药工业和畜牧业中均得到了长期而广泛的应用。目前，全球商品酵母年产超过 400 万吨，其中干酵母占比约为 30%～40%，欧美国家烘焙用鲜酵母较多，国内酵母消费以面用干酵母为主。

全球酵母产业由安琪酵母、乐斯福、英联马利三寡头垄断，集中度仍在上升。据智研咨询发布的《2017—2022 年中国营养酵母市场分析预测及发展趋势研究报告》显示，从竞争格局来看，全球酵母企业约 300 家，但产量主要集中于法国乐斯福（年产量 35 万吨）、英国英联马利（年产量 20 万吨）、中国安琪酵母（年产量 18 万吨）、加拿大拉曼（年产量 6 万吨）

等，而在全球市场已形成安琪酵母、乐斯福和英联马利三足鼎立的寡头竞争局面，三者合计市场份额占比超过70%，其中安琪占据全球约5%的市场份额。从酵母抽提物（YE）的产能上看，中国安琪酵母与隶属于法国乐斯福的BioSpringer产能接近，分别为4.6万吨和4.5万吨，两家企业合占全球YE产能约45%。其他酵母生产商产量偏小，并且逐渐受到上述龙头企业的挤压和兼并，行业集中度仍有上升趋势。

3）酶制剂

酶制剂指的是酶经过提纯、加工后的具有催化功能的生物制品，主要用于催化生产过程中的各种化学反应，具有催化效率高、高度专一性、作用条件温和、降低能耗、减少化学污染等特点，其应用领域遍布食品（面包烘烤业、面粉深加工、果品加工业等）、纺织、饲料、清洗剂、造纸、皮革、医药以及能源开发、环境保护等方面。可以降低下游行业的生产成本，有效化解各类原材料价格上涨的压力，同时可以提高下游行业的产品生产效率，减少环境污染。

近年来，全球酶制剂市场规模逐年增加，2008—2017年，全球酶制剂市场规模的年复合增长率为5.95%。从2017年全球酶制剂市场的分类情况来看，食品和饮料为规模最大的细分市场，洗涤和饲料次之；按销售区域划分，北美市场销售占比38%，欧洲占比29%，亚太地区占比22%，北美是规模最大的酶制剂市场。

3.3.4 生物能源产业的发展及其趋势

人类使用的三大主要能源分别是原油、天然气和煤炭，但它们均为不可再生能源。据国际能源机构的预测，这三种能源可供开采年限分别为40年、50年和240年。因此，世界各国对可再生能源越来越重视，尤其是可再生的生物能源。20世纪70年代全球性的石油危机暴发后，以生物质能源为代表的清洁能源在全球范围内受到重视。

1）发展概况

1990年以来，欧美国家大力发展生物质能源产业。据前瞻产业研究院发布的《2020—2025年中国生物质能源行业市场前瞻与投资规划深度分析报告》显示，2017年全球生物质能新增装机规模达到5.2吉瓦（GW），累计装机规模达到108.96吉瓦（GW），相较于2008年的累计装机规模54.78吉瓦（GW）足足增长了近2倍。

在欧美等发达国家的生物质能源已是成熟产业，以生物质为燃料的热电联产甚至成为某些国家的主要发电和供热手段。以美国、瑞典和奥地利三国为例，生物质转化为高品位能源利用已具有相当可观的规模，分别占该国一次能源消耗量的4%、16%和10%。欧美等发达国家的生物质能技术和装置多已达到商业化应用程度，实现了规模化产业经营。

生物质能源的来源广泛、品类众多，包括固体生物燃料和可再生废物（包括秸秆、垃圾、其他固体生物燃料）、液体生物燃料、沼气三大类。2018年全球秸秆发电装机量为18.68吉瓦（GW），占生物质能源燃料比重15.91%；沼气发电装机量为18.13吉瓦（GW），占比15.44%；液体生物燃料发电装机量为2.87吉瓦（GW），占比为2.44%。

《世界石油工业》（2016）报道了截至2014年的全球各主要国家/经济体的生物燃料产量情况，结果表明2014年美国的生物燃料产量全球第一（3 005.6万吨油当量），巴西和欧盟分别以 1 665.6 万吨油当量和 1 160.6 万吨油当量的生物燃料产量位居世界第二和第三，相比之下中国与其存在较大差距，2014 年生物燃料产量仅为 208.3 万吨油当量。

2）主要产品

主要产品：固体产品、燃料乙醇、生物柴油和生物沼气。

（1）固体产品。生物质的固体产品主要是通过压缩成型后，成型产物作为工业锅炉、民用炉灶和工厂、家庭取暖炉以及农业暖房的燃料，也可进一步加工成木炭。生物质固体燃料在能源消费中仍然占据非常重要位置。德国生物质固体燃料（生物质压制颗粒燃料、碎木片、劈柴）在生物能源中所占的比例超过 90%。美国已有 9 个日产 250 吨的生产厂，还有 16 个州兴建日产 300 吨的树皮成型燃料加工厂。瑞典有生物质颗粒厂 10 多家，单个企业的年生产能力达到 20 万吨以上。俄罗斯、加拿大、日本、芬兰等国的成型燃料研究发展很快，已建立了完善的研究试验、检测系统和成熟的生产技术。

（2）燃料乙醇。巴西是利用能源甘蔗生产乙醇作为汽车燃料最为成功的国家，全国有 370 多家甘蔗加工厂，其燃料乙醇早已进入商业化运行。早在 20 世纪 70 年代的全球能源危机中，美国利用玉米生产的燃料乙醇就崭露头角，近几年以年 30%左右的速度增长，其产量占全美乙醇总量的 95%，已成为世界上玉米乙醇产量最大的国家。

（3）生物柴油。随着石油的供求矛盾日益加剧，世界各国纷纷开展生物柴油的研究和开发。利用的原料主要是油菜籽、大豆、蓖麻油、棕榈油等油脂植物。目前生物柴油的大型生产厂家主要集中在欧洲，利用的主要原料是油菜籽。2004 年，欧盟以低芥酸菜油为原料生产了生物柴油约 160 万吨，占欧盟同期生物柴油生产总量的 80%。

（4）生物沼气。目前德国大中型沼气工程有 2 000 多处，分别应用于垃圾填埋场、禽畜养殖场、个人农庄。99%的沼气工程都利用沼气发电。以前德国的沼气原料主要是禽畜粪便和有机垃圾，为了提高沼气的生产效率，现在主要使用未成熟的农作物秸秆。中国沼气产业开始于 1980 年，其开发利用在国际上处于领先地位，特别是农村目前仍在推广使用的水压式沼气池被称为“中国式沼气池”。20 世纪 90 年代以来中国沼气建设一直处于稳步发展的态势，到 2005 年底，全国沼气利用量达到 80 万米^3，户用沼气池发展到 1 807 万户，大中型沼气工程累计建成 3 556 处，城市污水净化沼气池累计 49 300 处。

3.3.5　生物环保产业的发展及其趋势

伴随环境污染问题愈来愈突出，生物技术正在越来越多地被用于清除工业废物、修复生态系统，成为推动生态文明建设的重要力量。生物技术在环境保护方面的应用体现在两方面，一是在工业生产过程中的清洁生产，二是生物技术应用于环保产业。

1）市场规模

截至 2014 年，全球生物环保产业规模不大，生物环保技术企业的营业额仅占整体生物技术产业的 2.2%。虽然企业数量、规模、资金、人员、产品都远不如制药产业，但是在 2015 年环保生物技术产业的投入各领域研发的比例相当积极。在研发方向上，45%的研发投入为基因探针和 DNA 标记技术在环保方面的应用开发，40%的为生物恢复和生物过滤、生物材料、萃取和发酵等传统生化制品和微生物、病毒学/微生物生态。生物环保技术企业将生物技术工具（遗传因子、蛋白质组学、基因重组）应用到传统制造业、合成制品和给料中，主要制造工业原料、中间体和消费物品。在生物恢复和生物过滤的产品和生产过程中的应用最多，其次为发酵、生物加工、生物转换等传统生化生产过程中的应用。

2）专利情况

何继颖等（2019）通过研究 Incopat 数据库发现，生物环保领域自 1980—2018 年的 38 年间，全球专利申请共 14 万多件。生物环保领域的全球专利申请量自 20 世纪 90 年代初开始持续增长，2009 年申请量开始呈现井喷式增加，2016 年全球专利申请量达到 10 645 件，为 2007 年专利申请量的 3.1 倍。2017 年专利申请量略有下降以及 2018 年专利申请量较少，这与有较多专利申请尚未公开有关。由此可见，生物环保领域的技术发展自 20 世纪 90 年代开始，一直处于稳步向上的状态，至 2009 年前后，该领域技术开始进入迅猛发展阶段，2009—2018 年专利申请量达到 7.4 万多件，说明该领域的研发成为热点。

分析近十年国家/地区生物环保领域主要的专利分布情况。从专利申请量来看，中国处于世界前列，达到 5.5 万余件，占近十年全球生物环保产业专利申请量的 73.67%，日本、韩国、美国、欧洲形成第二方阵，可见该领域创新成果较为集中。进一步地细分后可以发现，除了中国外，其他主要国家/地区在该领域各个年度的专利申请数量较为平稳或略有下降，因此近十年全球生物环保技术的专利申请数量增长，主要源于中国在该领域专利申请的快速增加。

分析近十年生物环保领域的专利权人。按专利申请总量排名，可以看出，生物环保领域排名前十位的专利权人中，全部是中国的机构，其中包含北京工业大学、浙江大学、哈尔滨工业大学、同济大学等 8 所高校，以及中国石油化工股份有限公司（排名第三）和中国环境科学研究院（排名第十），可见生物环保领域主要专利权是来自中国的高校。

3）发展趋势

随着传感器技术、大数据、自动化控制技术、高通量筛菌技术、生物信息学等各种技术的快速发展，生物环保产业今后有可能会在以下方面得到进一步发展（杨敏，2019）。

（1）应用高效降解菌的生物强化技术。获得难降解污染物高效降解菌，并通过特定反应器的应用实现针对难降解污染物去除的生物强化技术。

（2）智能化废水生物处理系统。在深刻认识生物处理系统中微生物群落结构形成机理的基础上，进行废水处理微生物群落的精准装配和调控，实现废水处理的高效化与稳定化。

（3）生物风险控制技术。把握环境中有害微生物在污染治理系统中的富集和传播规律，构建致病致害生物的监管技术系统和环境传播阻断技术体系。

3.4 生物产业发展的国际经验借鉴

综合本书关于全球主要生物产业国家和地区在各细分产业发展现状的数据，选取了 8 个指标比较中国在全球生物产业的发展地位，如图 3-15 所示。从图中可以看出，中国生物产业已初步具备国际竞争力，但与世界先进生物产业国家/地区相比还有一定差距。

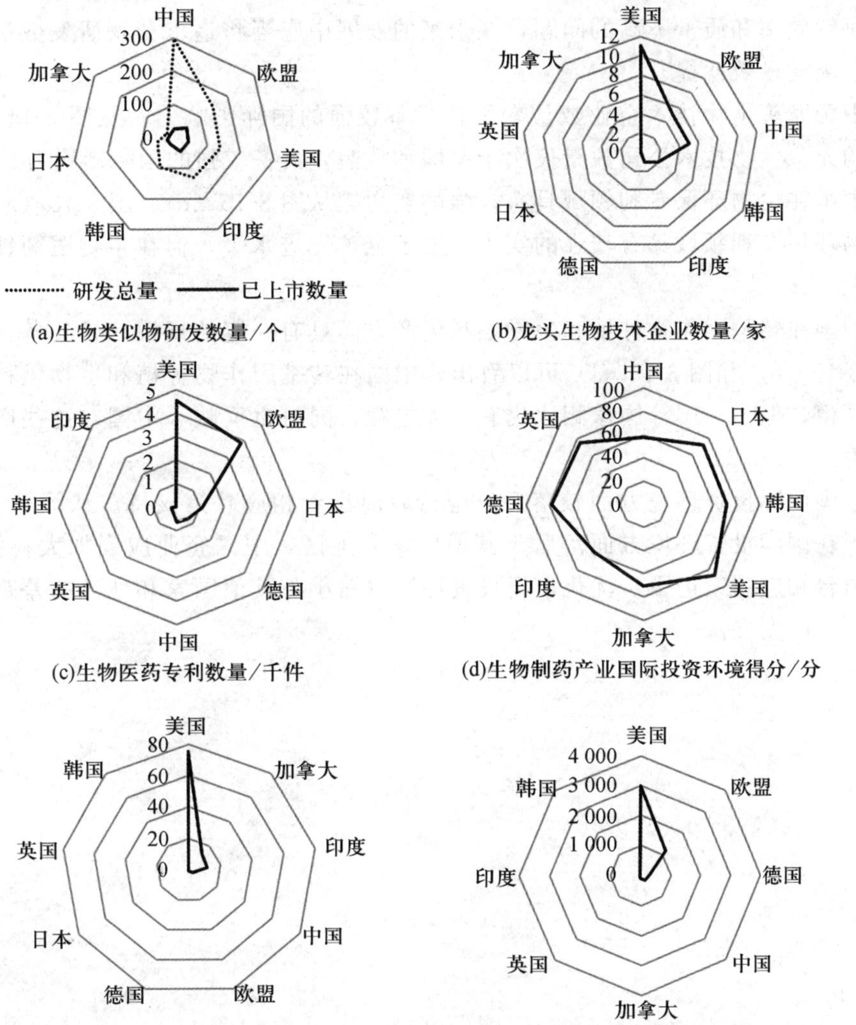

图 3-15　中国在全球主要生物产业国家/地区中的发展地位

数据来源：本研究整理数据。

（1）中国生物类似物研发总量领先全球，研发效率和质量不高。从图 3-15（a）可以看出中国在生物类似物的研发总量上领先全球，但在获批上市数量方面处于中下游水平，这暴露出中国研发效率和质量不高的问题，在未来的发展中应当将追求药物研发数量规模扩张逐步转变为追求质量效益提升。

（2）中国龙头生物技术企业数量较大，具备较强的国际影响力。从图 3-15（b）可以看出，中国的龙头生物技术公司数量仅次于美国和欧盟，具备较强的国际影响力。

（3）中国在生物环保专利领域具有较强的实力。从图 3-15（c）、图 3-15（g）可以看出，中国在生物环保专利领域具有较强的实力，处于全球先进水平，但在生物医药领域专利与欧美差距较大。

（4）中国在转基因作物种植和生物燃料生产方面具有一定的规模，且具备一定的市场潜力。从图 3-15（e）和图 3-15（f）可以看出，中国在转基因作物种植和生物燃料生产方面具有一定的规模，但与美国等国家相比仍有较大差距，同时也反映了中国在这些产业具备一定的市场潜力。

（5）中国国际投资环境方面较落后，亟待政府出台相应政策支持。从图 3-15（d）可以看出，中国在国际投资环境方面落后于其他国家和地区，中国企业应当加大科技研发投入，政府应当出台相应政策进一步优化市场投资环境以缩小与其他国家和地区的差距，从而推动未来生物产业的发展。

第4章 中国生物产业发展现状分析

1982年我国首次将生物技术列为培育发展的八大重点科技之一，“863计划”中更是将生物技术列为重点发展领域之首。自20世纪90年代以后，中国生物技术的研发方向以基因工程为核心，研究和发展高产、优质农作物和抗病动植物；研究基因工程药物和疫苗，研究预防危害性大的疾病如癌症、肝炎等的基因治疗方法；开发蛋白质工程、植物基因组，促进生命科学研究成果的转化，从而建立和发展现代生物产业。

4.1 中国生物产业发展概况

经过40多年的发展，中国生物技术与产业已取得了长足的进展并在一些领域取得了巨大成就。生物技术是目前中国与世界先进水平差距最小的一个高技术领域。根据对中国专家的调查，在83项备选技术中，有76项与领先国家的差距在5年以内，占92%；有7项与领先水平居于同等水平，占8%。也就是说，中国生物技术在研发方面与世界差距在5年以内。但是，在产业化方面差距较大，一般估计在15年左右。

4.1.1 中国生物产业发展规模及发展态势

1）中国生物产业发展规模

根据科技部社会发展科技司和中国生物技术发展中心出版的《2017中国生命科学与生物技术发展报告》，“十二五”以来，中国生物产业发展迅速，其复合增长率达到15%以上，2015年产业规模超过3.5万亿元。在部分领域与发达国家水平相当，甚至具备一定优势。我国基因检测服务能力在全球已处于领先地位，出口药品已从原料药向技术含量更高的制剂拓展，从中草药青蒿中提取的青蒿素获得我国第一个自然科学的诺贝尔奖，高端医疗器械核心技术的突破大幅降低了相关产品和服务的价格。超级稻亩产突破1 000千克，达到国际先进水平。生物发酵产业产品总量居世界第一。生物能源年替代化石能源量超过3 300万吨标准煤，处于世界前列。在京津冀、长三角、珠三角等地，一批高水平、有特色的生物产业集群初见雏形。我国生物产业已经具备加快发展、实现赶超的良好基础。

2）中国生物产业发展态势

生物产业是21世纪创新最为活跃、影响最为深远的新兴产业，是我国战略性新兴产业的主攻方向。随着现代生命科学快速发展，物理、材料、能源、计算科学等多学科与生命科学交叉融合，生物医药、生物育种、生物制造、生物质能等技术正在对人类生产生活产生深远影响。

经过多年发展，中国在超级杂交稻育种技术与应用、转基因植物研究等领域达到国际先进水平，动物体细胞克隆技术也日臻完善，废水处理新型反应器和新工艺的开发研究取得重要进展，一大批生物技术成果或已申报专利、或进入临床阶段、或正处于规模生产前期阶段，若干生物技术公共研发平台初步形成。

此外，中国生物产品出口快速增长，出口结构不断优化。随着跨国公司向中国的产业转移，生物技术外包服务业迅速发展。

4.1.2 中国生物产业区域分布

对上市生物企业所处地域进行分析，从空间集聚角度来看。中国生物产业上市企业主要聚集在经济发达的省份或城市。上市企业最多的地区为广东省，其次为浙江省、北京市、江苏省、山东省和上海市。

1）数量分布

以中国深圳、上海证券交易所上市企业为数据来源，主营业务涉及生物产业的370家具有完整财务数据的企业为样本，基于各企业2018年的年度财务报表数据，分析生物产业发展的现状。这些企业覆盖中国29个省（自治区、直辖市），由于部分企业的注册地址和办公地址不同，本书统一选择企业的办公地址作为研究对象。

对上市生物企业所处地域进行分析，从空间集聚角度来看。中国生物产业上市企业主要聚集在经济发达的省份或城市。上市企业最多的地区为广东省，有52家上市企业，占比14.3%，其次为浙江省，有42家上市企业，占比8.6%，北京市、江苏省、山东省和上海市，分别有32家、28家、26家、24家生物产业上市企业（图4-1）。

2）资产分布

总资产是企业最根本的物质基础，能够有效体现企业的资源配置情况，能够有效反映企业的生产规模，衡量企业在生物产业中预期的发展潜力及市场占有率。云南省的生物产业企业平均规模是最大的，辽宁省、湖北省次之，这三个省份的上市生物企业数量并不多，但云南白药、云天化、辽宁成大、湖北省的九州通和启迪环境，2018年期末资产均超过300亿元（图4-2）。

从各地上市企业期末资产总额来看，广东省以5 173.23亿元位列第一，是生物产业上市企业数量和总资产均为首位的省份。而上海市虽然在数量上仅位列第六位，但是由于平均资产值高于前五名地区，最终全市企业资产总额位列第二。其中，上海医药在2018年的期末资产总计约为1 268.8亿元，为全部上市企业资产数额之首。

4.1.3 中国生物产业经营绩效

为进一步探索我国生物产业经营状况，采用样本企业财务报告中资产周转率、总资产报酬率两个指标反映企业整体经营状况。

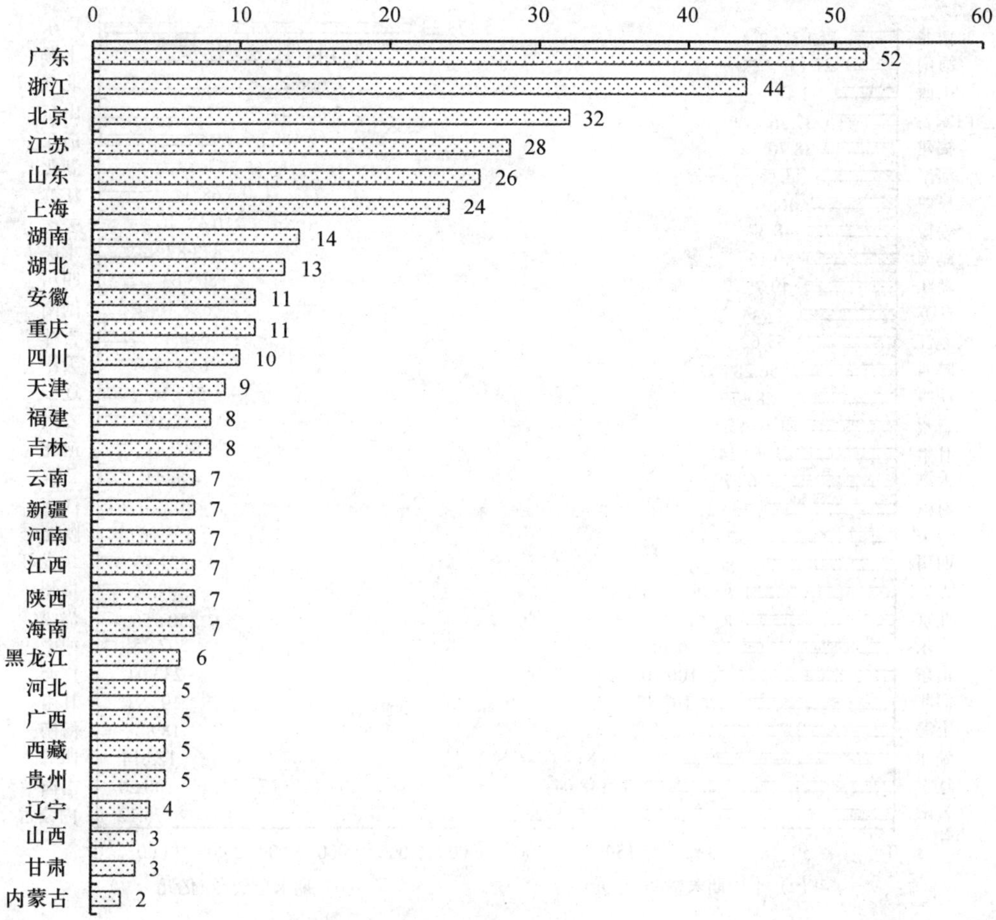

图 4-1　中国部分省（自治区、直辖市）样本企业的数量分布情况（单位：家）

数据来源：中国深圳、上海证券交易所上市生物企业。

资产周转率是对企业在某个时间周期内，从投入到产出之间的流动性的评价。作为衡量企业营运能力重要指标，能够有效反映企业在该时期内的资产利用效率以及资产管理质量。其计算公式如公式（4-1）：

$$\text{资产周转率}=\frac{\text{营业总收入}\times 2}{\text{期末资产总额}+\text{期初资产总额}}\times 100\% \tag{4-1}$$

总资产报酬率，又称总资产回报率，反映企业的经营情况和盈利能力。该指标数据越高，则表明该企业增加收入、节约资金的能力越强，越易于实现股东利益最大。而当该指标较低时，表明企业的资产利用效率较低。其计算公式如公式（4-2）：

$$\text{总资产报酬率}=\frac{\text{税前利润}\times 2}{\text{期末资产总额}+\text{期初资产总额}}\times 100\% \tag{4-2}$$

较大规模的生物产业上市企业资产周转率、总资产报酬率计算结果如表 4-1 所示。

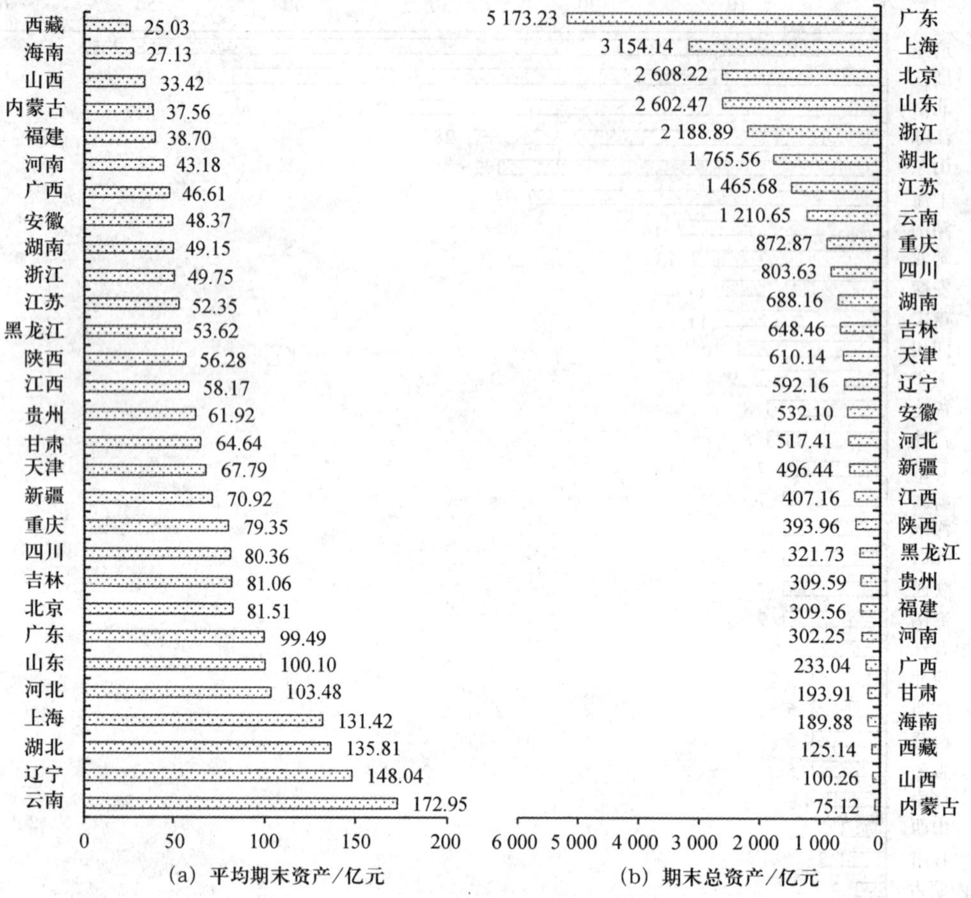

图 4-2 2018 年中国部分省（自治区、直辖市）生物技术上市公司资产情况

数据来源：中国深圳、上海证券交易所上市生物企业。

表 4-1 资产规模前二十的中国部分省（自治区、直辖市）生物产业上市企业运营情况 %

序号	企业	资产周转率	总资产回报率	序号	企业	资产周转率	总资产回报率
1	上海医药	144	4.83	11	辽宁成大	54	2.76
2	万华化学	85	22.39	12	人福医药	53	−4.17
3	ST 康美	28	1.95	13	瑞康医药	110	6.35
4	复星医药	38	5.40	14	云南白药	92	13.18
5	云天化	81	0.78	15	科伦药业	57	4.65
6	九州通	147	3.08	16	国药一致	14	3.01
7	白云山	106	10.07	17	华邦健康	38	3.83
8	海王生物	107	2.80	18	三聚环保	60	2.67
9	启迪环境	30	2.27	19	中国医药	132	9.96
10	亿利洁能	47	3.49	20	天士力	77	8.38

数据来源：中国深圳、上海证券交易所上市生物企业。

由表 4-1 可见，资产规模排名前二十的企业中，上海医药、九州通、白云山、海王生物、瑞康医药以及中国医药的资产周转率超过 100%，表明这些企业在 2018 年内的资产利用效率及管理质量较好。从总资产回报率来看，除了万华化学、白云山和云南白药，大部分上市企业的总资产回报率低于 10%，其中人福医药的总资产回报率为负值，呈现亏损状态。

进一步按照所处地域进行归类计算，将研究的上市生物企业的资产总额、营业总收入、利润总额等数据按照地区归类加总，然后统计各地区统计值计算资产周转率和总资产回报率。2018 年中国各省域生物产业整体经营情况如表 4-2 所示。

表 4-2 中国部分省（市、自治区）上市企业整体运营情况 %

省（市、自治区）	资产周转率	总资产回报率	省（市、自治区）	资产周转率	总资产回报率	省（市、自治区）	资产周转率	总资产回报率
广东	57.83	6.09	云南	83.73	5.72	山西	52.90	0.25
北京	84.39	7.20	重庆	76.41	4.98	广西	78.17	8.69
浙江	83.08	7.64	新疆	57.01	3.08	内蒙古	33.17	13.11
上海	84.73	4.99	河南	56.39	12.27	天津	64.13	7.01
山东	76.68	11.77	江西	43.20	8.29	辽宁	51.40	4.96
湖南	67.10	8.12	福建	121.85	−0.86	甘肃	67.98	40.52
四川	52.65	2.10	陕西	41.36	11.49	西藏	67.60	10.03
江苏	77.41	9.20	吉林	29.18	8.23	贵州	53.35	−3.24
安徽	61.91	−0.22	海南	26.41	1.04	黑龙江	67.33	6.92
湖北	87.68	2.51	河北	60.52	4.63			

数据来源：中国深圳、上海证券交易所上市生物企业。

可以看出，福建省生物产业上市公司的资金流动性较好，上市公司的整体资产周转率最高，为 121.85%；其次是湖北省、上海市、北京市和浙江省，资产周转率在 80%以上。内蒙古自治区的整体资产回报率最高；其次是河南省、山东省和陕西省。贵州省、福建省和安徽省的生物产业上市公司的总资产回报率为负值，呈现亏损状态，其中贵州省整体亏损最为严重。

4.1.4 中国生物产业领域分布

1）整体分布

生物产业内部行业发展极不均衡，生物医药业占整个行业比重超过 80%，生物农业、生物质能分别占比 8%和 6%，生物工业行业份额最小，仅占比 3%（图 4-3）。我国生物产业，尤其是生物工业还有很大发展空间。生物医药类上市企业又包括生物制品、化学制剂、化学原料药、中药、医药商业、医疗器械、医疗服务等，其中化学试剂和中药行业的上市企业数量最多。

2）省（市、自治区）内分布

从上市企业在各省的领域分布角度看，广东省作为生物医药领域上市企业最多的省份，主要有医疗器械企业 15 家，占省内全部生物医药企业的 34.1%，其次是化学制剂和中药，各有 8 家企业。生物医药领域上市企业数量位于第二位的是浙江省，化学试剂和化学原料药

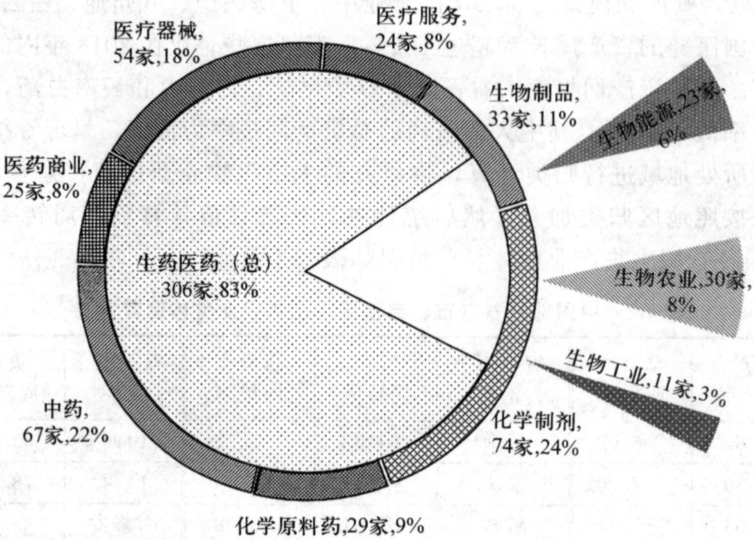

图 4-3　生物产业内部行业分布情况

数据来源：中国深圳、上海证券交易所上市生物企业。

上市企业共有 23 家，占省内全部生物医药企业的 56%（图 4-4）。北京市生物企业主要分布在医疗器械、生物制品等领域；江苏省、海南省、辽宁省、山西省等地的化学制剂企业比例较高；吉林、天津、云南、河南、陕西、广西、西藏、贵州等省（直辖市、自治区），有较大比例的中药类上市企业；湖南省、湖北省、重庆市等地则发展较为均衡。

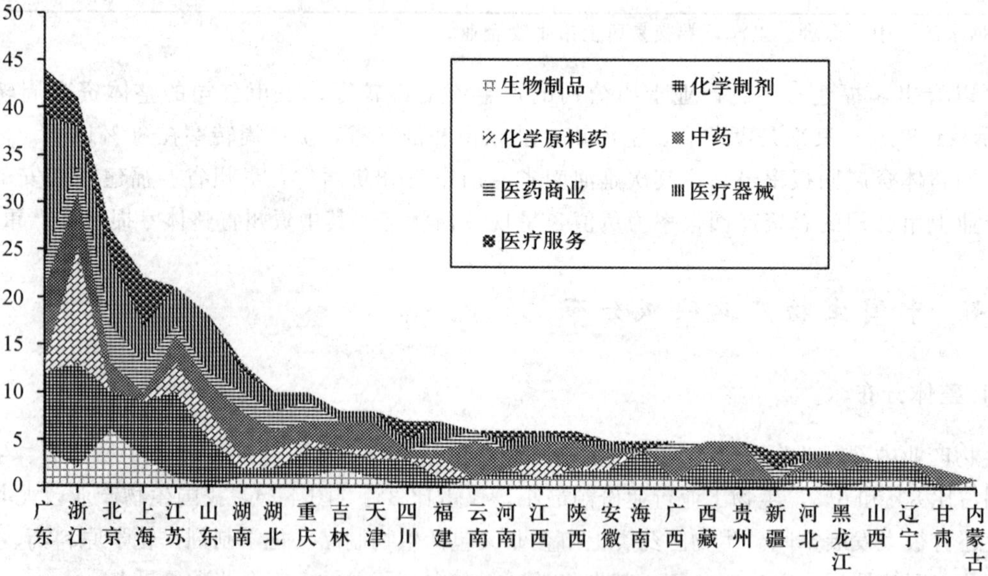

图 4-4　生物医药产业内部分布情况（单位：家）

数据来源：中国深圳、上海证券交易所上市生物企业。

由于所研究的生物医药上市企业在整个生物产业中占比过高，为了更好地展示其他三种产业的分布情况，在图 4-5 中不再将生物医药上市企业加入对比。除了广东省、江苏省和北京市，大多数省份的上市企业在生物能源、生物农业、生物工业这三个领域之一有空白，吉林、广西、西藏、贵州、山西等省（自治区）则没有相关领域上市企业。广东省、江苏省和安徽省的生物能源上市企业较多，山东省以生物农业为主。

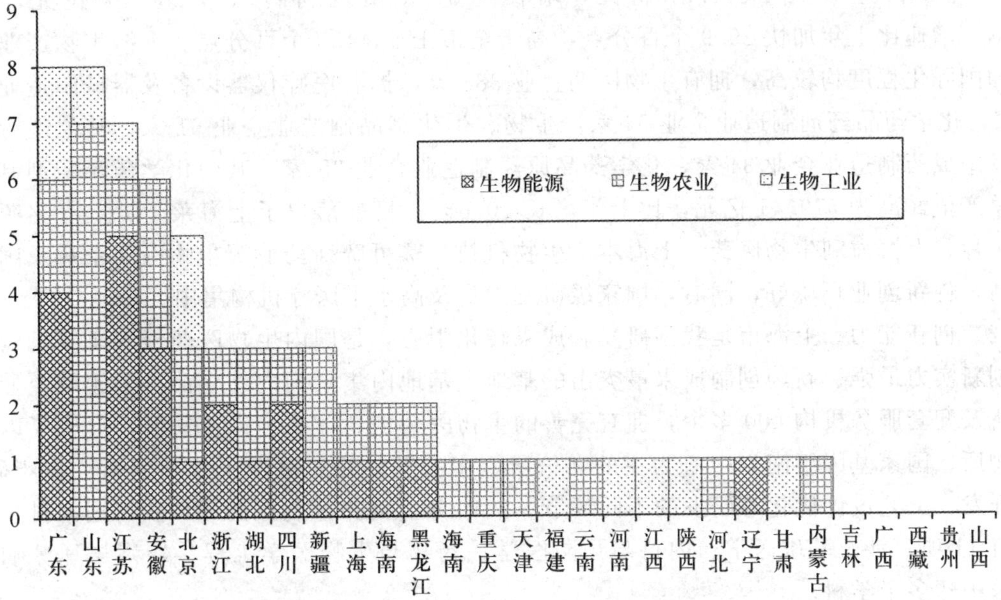

图 4-5　中国部分省（自治区、直辖市）生物产业细分情况（单位：家）

数据来源：中国深圳、上海证券交易所上市生物企业。

4.2　中国部分国家生物产业基地发展现状分析

我国目前有 22 个国家生物产业基地，本书选取其中 13 个进行分析，其中东部地区分布 6 个、中部地区 2 个、西部地区 3 个、东北地区 2 个。历经十多年发展，生物产业基地逐渐形成一定的发展特点。其一，政策支持推动基地形成与发展。一方面，国家选择产业基础好、创新能力强、营商环境优、开放度高的区域，扶持建立生物产业基地；另一方面，各地政府逐渐加强顶层设计，规划先行，通过制定产业规划、产业政策，引导产业集聚，促进各地形成具有特色的生物产业基地。其二，管理模式上，主要由政府主导类型。由政府投资开发，由专门成立的管委会管理运营，通过创新型企业孵化、重点企业培育等形式推动基地产业集聚，同时为基地搭建包括科研机构、公共服务平台等在内的创新资源。其三，基地产业创新能力驱动因素呈现生态化、网络化发展趋势。基地逐渐加强与高校、医疗机构、龙头企业、CRO 等社会优质资源的整合，创新产学研合作机制，促进科技成果转化。

4.2.1　东部地区部分国家生物产业基地发展现状

1) 上海国家生物产业基地

(1) 产业基础。上海市一直是我国重要的生物医药产业基地，产业规模居国内前列。

2019 年，上海市生物医药制造业生产规模继续保持较快增长水平，完成工业总产值 1 319.88 亿元，比上年增长 7.3%，生物医药制造业资产总计达 2 210.58 亿元，比上年增长 8.8%；完成营业收入 1 376.97 亿元，增长 9.8%；实现利润总额 208.47 亿元，增长 31.1%，增速比上年加快 29.9 个百分点，高于全市工业 44.8 个百分点。上海生物产业集聚程度和国际化程度均较高，拥有生物医药企业 388 家，拥有医疗仪器设备及器械制造业企业 145 家，化学药品药剂制造业企业 54 家，生物、生化制品制造业企业 51 家，其他还有中药饮片及中成药制造业企业 34 家，化学药品原药制造业企业 35 家，其中化学药品药剂制造业工业总产值最高为 519.41 亿元，比上年增长 10.6%。目前落户了上海莱士、上海铭源数康生物芯片、上海海利生物医药、上海本庄生物科技、赛可赛斯药业等生物医药企业。国际化程度高，创新创业环境好，同时，国家级研发力量及高水平医疗机构集中。

（2）创新能力。上海市是我国研发和成果转化中心，是国内生物医药领域研发机构最集中、创新实力最强、新药创制成果最突出的基地，基地内集聚国内外生命科学领域企业、科研院所及配套服务机构 400 多个，拥有完善的生物医药创新体系和产业集群，形成了以中科院药物所、国家基因组南方中心为主的“一所六中心”体系，涵盖了基础创新、临床研究、应用开发、工艺设计优化等研发的不同环节。2019 年上海市生物医药领域获得国家科技进步奖共有 11 项，涉及基础医学、内科与预防医学、药物与生物医学工程、外科与耳鼻咽喉颌及中医中药多个学科。

（3）产业发展环境。上海市政府对基地的建设给予高度重视，出台《上海市促进生物医药产业健康发展实施意见》《促进上海市生物医药产业高质量发展行动方案（2018—2020）》和《上海市科技创新“十三五”规划》等政策文件，加大对生物医药产业的政策扶持力度。主要体现在：发展生物医药产业投融资体系，集聚各类生物医药投资基金，用好用活市生物医药产业发展基金，支持鼓励优质生物医药企业境内外上市挂牌融资，在上海联交所开辟生物医药产权交易专项板块，加强创新人才的培养和引进，精准实施各类人才计划。

（4）基地发展方向和重点。上海市在全国生物产业总体布局中是长三角综合性生物产业基地的科学研究、新产品开发和产业化基地，主要功能是建设生物技术研发平台和产业集群，形成国际化发展模式，带动长三角地区乃至全国生物产业发展。

2）北京国家生物产业基地

（1）产业基础。北京市国家级生物研究机构云集，生物医药生产制造体系特别是国有企业实力较强，若干大型国际生物医药企业落户北京市，生物产业总体基础雄厚，产业规模较大，2019 年北京市医药制造业的营业收入高达 1 286.37 亿元，较去年同比增长 11.5%，利润总额达 210.42 亿元，较去年同比增长 4.6%。产业集聚程度较高，华润集团、步长集团、同仁堂集团、神威药业、悦康药业等一批重大项目相继签约入区，医药基地产业影响力显著提升，拜耳、诺华等一批著名生物医药跨国公司在京设厂。国家级生物研究机构众多，基础研究、新产品开发能力较强，拥有多个全国知名的药品品种，并有全国数量最多的三级甲等医院，是全国最大的医药消费市场。

（2）创新能力。北京市生物医药领域创新资源高度集聚。北京市拥有清华大学、北京大学、北京生命科学研究所等几十家医药健康领域国家级科研院所，数量居全国之首，在临床科研支撑体系建设方面，北京市拥有多家三级医院、临床药理基地、国家临床医学研究中心，并率先在全国建立十大疾病临床数据和样本资源库。另外，北京市生物医药产业集聚各类高端人才近 2 000 人，每年生物医药领域高校毕业生过万人，专业人才队伍总体水平和密度居全国之首。这些丰富的科研资源使得北京生物医药研发处于国内外先进水平，能力突出，贡献了全国数量最多的源头创新品种。

(3) 产业发展环境。北京市政府对基地的建设和发展给予高度重视，出台《北京市加快医药健康协同创新行动计划（2018—2020 年）》和《北京市“十三五”时期现代产业发展和重点功能区建设规划》等政策，重视推动生物医药产业跨越发展，提出加强基础研究和成果转化，提升创新能力；提高临床研究水平，优化医疗机构科技创新体制机制，引导医疗机构加快成果转化；强化重点企业统筹服务，推动研发型企业创新发展，加快建立生产及专业服务平台；完善产业发展要素，推进产业集聚发展，鼓励采购应用创新产品，并优化新增医疗服务项目价格管理方式；建立市领导牵头的联席会议制度，统筹推进本市医药健康协同创新工作；强化人才支撑，继续引进、培养和支持具有国际影响力的顶尖人才团队；做好资金保障，发挥财政资金和社会资本的统筹联动作用。

(4) 基地发展方向和重点。北京在全国生物产业总体布局中定位为环渤海区综合性生物产业基地的科学研究、新产品开发和产业化基地，主要功能是建设生物技术研发平台和产业集群，带动京津冀地区乃至全国生物产业发展。

3）广州国家生物产业基地

(1) 产业基础。经过多年发展，广州市生物产业规模不断扩大，形成了以现代中药、医疗器械、健康服务等为主导，以再生医学、精准医疗、体外诊断等优势产业为辅的产业集群，构建了从技术研发、临床研究和转化中试到产业化的完整产业链，涌现出一批高水平国际化科研团队和知名企业，且发展后劲不断增强。生物医药产业是广州市最有基础、最有条件、最有潜力培育成为未来新兴支柱产业的战略性新兴产业领域之一。广州市培育生物制药、生物医用材料、精准医疗等领域潜力的产业体系，培育和引进了白云山、百济神州、香雪制药、金域医学、达安基因等一批细分领域龙头企业。近年来，生物医药产业保持年均 10%左右的增速，2018 年广州市医药制造业实现产值 313.84 亿元，2019 年，广州全市医药制造业高技术产值达到 342.72 亿元，比 2018 年同期增长 10.2%，医疗设备及仪器制造业技术产值达到 265.31 亿元，比 2018 年同期增长 53.5%。

(2) 创新能力。广州市生物技术研发基础较好，拥有中山大学、暨南大学、广州中医药大学等“双一流”医学高校和十多家知名学府，广东省首批启动建设的广州再生医学与健康广东省实验室、中科院广州生物院、广东省中药研究所、广州呼吸疾病研究所等大院大所，以及国家、省、市各级 153 家重点实验室、115 家工程技术中心、51 家企业技术中心、13 个专业孵化器、133 个科技研发机构，广东省全部 5 家药物非临床安全性评价机构（GLP）和全省占近半的共 36 家药物临床试验机构（GCP）等一大批创新平台和新型研发机构，科研实力位居全国前列。广州市是中国三大医疗中心之一，医疗资源丰富，成为支撑生物医药产业链下游临床研究和转化研究的良好基础。广州市共引进生物医药领域诺贝尔奖获得者 5 位，引进和培养院士 20 多位，以及多位国家杰出青年等构成一大批高水平人才和团队。目前，广州已初步形成了以市场为导向、企业为主体、产学研结合的较为完善的生物产业技术创新体系。

（3）产业发展环境。广东省委、省政府高度重视生物产业发展，先后印发《广州市加快生物医药产业发展若干规定及操作指南》《广州市人民政府关于印发广州市加快生物医药产业发展若干规定（修订）的通知》和《广州市加快生物医药产业发展若干规定（修订）》等政策，在提升创新研发能力方面，针对新药临床研发加大支持力度，针对研发平台，分别从建设、认证、运营等方面扶持，提升公共服务能力。在完善临床研究服务体系方面，从研究型病房建设、研究者创新环境、科研成果转化以及离岗创业等方面制定政策措施，激发临床机构人才智力和活力。在推进创新成果产业化方面，从仿制药一致性评价、技术改造、新药和创新医疗器械制造等方面加大支持力度。在强化产业支撑保障方面，增强医保政策、空间要素、通关便利、重大事项、行业协作等保障措施。通过相关政策的制定，将更有力地促进广州市生物产业的发展。

（4）基地发展方向和重点。广州市将建设成为我国重要的生物医药创新强市和具有全球影响力的生物医疗健康产业重镇。推动产业集聚集成集约发展，引导优势企业因地制宜，建设大型医药生产加工基地、高水平医疗器械产业化基地、国际化医疗服务基地等生物产业园区，形成10个特色鲜明、管理创新、高端要素丰富、产业链条完善的集聚区。

4）深圳国家生物产业基地

（1）产业基础。深圳市作为首批国家生物产业基地和国家自主创新示范区，定位于打造深圳市生物产业核心集聚区、全国领先的综合型生物产业示范区、产城融合的现代生物科技新城。依托自身区位优势、土地资源，基地重点发展生物制药、医疗器械、生物服务等三大领域，基地采取孵化、加速、供地的“三级跳”模式为处在不同产业发展阶段的生物企业提供发展空间和承载主体。同时，基地通过建立完整的生物产业技术支撑平台和产业配套系统，已发展成为国内市场化程度最高、功能设施最齐全的高新技术和科技成果转化基地，是国内最具竞争力的创新药物研发及产业化基地和技术含量最高的医疗器械产品生产基地。现在深圳市的生物医疗设备、生物制药企业规模全国领先，以创新药物研发和产业化、药品制剂出口和生物医药研发外包为核心的产业体系发展居全国首列。截至2019年，基地已集聚生物企业430家，其中2/3为医疗器械企业，1/3为制药企业和服务平台、机构企业，形成医药龙头企业集聚，医疗器械企业产品覆盖面广，高端有源、无源器械和体外诊断领域快速发展态势。2019年深圳市生物医药产业增加值为337.81亿元，增长13.3%，医药制造业增加值增长10.2%。

（2）创新能力。深圳市积极引入高技术创新人才，吸引了北京大学、清华大学、哈尔滨工业大学等知名学府在深圳市建立校区，并通过高校或其他的平台频频牵手诺贝尔奖得主，建立诺贝尔奖获得者领衔的实验室，如已建成的劳特伯生物医学成像研究中心、兰迪·谢克曼国际联合医学实验室等知名实验室。依托各类创新主体，深圳市生物医药领域创新能力不断提升。深圳市已基本形成较为完整的生物医药产业链，在基因检测、生物信息、医学影像等细分领域具有领先优势，并培育了生物疫苗、干细胞等特色细分领域。在基因检测领域，国家基因库落地深圳市，作为我国唯一一个国家筹建的基因库，也是目前世界最大的基因库，未来将为深圳市基因检测的发展提供强大平台支撑。

（3）产业发展环境。深圳市委、市政府高度重视生物医药产业的发展，近日几乎同时出台《深圳市促进生物医药产业集聚发展的指导意见》及《深圳市生物医药产业集聚发展实施方案（2020—2025 年）》《深圳市生物医药产业发展行动计划（2020—2025 年）》和《深圳市促进生物医药产业集聚发展的若干措施》三份配套文件，提出把握生物医药科技前沿发展动向，加速培育原始创新能力显著的优质企业，建设开放共享的产业服务平台，形成高质量的特色产业集群，加快打造粤港澳大湾区生物医药产业核心引擎、全国生物经济先导示范城市、全球知名的生物科技创新中心与生物医药产业集聚地。

（4）基地发展方向和重点。深圳市在全国生物产业总体布局中定位为珠三角综合性生物产业基地的产业化基地，带动珠江三角洲地区乃至全国生物产业发展。重点发展生物制药、医疗器械、生物服务等三大领域产业。

5）石家庄国家生物产业基地

（1）产业基础。石家庄市生物医药产业形成了以高新区为核心区的产业格局。目前，高新区已成为全国最大的现代化综合生物医药产业基地之一。依托石家庄市雄厚的医药产业基础，高新区的生物医药产业以其产业聚集力和先进科研创新能力，成为区内主导产业，全国知名药企云集于此，拥有销售收入 50 亿元以上企业 3 家。截至 2018 年 11 月底，高新区集聚了 1 166 家医药企业，4 家全国医药工业百强企业、6 家上市企业，形成了以华北制药的微生物与生物工程药物产业、石药集团的新型制剂与辅料产业、石药集团的心脑血管药物与维生素药物、以岭药业的现代中药产业、石家庄四药的大容量注射剂、智同集团的生化药物产业、藏诺生物的藏药产业等龙头企业引领的七大产业板块，打造从生物医药新药研发—孵化—产业化—销售及服务等为一体的完整产业链条。

（2）创新能力。石家庄市集聚了丰富的高等院校资源，拥有河北科技大学、河北医科大学、河北中医学院等 6 所生物医药专业类高等院校。石家庄市生物医药科技创新平台资源丰富，科研创新能力不断提升。其中，石家庄市高新区拥有企业技术中心、工程技术研究中心、工程研究中心、重点实验室 158 家，包括国家级重点实验室 4 家、国家级工程研究中心 4 家、20 个院士工作站、9 个国家级博士后工作站，以及全国唯一的创新中国智库院士调研基地。

（3）产业发展环境。为了加快培育生物医药产业发展，石家庄市出台了一系列政策措施，涉及产业发展战略、人才、资金、土地等多个方面，尤其在保障产业用地方面给予较大支持。先后出台了《石家庄市健康产业“十三五”发展规划》《石家庄市战略性新兴产业发展三年行动计划》和《关于进一步推动“大健康、新医疗”产业发展实施意见》，提出推进政策创新等政策。

（4）基地发展方向和重点。石家庄市在全国生物产业总体布局中定位为京津冀综合性生物产业基地的产业化基地，主要功能是建设新医药加工制造基地和医药流通服务中心。发展重点是利用现代生物技术改造提升传统制药业，巩固化学制药业优势地位；有选择地发展生物制药业，推进中药产业的现代化及国际化。

6）青岛国家生物产业基地

（1）产业基础。2007 年，青岛国家生物产业基地获国家发改委批复，成为全国唯一海洋特色国家生物产业基地。崂山区作为基地核心区，聚集了黄海制药、银色世纪、蔚蓝生物等一批知名企业。高新区蓝色生物产业园、中德生态园、中国（即墨）健康产业先行区等以生物医药为重点的园区相继规划建设，成功吸引杰华生物抗病毒一类新药、华大基因海洋库等知名企业研发机构入驻。青岛市工信局数据显示：截至2018年底，高新区已集聚150多家医药医疗器械研发生产企业，呈现出良好发展势头，日益成为国家重要的海洋特色生物医药产业基地。海洋生物医药产业正平稳增长，2018年，规模以上生物医药企业45家，实现产值138亿元，同比增长16%。年销售收入过亿元企业15家，年销售收入过亿元大品种12个。海洋生物医药优势产品特色突出。黄海制药的抗心脑血管药、正大制药的抗骨质疏松药、东海药业微生态、蔚蓝生物酶制剂等在业内具有重要影响力。此外，华大基因海洋基因库一期建成运营，国内首创杰华生物"乐复能"国家一类抗病毒新药投入生产，奥克生物、瑞思德等干细胞临床诊疗技术国内领先，精准医疗产业加速崛起。

(2) 创新能力。海洋生物医药的创新成果不断涌现。2018年，全市拥有11所与生物技术相关的高校和科研机构，各级重点实验室17个，生物工程技术研究中心9个。近三年来，青岛市生物医药企业和各类机构共获得一类新药（三类医疗器械）证书、生产批件4件，进入临床研究阶段的一类新药（三类医疗器械）10个，海洋医药优势明显，已成功开发5个海洋药物、200余个海洋生物功能产品，一批海洋候选药物进入临床前研究阶段。青岛市已逐渐成为与上海市、厦门市、广州市并列的全国海洋生物技术和海洋药物研究中心。

(3) 产业发展环境。青岛市政府非常重视海洋生物产业的发展。先后出台了扶持战略性新兴产业培育发展的政策措施，政策扶持体系不断完善。市场配置资源的决定作用得以落实。如《青岛市医养健康产业发展规划（2018—2022年）》和《关于支持生物医药产业高质量发展若干政策措施的通知》等一系列政策，其中《关于支持生物医药产业高质量发展若干政策措施的通知》标志着青岛市生物医药产业迎来前所未有的政策红利时代，这是青岛市有史以来出台的覆盖新药研发、产业化、项目投资、市场销售等产业链各环节的生物医药产业支持政策。

(4) 基地发展方向和重点。将崂山生物产业集聚区培育成国家海洋创新药物技术研发和产业化基地；将高新区生物医药产业集聚区培育成海洋药物、生物技术服务等主导产业，建设集科研、孵化中试、生产服务于一体的国内一流的蓝色生物医药产业基地；将西海岸新区海洋生物产业集聚区建设成优势明显的海洋特色健康产业集聚区；将即墨生物医药产业园打造成具有较强国际影响力和区域特色的国际健康城。

4.2.2 中部地区部分国家生物产业基地发展现状

1) 长沙国家生物产业基地

(1) 产业基础。生物医药产业是长沙市重点培育的新兴产业集群之一，根据长沙市统计局数据显示，也是近年长沙市企业数量增长最快的产业集群。目前，长沙市已形成浏阳经开区生物医药产业集群、长沙高新区生物医药产业集群、长沙医药健康产业园、金霞经开区医药物流基地和望城经开区铜官化学原料药生产基地等医药产业集聚区。长沙市现有生物医药规模以上企业110余家，获批的国产药品1 422个。2017年长沙市医药制造业全市规模以上产值达到578亿元，2018年超700亿元，产业链条逐步健全，产业服务日益完善。随着一批新的重大项目陆续入驻和一批智能制造项目改造升级，产业集聚效应进一步显现。

(2) 创新能力。长沙市拥有中南大学（含湘雅医学院）、湖南大学、国防科技大学、湖南师范大学、湖南中医药大学等本科院校 23 所，人才资源储备丰富。汇聚了近百家生物医药研发机构与科研平台，包括国家代谢性疾病临床医学研究中心、抗癌药物国家地方联合工程实验室（湖南）、精神疾病诊治技术国家地方联合工程实验室（湖南）、中南大学湘雅医院药物分析中心、湖南省生物研究所等。生物医药高校科研团队方面，长沙市各高校拥有生物医药相关专业博士点 16 个，为生物医药产业高端科研人才的培养提供了必要的支撑。根据火石创造数据库数据显示，截至 2018 年底，长沙市累计获批国产药品 1 422 件、CDE 受理一二类新药总数 346 个，累计获批二三类国产医疗器械 1 440 件、药物临床试验总数 71 个。

(3) 产业发展环境。近年来长沙市生物医药产业政策环境不断优化，从顶层设计、管理机制、配套政策等层面，促进生物医药产业加速发展。长沙市出台《长沙市健康产业发展规划（2017—2020 年）》《长沙市中医药发展战略规划纲要（2016—2030 年）》《关于推动仿制药质量和疗效一致性评价工作的支持政策》《长沙高新区促进生物医药与健康产业发展实施意见》《关于振兴长沙工业实体经济的若干意见》《长沙市开福区促进生物医药与健康产业发展奖励政策（试行）》等市级层面的医药产业发展规划、专项政策、重点园区支持政策。长沙市委、市政府结合本市实际，将生物医药产业列入长沙市新兴优势产业链之一，配备一名市级领导担任产业链“链长”，因链施策、精准发力，把产业招商、产业培育等工作抓实，全力推动产业链建设和产业招商提速提质提效。

(4) 基地发展方向和重点。长沙市在全国生物产业总体布局中定位为中部地区专业性生物产业基地，主要功能是建设专业化公共技术平台、促进技术成果转化、做大产业规模。发展重点是现代中药、基因工程药物和生物农业。具体包括优势中成药、中药材规范化种植、基因工程药物、胚胎干细胞等。

2）武汉国家生物产业基地

(1) 产业基础。武汉市光谷生物城即武汉国家生物产业基地总收入超 1 000 亿元，综合竞争力全国第三。光谷生物城已建成生物创新园、生物医药园、生物农业园、医疗器械园、医学健康园和智慧健康园，正在大力推进建设生命健康园，打造集研发、孵化、生产、物流、生活为一体的生物产业新城。光谷生物城力推大数据、云计算和物联网与医疗健康的高速融合，带动生物产业成为东湖高新区经济发展的“双引擎”之一，聚集各类生物企业 2 000 余家，其中世界 500 强 8 家、主板上市 28 家、新三板上市 28 家。

(2) 创新能力。武汉市环东湖地区是我国重要的智力密集区，拥有武汉大学、华中科技大学、华中农业大学、湖北大学等高等院校 50 多所。目前，武汉光谷生物产业园区聚集企业 2 000 余家，吸引 27 个院士团队项目、19 位“武汉城市合伙人”、28 位国家千人计划、485 个光谷“3551”高层次生物人才团队，5 万多名科技人才在此创新创业，其中具有海外留学背景的超过 80%。在科技部中国生物技术发展中心发布的 2017 年国家高新区生物医药产业综合竞争力排名中，人才竞争力全国第一。武汉的生物技术诞生了植物提取人血清白蛋白、体外控制胶囊内镜、热层析成像、小口径仿生人造血管、肺动脉带瓣管道等世界级原创成果。

(3) 产业发展环境。湖北省委、省政府和武汉市委、市政府高度重视生物产业的发展，成立了由常务副省长任组长的武汉国家生物产业基地建设领导小组，并设立了领导小组办公室。先后发布了《武汉东湖新技术开发区关于加快推进众创空间建设发展的支持意见》《武汉东湖新技术开发区管委会关于支持生物产业经济发展的实施意见》《东湖高新区支持生命健康产业高质量发展实施意见》等政策，不断促进生物产业健康有序发展。

（4）基地发展方向和重点。武汉市在全国生物产业总体布局中的定位为中部地区专业性生物产业基地，重点发展生物农业、生物制药和化学合成创新药物，加快发展现代中药，积极培育生物能源和生物材料等生物质产业的发展。

4.2.3 西部地区部分国家生物产业基地发展现状

1）昆明国家生物产业基地

（1）产业基础。“生物多样性可持续利用——昆明国家生物产业基地”于2007年6月获国家发展改革委批复认定为云南省唯一的国家级生物产业基地。2018年，园区聚集以昆药集团、中国医科院医学生物所、植物药业、德国拜耳药业、香港积大药业、沃森生物、龙津药业、昆明中药厂、国药集团云南医疗器械、华大基因、博奥生物、达安医学检验、舜喜生物、新生命干细胞等为龙头的生物产业企业共277家（含销售流通类企业）。其中，生物制造类企业85家，生物资源开发类企业105家，流通类企业76家、基因科技类企业11家。2018年，园区聚集规模以上生物医药企业的工业总产值占全省的80%。昆明高新区已形成了以云南特色植物药和新型疫苗为主，医学护肤品、生物制药、再生医学、精准医学服务为重要补充的产业格局。

（2）创新能力。生物医药昆明高新技术产业开发区位于昆明国家生物产业基地核心区，是云南省规模最大、最重要的医药研发与生产物流聚集区。园区内建有中国西南野生生物种质资源库、昆明国家生物产业基地实验动物中心、公共实验中心、中试生产中心等基础支持体系，生物医药产业化条件十分优异。截至2018年拥有13个国家级、16个省级主导产业研发机构。近10年来，承担了100余项国家重大科研项目，取得了10余项重大科技奖励，多项科技成果转化成绩突出。

（3）产业发展环境。云南省委、省政府高度重视生物产业的培育与发展，将生物产业作为继烟草之后的接续支柱产业进行培育，制定了《云南省人民政府办公厅关于印发云南省生物医药和大健康产业发展规划（2016—2020年）及三年行动计划（2016—2018年）的通知》《云南省人民政府办公厅关于促进和规范健康医疗大数据应用发展的实施意见》和《云南省人民政府办公厅关于促进医药产业健康发展的实施意见》《云南省生物医药产业施工图》等若干加快生物产业发展的政策性文件。昆明市要全力打造产业核心区，依托昆明国家生物产业基地和昆明大健康产业示范区，紧盯产业链、技术链、价值链高端，主攻生物疫苗、现代中药、仿制药三大重点方向，聚集资源、政策、人才等要素，形成以昆明生物医药产业聚集区为核心区，楚雄彝药园、文山三七园、玉溪生物制品园等园区协同发展的产业格局，走出一条差异化、特色化、集约化发展路子。

（4）基地发展方向和重点。将聚焦生物医药产业高端领域，着重发展天然药物，做大做强生物制药、化学药和医疗器械，培育壮大健康产品及服务为延伸的“1＋3＋N”产业发展格局。以主攻技术、集聚资源、建设载体、完善机制为路径，打通创新链；以新标准、新产品、新品牌为导向，突破产品链；以绿色生产、节能降耗、智能制造为抓手，优化生产链；以服务体系化、物流配套化、人才集聚化为重点，完善配套链，将昆明高新区生物医药产业基地，打造成为全国重要的以天然药物为核心的世界级领先的生物医药产业集群。

2）重庆国家生物产业基地

（1）产业基础。重庆国家生物产业基地于 2007 年 6 月正式批准建设。基地依托三峡库区丰富的生物资源，发挥自身生物产业基础好、产业特色突出、创新能力强和科技资源相对集中的优势，完善自主创新体系，促进生物技术成果产业化，培育龙头企业和品牌产品，发展特色产业集群，实现生物产业规模化、集聚化发展，努力将重庆市建设成为我国西部重要的专业性生物产业研发、生产和出口基地。

（2）创新能力。大力实施创新驱动战略，建设全市最大的生物医药产业聚集区。一是加快建设医药研发的孵化器、加速器，打造完整的研发技术链，包括植恩高端仿制药研发平台、中科院重庆研究院智飞生物医药研究所、万全药物研究院、重庆理工大学生物材料工程中心、惠源医药技术研发中心等创建国家级或市级企业技术中心；推进与中科院上海巴斯德所、重庆大学药学院、重庆理工大学生物工程学院形成技术创新联盟。二是通过建设巴南区临床医学转化中心、园区医药科技创新中心、园区企业服务中心等，完善医药创新服务体系。三是依托智睿生物医药产业化基地、万全化学药公共制造平台、植恩高端仿制药制造平台、栋青医疗器械产业基地等产业化平台，实现 70%以上的科研成果本地转化。

（3）产业发展环境。重庆市委、市政府高度重视生物产业的发展，果断抢抓生物医药产业崛起的战略机遇，将其作为十大战略性新兴产业重点培育。出台了《重庆市人民政府关于印发重庆市推动制造业高质量发展专项行动方案（2019—2022 年）的通知》《重庆市人民政府办公厅关于加快生物医药产业发展的指导意见》和《重庆市人民政府办公厅关于印发重庆市加快生物医药产业发展若干政策的通知》等一系列优惠政策和措施。重庆市不断加大研发创新力度，推动产业链关键平台建设，以人工智能和大数据为支撑，建设国家级生物医药产业集聚区，夯实人才基础和加大招商引资力度等。

（4）基地发展方向和重点。打造千亿级的重庆最大生物医药产业聚集区；以生物制药、化学药制剂、现代中药及医疗器械等领域为重点，建设医药工业企业的聚集地、新药与器械的研发创新孵化器、医药商业企业的集散地，建成国内重要的生物医药研发创新中心、产业孵化中心和医药贸易中心，使重庆生物医药产业成为西部领先、全国一流、融入世界的新兴产业。

3）成都国家生物产业基地

（1）产业基础。成都市是我国生物资源丰富的地区，生物医药产业总体基础雄厚，生物农业发展已具一定实力。经过多年发展，成都生物医药产业具备了一定的基础和优势，是国家级生物医药研发创新产业基地、国家首批药品出口基地、国家生物医学材料及医疗器械高新技术产业化基地、国家（成都）生物医药产业创新孵化基地、中西部最大的生物医药集散贸易中心。目前成都市在医学影像诊断设备领域具有全球比较优势，在大输液、血液制品、体外诊断试剂等领域具有全国领先优势，在中药、化学药、生物技术药等部分领域具有一定竞争力。2018 年，全市规模以上医药工业实现主营业务收入 596 亿元，增长 21.6%。科伦药业、倍特药业、康弘药业等企业跻身全国医药工业百强，75个品种年销售收入过亿元，康弘康柏西普眼用注射液研制项目荣获中国工业大奖。

（2）创新能力。拥有四川大学、成都中医大等医药健康领域专业大学，西南交大、电子科大等高校设有生物医药、医学相关学科；有64家科研单位、2个国家药物非临床研究机构、12个国家药物临床试验机构，20余个生物医药国家重点实验室、工程研究中心、企业技术中心。重大新药创制、国家科技重大专项成果转移转化试点示范基地落户成都，国家生物治疗转化医学重大科技基础设施、成都国际生物医药创新研究院等加快建设，从基础研究、药物发现、药物设计、临床前开发、临床试验到工业化生产的全链条创新支撑体系正加快形成。

（3）产业发展环境。为全力构建“四链一社区一体系”的产业生态圈，将生物产业打造成为千亿级支柱产业，为构建具有国际竞争力和区域带动力的现代产业体系，建设全面体现新发展理念的国家城市夯实产业支撑。成都市政府出台一系列政策。如《成都市人民政府办公厅关于印发成都市推进中医药健康服务发展行动方案的通知》《成都市人民政府办公厅关于印发促进成都生物医药产业高质量发展若干政策的通知》和《成都高新区关于构建生物产业生态圈（产业功能区）促进生物产业发展的若干政策》等。成都市目前正以构建生物产业生态圈为重要路径，以建设天府国际生物城为重要抓手，加强产业链、创新链、供应链、金融链建设，打造生活宜居国际社区，建立专业化精准化政策服务体系，努力为成都市“培育医药健康产业成为万亿产业”贡献高新力量。

（4）基地发展方向和重点。成都市在全国生物产业总体布局中定位为西部地区专业性生物产业基地，与重庆市生物产业发展统筹规划、形成合力，重点发展生物医药（包括现代中药、创新药物、生物医学工程、生物医药服务），加快发展生物农业，积极培育生物能源。

4.2.4 东北地区部分国家生物产业基地发展现状

1）长春国家生物产业基地

（1）产业基础。长春市作为国家级生物产业基地、国家级中药现代化产业基地，医药健康产业保持高速增长，2018年长春新区生物医药健康产业总产值247.18亿元，2014—2018年年均增速高达33%。集聚生物医药健康企业407家，其中规模以上工业企业20家，其中产值30亿元以上企业1家、10亿元以上企业2家、亿元以上企业8家。长春新区形成了以基因工程、生物疫苗、现代中药、高端医疗器械为重点的医药产业体系，拥有中科生物、科英激光、迈达医疗3家新三板挂牌企业、迪瑞医疗创业板上市企业以及天药科技纳斯达克上市企业，全国生物医药产业园区综合竞争力占据东北地区第一位。经过多年培育和发展，长春新区形成了长春高新技术产业开发区、北湖科技开发区和空港经济开发区三大产业集聚区。

（2）创新能力。长春市集中了吉林大学、东北师范大学等全日制大专院校29所；汇聚了百余个生物医药研发机构，如长春生物制品所、中科院长春应化所等；集聚生物基因制药、疫苗实验室42个，包括国家酶工程重点实验室、药物基因与蛋白筛选国家工程实验室、艾滋病疫苗国家工程实验室等，拥有强大的人才和科研竞争力。长春高新技术开发区培育了金赛、修正、百克、迪瑞、海悦等一批行业领军企业，多个企业在细分领域居于国内龙头或者前三名地位。目前全国批准生产的 35 种疫苗产品中，有 26 种可在长春市生产，长春市已成为亚洲重要的基因工程药物和疫苗生产基地。

（3）产业发展环境。吉林省、长春市政府高度重视生物医药产业的发展，2015 年出台了《关于加快推进医药健康支柱产业的实施意见》；2016 年出台了《吉林省人民政府关于推进医药健康产业发展的实施意见》；2017 年出台了《关于印发鼓励创新促进医疗器械产业发展的若干规定》《吉林省医药产业转型升级实施方案》以及《吉林省医药健康产业“十三五”发展规划》；2018 年出台了《长辽梅通白敦医药健康产业走廊发展规划（2018—2025 年）》等文件，不断强化产业顶层设计，进一步明确产业发展方向。

（4）基地发展方向和发展重点。依托现有的生物医药产业基础，发挥研发创新优势，促进产业集聚，推进大型生物医药龙头企业和中小企业群建设，提高生物医药产业国际竞争力，带动区域产业结构优化升级，努力把长春市建成具有国际竞争力的生物医药研发、生产和出口基地。重点发展生物医药，具体包括疫苗、基因工程药物、生物中药三大领域。

2）哈尔滨国家生物产业基地

（1）产业基础。哈尔滨市作为国家生物医药产业基地，是黑龙江省首个生物医药产业示范型基地。2018 年医药制造业规模以上工业企业 55 家，总资产贡献率 12.26％。哈尔滨市生物医药产业的核心区——利民生物医药产业园区，已发展成为国家科技部“火炬计划医药产业基地”、国家发展和改革委员会“高技术生物产业基地”、国家工信部“新型工业化（生物医药）示范基地”、国家生物医药产业区域集群试点城市集聚区。2019 年 1～11 月，利民生物医药园区规模以上工业企业实现产值 67.7 亿元，实现销售收入 97.1 亿元，发展势头强劲。哈尔滨市已基本形成了包括抗生素及粉针、综合制剂、传统中成药、中药粉针、保健品、生物工程制药、动物疫苗及兽药七大系列、具有规模化生产能力和较强市场竞争力的生物医药产品体系；形成了科技研发、生产加工、包装印刷、物流营销、检验检测、健康服务等全产业链条；拥有哈药集团、珍宝制药、葵花药业、誉衡药业和三联药业五家主板上市企业。

（2）创新能力。哈尔滨市现有在哈高等院校 63 所，其中哈尔滨医科大学、黑龙江中医药大学、哈尔滨工业大学、东北农业大学、东北林业大学等院校具有生物和医药专业人才的培养能力；拥有中国农业科学院哈尔滨兽医研究所、黑龙江省科学院微生物研究所、黑龙江省中医研究院等国内知名研究机构；拥有哈尔滨利民生物医药市级管理科技企业孵化器；建立了药物筛选、药效评价、安全评价、检验检测、中试等平台，创建了黑龙江省兽药产业创新联盟、东北基因创新产业联盟和全国抗体药物技术创新产学研联盟；拥有动物用生物制剂研究国际科技合作基地、寒地重大心血管疾病国际科技合作基地和黑龙江中医药国际科技合作基地，集聚了丰富的人才科研资源。

（3）产业发展环境。哈尔滨市将生物医药产业的发展摆在重要位置，2017 年出台了《哈尔滨市促进生物医药产业健康发展的若干政策》和《关于促进中医药健康服务发展的实施意见》，依托哈尔滨新区利民医药产业园区，成立市生物医药产业推进办公室，着力构建现代生物产业新体系。2019 年 9 月，哈尔滨市生物医药产业集群入围第一批国家级战略新兴产业集群，进一步形成产业链竞争的整体优势。

(4) 基地发展方向和发展重点。以利民医药产业园为核心区，构建由1个核心区和N个特色园区组成的统一规划、错位发展、优势互补、多点支撑的生物医药产业发展格局。加快产业结构调整，大力发展生物技术药，调整发展化学药，提升发展现代中药，重点培育专业研发机构、评价认证机构、检测诊断机构和基因服务机构等，促进生物医药产业高质量发展。

4.3 中国生物产业主要专业领域发展现状分析

随着生物技术在全球领域内的迅速发展，我国已经将生物产业作为一项战略性新兴产业予以重点培育，并在政策、研发投入、人才等多方面给予重要支持。近年来，随着我国对外合作与引进力度的不断加强，生物产业的开发领域及产品线得到了大幅拓展，即从传统的基因工程药物逐渐延伸至诊断技术、生物农药、组织工程等诸多产业，已具较大规模、技术全面以及品种较多的生物技术产业链，所辐射的范围已经涵盖农业、环保、食品、海洋等多个领域，切实带动了相关产业的快速发展。特别是我国对拥有核心技术与自主知识产权的生物产业项目的支持与引导力度更强，鼓励重点生物产业项目、重点生物技术研究中心、重点生物产业基地的建设。

4.3.1 生物医药产业

在现代生物技术中，医药生物技术起步最早、发展最快，生物技术研究成果的70%以上集中应用于医药工业，用以开发特色新药或对传统医药进行改良，由此而引起了医药工业的重大变革。

生物医药产业有广义和狭义两种概念。广义的“生物医药”指将现代生物技术与各种形式的新药研发、生产相结合，以及与各种疾病的诊断、预防和治疗相结合的高技术产业，即“现代生物技术与新医药”。狭义的“生物医药”指人们运用现代生物技术生产的用于人类疾病预防、诊断、治疗的医药产品，包括基因工程药物、基因工程疫苗、新型疫苗、诊断试剂(盒)、微生态制剂、血液制品及代用品等。

1) 细分产业

(1) 医药制造业。据国家统计局数据显示，我国规模以上医药制造业工业企业数量有了很大提高，但是从2016年开始增长速度放缓。2012年，中国医药制造业规模以上工业企业有6 387个，到2016年增长到7 541个，2017年降低到7 532个，2018年小幅度提高到7 581个。随着企业个数的增加，行业的规模也不断壮大。从企业总资产看，从2012年到2017年间稳步提高，这说明随着中国医药制造业的发展，企业平均规模在扩大（图4-6）。

从企业利润角度看，医药制造业规模以上工业企业利润总额从2012年到2016年提升速度较快，在2016年企业利润总额达到3 114.99亿元，增长率为15%。但是在2016—2018年，利润总额增长率大幅下降，2017年利润总额为3 324.81亿元，增长率为7%，到2018年医药制造业规模以上工业企业利润总额出现负增长，为3 094.2亿元，下跌7%（图4-7）。

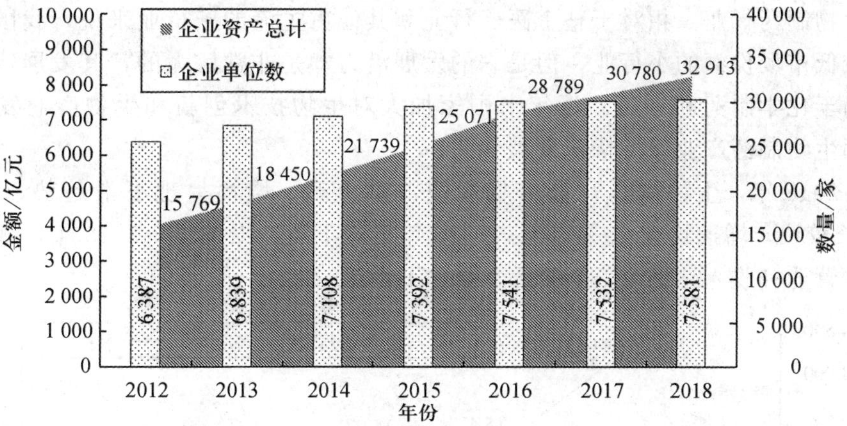

图 4-6　医药制造业规模以上工业企业数量和资产增长情况

数据来源：国家统计年鉴，2019。

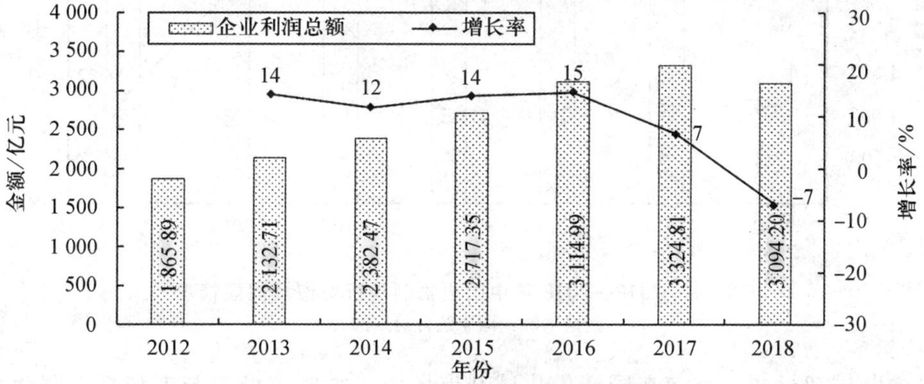

图 4-7　医药制造业规模以上工业企业利润总额变化情况

数据来源：国家统计年鉴，2019。

(2) 中成药生产行业。根据国家统计局统计数据显示，2012—2018 年，中成药生产行业市场规模呈波动下降趋势，同比增长也呈现下滑趋势，2018 年，我国规模以上中成药生产企业主营业务收入为 4 655.20 亿元，同比增长下滑 18.84%（图 4-8）。

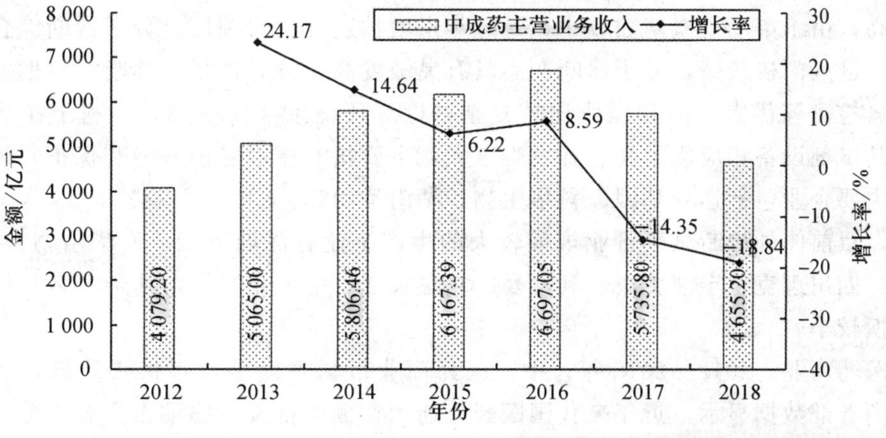

图 4-8　2012—1018 年中国中成药生产行业市场规模情况

数据来源：国家统计局，2019。

(3) 生物制药行业。相对于整个医药行业和其他占主流的子行业来说，我国生物制药是一个占有较低市场份额的小行业，但是它的发展潜力却是非常巨大的，其发展速度和利润增长速度都高于化学制药和中药。近年来国家加大对生物技术创新和生物产业发展的支持力度，使中国生物制药产业保持快速发展势头。

2012—2018 年，生物制药行业市场规模波动上升，增幅呈现下滑趋势，其中 2012—2015 年增长较快，增速均在 10%以上，2016 年出现下滑。据统计，2018 年，规模以上生物制药企业主营业务收入达到 2 443 亿元，同比下滑 26.22%（图 4-9）。

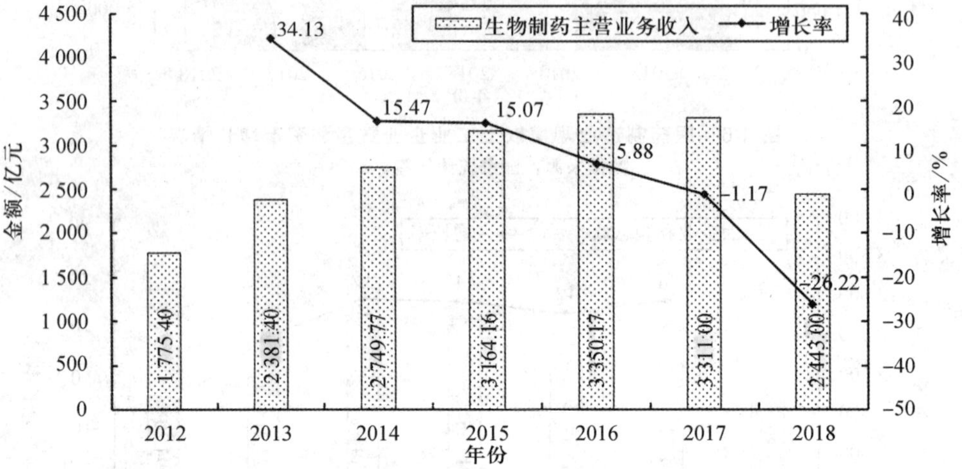

图 4-9　2012—2018 年中国生物制药行业市场规模情况

数据来源：国家统计局，2019。

(4) 诊断试剂行业。目前在国产生化试剂市场中，主要市场参与者包括九强生物、深圳迈瑞、复星医药、润达医疗、基蛋生物、安图生物、塞力斯、金域医学、科华生物、达安基因、迪安诊断、利德曼、迪瑞医疗、美康生物、迈克生物、万孚生物、透景生命、艾德生物、中生北控等。国内免疫诊断市场与生化诊断市场接近，该市场中，国外厂商有明显优势。国内酶联免疫领域主要企业有科华生物、北京万泰、上海荣盛、安图生物、厦门新创等，产品以针对肝炎、艾滋等传染病和生殖系列的免疫产品为主。分子诊断市场起步晚、技术起点较高，由于市场规模基数较小，是近年来增长速度最快领域。分子诊断综合了多种高精尖技术，进入门槛较高，分子诊断产品具有灵敏度高、特异性强、诊断窗口期短及可进行定性、定量检测等优点，但其操作比较复杂，检测环境条件要求高，不利于在基层医院使用，同时其试剂设备相应成本高、开发难度大，主要核心技术受国外专利保护，国内参与企业较少，主要企业包括达安基因、科华生物、湖南圣湘等。

综上，目前体外诊断试剂行业规模较大的生产企业有深圳迈瑞、科华生物、达安基因、九强生物、四川迈克、宁波美康、利德曼、复星长征、中生北控等，其余大多数体外诊断试剂企业规模较小。

(5) 医药商业。2012—2018 年，中国医药商业市场规模呈逐年扩张趋势，增速逐渐放缓。根据商务部数据显示，近年来我国医药流通销售额中批发、终端占主要部分，但终端销售比重逐渐增加。2018 年全国七大类医药商品销售总额达到 21 586 亿元，其中对生产企业销售额 135 亿元，占销售总额的 0.60%，连续多年不超多 1%；对批发企业销售额 6 454 亿元，占销售总额的 29.90%，占比持续下降；对终端销售额 14 933 亿元，占销售总额的 69.20%（图 4-10）（前瞻研究院，2019）。

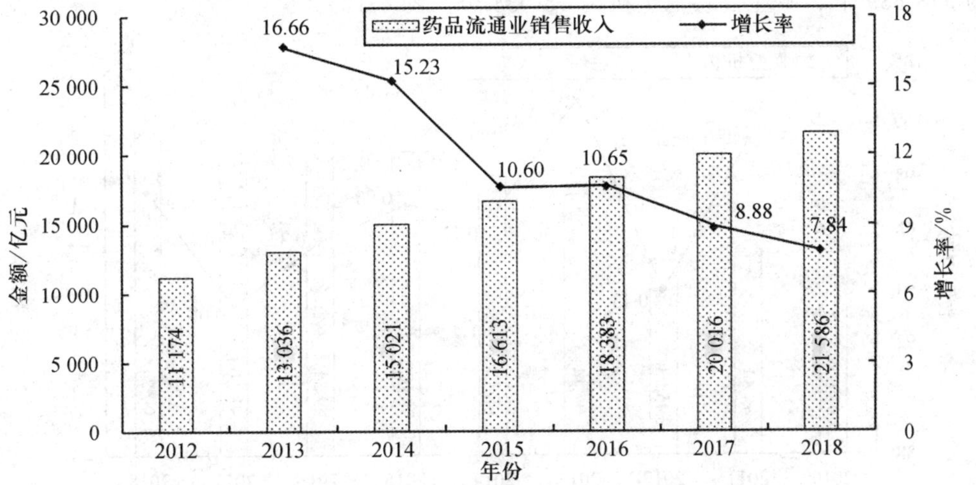

图 4-10　2012—2018 年中国医药商业市场规模情况

数据来源：《2020—2025 年中国药用辅料行业深度调研与投资战略规划分析报告》

近几年，我国网上药店市场规模逐渐扩大。根据米内网发布的《2019 年度中国医药市场发展蓝皮书》显示，2018 年中国实体药店和网上药店（含药品和非药品）销售规模达到 6 106 亿元，其中网上药店的销售规模已从 2013 年的 39 亿元上升到 905 亿元，市场份额占比已由 1.2%连续增长至 14.8%。

同药品终端销售额一样，2012—2018 年我国网上药店药品销售额逐渐增加，根据米内网统计数据显示，2018 年我国网上药店药品销售额达到 99 亿元，同比增长 41.43%，2019 上半年实现销售额 70 亿元，同比增长 40.6%（图 4-11）。

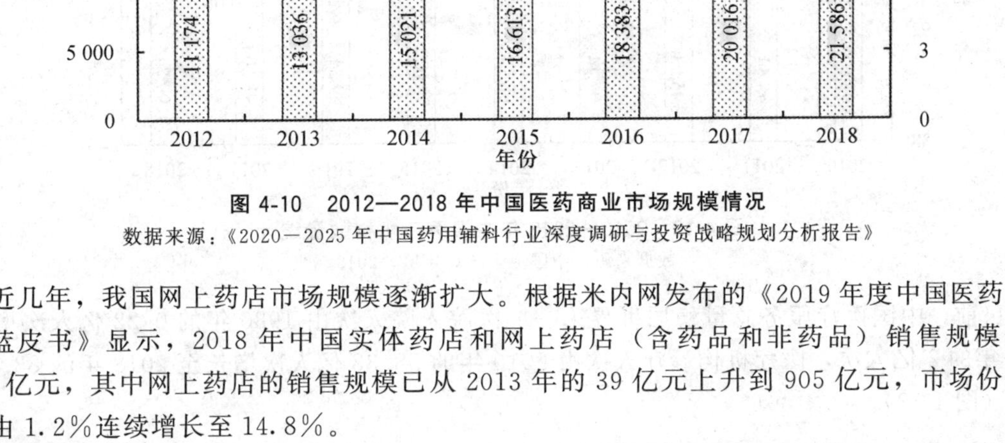

图 4-11　2012—2019 年中国网上药店药品市场规模情况

数据来源：米内网《2019 年度中国医药市场发展蓝皮书》，2019。

（6）医药服务业。随着我国国民经济持续快速发展和居民生活水平的不断提高，人们对健康服务的需求也越来越大，医疗服务市场迅速扩展。

从机构数量变化趋势来看，2010—2018 年，我国卫生机构数呈稳步上升趋势，2018 年，医疗卫生机构数达到 99.74 万家，增长率达到 1.09%。其中，医院 33 009 个、基层医疗卫生机构 943 639 个、专业公共卫生机构 18 034 个（图 4-12）。

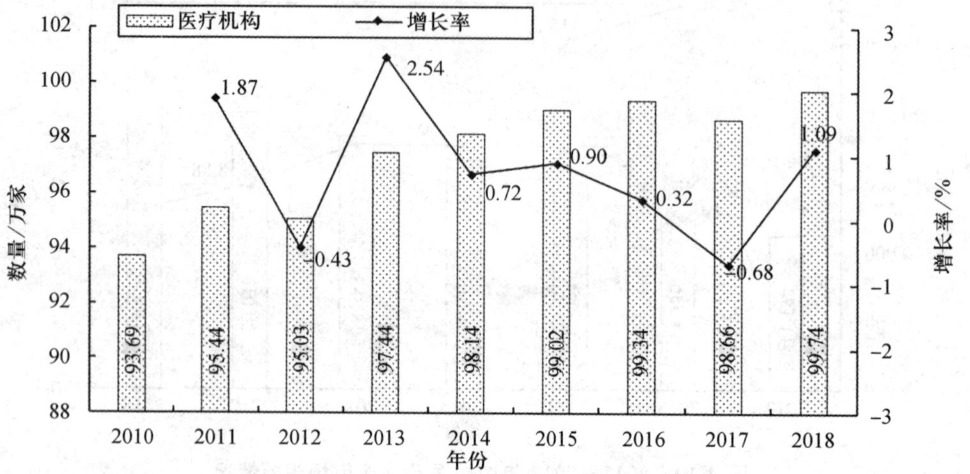

图 4-12 2010—2018 年中国医疗机构数量统计

数据来源：中国卫生统计年鉴，2019。

目前，中国医疗服务总量稳居世界第一。医院入院人次由 1980 年的 0.22 亿人次增加至 2018 年的 2 亿人次，医疗机构诊疗人次由 2010 年的 58.38 亿人次增长至 2018 年的 83.08 亿人次（图 4-13）。

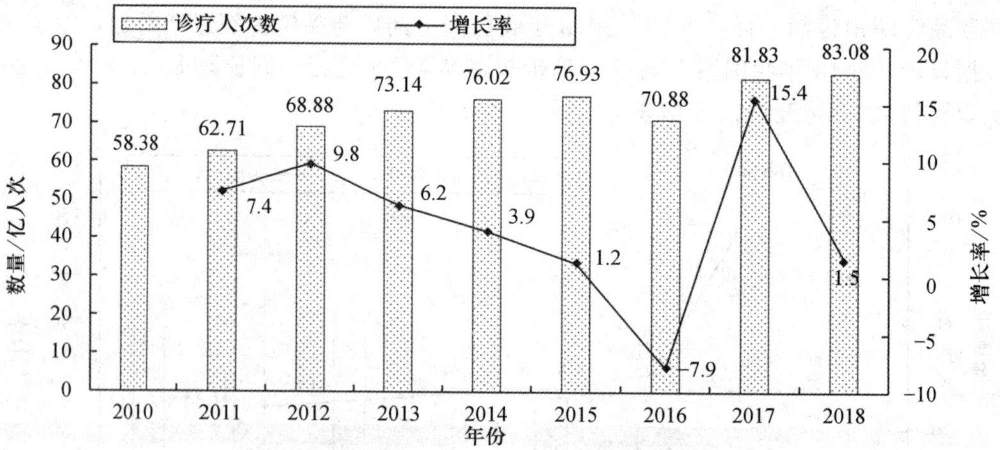

图 4-13 2010—2018 年中国医疗机构诊断人次

数据来源：中国卫生统计年鉴，2019。

2020 年 2 月 5 日和 7 日，国家卫生健康委员会连续发布《关于加强信息化支撑新型冠状病毒感染的肺炎疫情防控工作的通知》和《关于在疫情防控中做好互联网诊疗咨询服务工作的通知》，鼓励各级医疗机构拓展线上医疗服务空间，缓解线下门诊压力。从 MobTech 统计的 2020 年 1 月 6 日到 2 月 6 日在线问诊 App 的安装数量来看，新用户在春节期间下载安装达到峰值为 8.2 万。

2）技术研发

（1）在研发投入方面，2018 年规模以上高技术制造业企业法人单位 R&D（全称研究与试验发展，以下简称 R&D）经费支出 3 559.1 亿元，中成药生产 R&D 高技术产业研究与试验发展机构有 637 个，生物药品制品制造业为 444 个（表 4-3）。

表 4-3　2018 年规模以上高技术制造业企业法人单位 R&D 情况

类别	R&D 高技术产业研究与试验发展机构数/个	R&D 人员折合全时当量/人年	R&D 经费支出/万元	R&D 项目数/个	R&D 项目经费/万元
中成药生产	637	26 363	882 879	5 312	832 509
生物药品制品制造	444	17 505.2	950 526.7	4 209	913 115

数据来源：国家统计局，2019。

（2）在研发成果方面，根据《2019 中国生命科学与生物技术发展报告》，2018 年，我国共有 9 个自主研发的一类新药获批上市，是我国批准一类新药上市数量最多的一年。在科技部发布的“2018 年度中国科学十大进展”中，生命科学领域共有包括基于体细胞核移植技术成功克隆出猕猴、创建出首例人造单染色体真核细胞等六项成果入选。我国在生命科学基础研究、生物技术应用和生物产业发展等方面取得了诸多成就，创新能力持续增强。2018 年中成药生产高技术产业中新产品开发项目共 6 505 项，专利申请 4 078 件，新产品销售收入 1 223 亿元。生物药品制品高技术产业中新产品开发项目共 4 789 项，专利申请 3 480 件，新产品销售收入 646 亿元（表 4-4）。

表 4-4　2018 年中成药和生物药品制造高技术产业新产品及专利情况

类别	新产品开发项目数/项	新产品开发经费支出/亿元	新产品销售收入/亿元	新产品出口销售收入/亿元	专利申请数/件	有效发明专利数/件
中成药生产	6 505	106.35	1 223.21	15.22	4 078	11 979
生物药品制品制造	4 789	108.39	646.93	70.83	3 480	6 915

数据来源：国家统计局，2019。

3）创新药

目前世界市场最畅销的前 20 位基因工程药物和疫苗大部分已在我国上市。在生物技术药物新的生长点—基因治疗、组织工程、诊断试剂和芯片等领域，我国的研究与开发与世界前沿仍有差距，但差距不大。中国医药生物技术研发方面取得的成就主要体现在以下两个方面：①人类功能基因组的研究。中国继在国际上首次克隆人类高频耳聋后，又在遗传性乳光牙、A1 型短指、儿童白内障、白血病、房颤以及鼻咽癌相关基因的克隆上取得重大突破，研究结果分别在 Science 和 Nature（Genetics）上发表。同时，分离和克隆了近 100 个拥有自主知识产权的人类重大疾病与重要生理功能相关基因。在高效靶向性基因导入系统、外源基因导入、有效调控等基因治疗的关键技术上已取得重大突破。②生物技术药物的开发。中国目前进入临床研究的生物技术药物已达 150 多个，其中 1/5 为一类新药。已有基因工程干扰素等 21 种生物技术药物投入产业化生产。进入临床试验的有涉及恶性肿瘤、B 型血友病、梗死性外围血管等疾病的 7 种有自主知识产权的基因治疗方案和骨头、软骨、皮肤、肌腱等 6 种组织工程的产品。

(1) 一类创新药注册申请品种数量达到 222 个。近年来，在一系列药物研发政策的鼓励下，中国的创新药研发能力已经取得了很大的进步。2013 年以来，国产创新药申报数量除了在 2016 年有所下降之外，其他年份均呈上升趋势。2018 年中国一类创新药注册申请品种数量达到 222 个，适应症主要集中在抗肿瘤、内分泌系统和消化系统领域（图 4-14）（前瞻产业研究院，2019）。

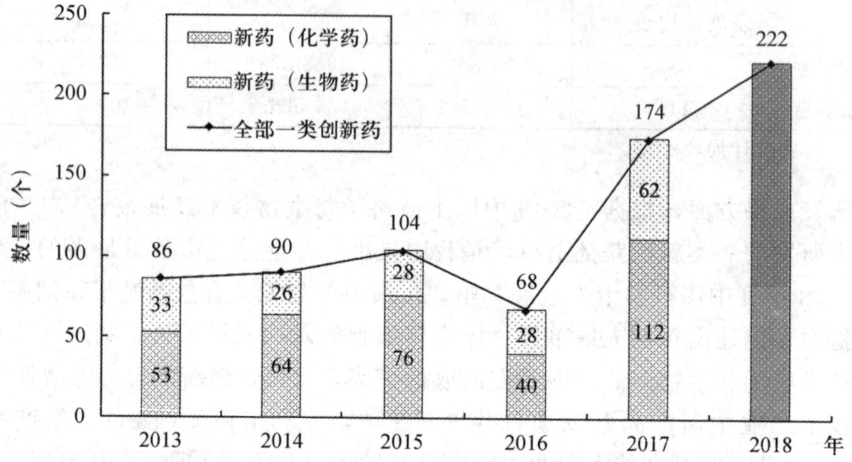

图 4-14　2013—2018 年国产创新药申请数量

数据来源：《2020－2025 年中国医药行业市场前瞻与投资战略规划分析报告》。

(2) 新药获批上市数量首次达到 60 个。自从 2016 年国家开始加速新药审批速度以来，每年都能获批 40 个以上新药。2019 年首次在中国获批的新药有 60 个，包括 4 个中药和 56 个西药，其中，国产新药 10 余个，占比超过 20%，创下新纪录，本土创新企业正在成为我国生物制药领域的新生力量（图 4-15）。

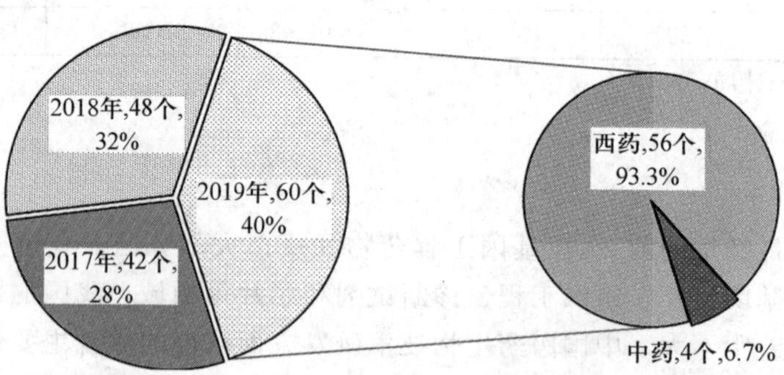

图 4-15　2017—2019 年首次在中国获批的新药数量

数据来源：《2020－2025 年中国医药行业市场前瞻与投资战略规划分析报告》。

(3) 治疗领域扩大。具体来看，2019 年获批上市的药物开始向更广阔的治疗领域铺开，主要体现在改变治疗模式（如 PD-1 免疫抑制剂、银屑病用药）、药品更新换代（如 COPD）等方面。豪森药业和恒瑞医药双双“梅开二度”，2019 年各有两个新药获批。豪森获批药物一是一类创新药聚乙二醇洛塞那肽注射液上市，用于成人改善 2 型糖尿病患者的血糖控制；

二是慢性髓性白血病治疗药物甲磺酸氟马替尼，用于治疗费城染色体阳性的慢性髓性白血病慢性期成人患者。2019 年 5 月，恒瑞 PD-1 药物卡瑞利珠单抗获批，成为国内 PD-1 市场的第五位入局者，年末，注射用甲苯磺酸瑞马唑仑获批，用于常规胃镜检查的镇静。

(4) 政策推动创新药市场发展。2019 年 11 月 28 日，国家医保局、人力资源社会保障部印发《关于将 2019 年谈判药品纳入乙类范围的通知》，正式公布了谈判药品准入结果。此次谈判共涉及 150 个药品，包括 119 个新增谈判药品和 31 个续约谈判药品，未来预计多款创新药价格迎来大幅度下降。

此外，2019 年 1 月，国家出台了药品集中采购和使用试点方案。2019 年 9 月，第一批国家药品“4＋7 带量采购”扩围到全国，与扩围地区 2018 年同品种最低采购价相比，25 种中选药品平均降幅 59%。2019 年 12 月 29 日，第二批 33 个品种的国家药品“集采”名单公布，2020 年 1 月 17 日，纳入第二轮带量采购的 33 种药品在上海开标。“集中采购”会使得以前依赖某个终端市场和渠道壁垒生存下来的企业面临挑战，也将促使某些有实力的仿制药企业转型原研药，推动创新药市场的发展。

4.3.2 生物农业

经过 30 多年的努力，中国在生物农业的研究开发和产业化方面取得了显著进展。从总体来说，目前中国在转基因水稻和转基因棉花的研究和开发已达到世界前沿水平，在农业生物技术研究的整体实力上处于发展中国家领先地位。

1) 生物农药

农药，指用于防治农业、林业作物的病、虫、草、鼠和其他有害生物，调节植物生长的各种化学农药、微生物农药、生物化学农药，以及仓储、农林产品的防蚀、河流堤坝、铁路、机场、建筑物及其他场所用药的原药和制剂。国家统计局发布的《国民经济行业分类》(GB/T 4754—2017) 中，将“农药制造”行业分在“化学原料和化学制品制造业”大类之下，农药制造的行业代码为“263”。其中农药制造又可以分为化学农药制造 (2631)、生物化学农药及微生物农药 (2632)。

近年来我国农药行业销售收入整体呈增长态势，其中化学农药受到国家农药使用零增长政策的影响较为明显，销售收入增速明显下滑。与化学农药相反，生物农药具有病虫害防治效果好，而对人畜安全无毒、不污染环境、无残留的优点，受农药零增长政策影响较小，近年反而实现了销售收入的上涨。据前瞻产业研究院《2020－2025 年中国农药行业市场需求预测与投资战略规划分析报告》，2017 年我国生物农药行业实现销售收入 319.3 亿元，同比增长 5.7%（图 4-16）。2018 年整个农药行业监管趋严，生物农药凭借相对环保的优势取得较好的发展成效。

虽然在环保监管趋严的情况下，生物农药近年来有着良好的发展成效，但是我国农药行业依旧以化学农药为主。报告指出，从销售收入角度来看，2017 年，生物农药销售收入为 319.3 亿元，占全国农药销售收入的比重不足 10%，化学农药占比达到 90.93%。短时间，我国农药行业依旧保持以化学农药为主。我国农药产能、产量处于世界前列，但是主要依靠化学农药支撑，生物农药占比较低。原国家农业部于 2015 年 2 月 17 日下发的《到 2020 年农药使用量零增长行动方案》提出，到 2020 年，初步建立资源节约型、环境友好型病虫害可

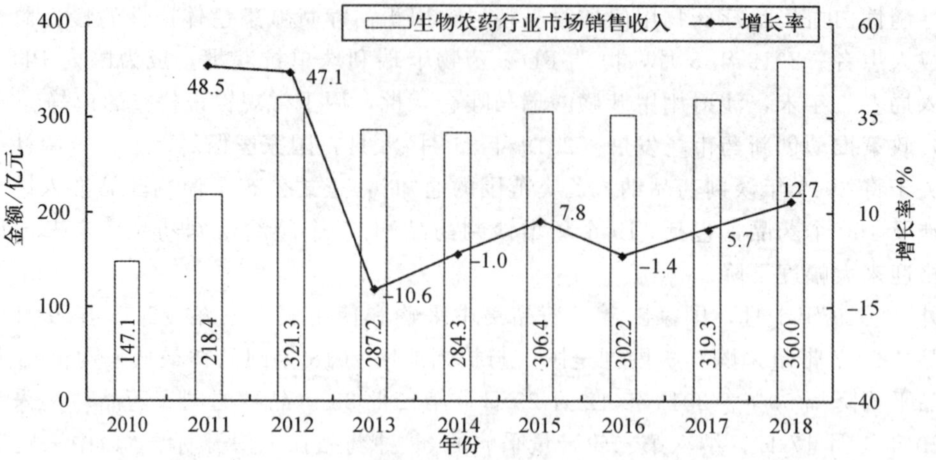

图 4-16　2010—2018 年生物农药市场销售收入

数据来源：《中国农药行业市场需求预测与投资战略规划分析报告》。

持续治理技术体系，大力推广应用生物农药、高效低毒低残留农药，替代高毒高残留农药。同时在中国农药工业协会发布的《农药工业“十三五”发展规划》中提出，要优化产品结构，提高产品质量，支持生物农药发展。

随着我国生态环保监管的加强，对农药行业的监管加深，我国生物农药将迎来良好的发展机遇，在农药行业中的比重将会逐步提升。

2）生物肥料

化肥的大量使用会对农业生态环境造成极大的污染，而有机肥无论是基施还是冲施，最好配合生物肥施用，因为有机肥在与生物肥配合施用后，生物肥中的生物菌能加速有机肥中有机质的分解，使其更利于作物吸收。因此，发展生物肥料产业是替换化学肥料、保护生态环境的必然途径。同时，微生物肥因其具有改善土壤理化性状、提高农产品产量和品质的功效，日益受到市场的欢迎。

近年来，随着环保政策的不断施压，对生物肥料产业形成利好条件，我国生物肥料产业化步伐不断加快。根据农业农村部微生物肥料和食用菌菌种质量监督检验测试中心数据，目前农业农村部登记的生物肥料有 6 896 个产品，包括液体、粉剂、颗粒等形态，采用枯草芽孢杆菌、胶冻样类芽孢杆菌、巨大芽孢杆菌、短小芽孢杆菌、侧孢短芽孢杆菌、地衣芽孢杆菌等菌种，覆盖微生物菌剂、EV 生物肥、有机物料腐熟剂、光合细菌菌剂、硅酸盐菌剂等类型（表 4-5）。

表 4-5　部分已登记生物肥料

公司名称	产品名称	形态	有效菌种	适用作物/区域
北京世纪阿姆斯生物技术公司	复合菌剂	粉剂	枯草芽孢杆菌、胶冻样类芽孢杆菌	花生、小麦
河北巨微生物工程有限公司	硅酸盐菌剂	粉剂	胶冻样类芽孢杆菌	烟草、玉米、甘薯
吉林市世纪田王生物肥有限公司	生物有机肥	颗粒	解淀粉芽孢杆菌	黄瓜

续表4-5

公司名称	产品名称	形态	有效菌种	适用作物/区域
北京颐永堂生物工程有限责任公司	988 生物菌剂	粉剂	细黄链霉菌	小麦、水稻、菠菜、白菜、西瓜
领先生物农业股份有限公司	牧草根瘤菌剂	粉剂	苜蓿根瘤菌	苜蓿
北京市京圃园生物工程有限公司	生物有机肥	粉剂	细黄链霉菌	番茄、黄瓜
北京长城高效有机肥料有限公司	复合微生物肥料	颗粒	枯草芽孢杆菌、巨大芽孢杆菌	西瓜、大豆、花生
吉林省利泽生物科技有限公司	复合微生物肥料	颗粒	枯草芽孢杆菌	水稻、黄瓜、番茄、青椒

数据来源：农业农村部。

3）转基因

（1）转基因作物。转基因作物具有增加作物的产量、改善品质、提高抗旱、抗寒、抗虫等特性，不仅能够节约、改善土壤环境，还能够产生巨大的经济效益。

1999 年，我国基因工程改良棉纤维研究成功，培育出具有优良综合农艺性状的彩色棉花新品种“棕絮 1 号”和“绿絮 1 号”，使中国成为世界彩棉研究和开发的第二大国。我国是世界上继美国之后，第二个拥有自主研制抗虫棉的国家。

我国抗虫转基因水稻的研制处于世界先进水平，我国科学家独立完成了籼稻的全基因组测序，成为少数几个能独立完成主要作物测序工作的国家之一。2018 年 1 月 20 日，美国 FDA 公布由中国华中农业大学提交的转基因抗虫水稻“华恢 1 号”获得该局的使用许可。根据 FDA 函件显示 FDA 认同华中农业大学提交的关于“华恢 1 号”的安全性评价的资料，认为来源于“华恢 1 号”稻米无论是作为人类食品还是动物饲料，在安全性、营养成分、抗营养因子等各种相关参数与原品种无实质差异。这是首次由中国境内研发单位培育的转基因主粮产品在境外获得食用许可。

根据国际农业生物技术应用服务组织（ISAAA）（2019）文献数据显示，2018 年全球转基因作物种植面积达 1.917 亿公顷，创历史新高，较 1996 年增长约 112 倍，除 2015 年外，连续 22 年实现了增长。与全球转基因作物蓬勃发展不同，我国作为仅次于美国的第二大农业大国，近年来转基因作物发展趋缓。2017 年我国转基因作物种植面积为 280 万公顷，与 2016 年持平，为美国 3.73%，占全球总转基因作物的 1.47%。从中国转基因作物种植面积变化情况来看，近年来，中国转基因作物种植面积呈下滑趋势，由 2013 年的 420 万公顷逐年下降至 2017 年的 280 万公顷，下滑幅度达 33.33%（图 4-17）。

据前瞻产业研究院发布的《2020—2025 年中国生物技术行业市场前瞻与投资战略规划分析报告》显示，从中国转基因作物种植种类来看，主要为棉花、木瓜、白杨、番茄和甜椒等，作为中国主粮的水稻、玉米均未有涉及。

（2）转基因动物及生物胚胎。我国在世界上率先绘制完成了家蚕基因组“框架图”，这是继完成人类基因组 1%测序工作、水稻基因组“框架图”和“精细图”后，中国科学家向

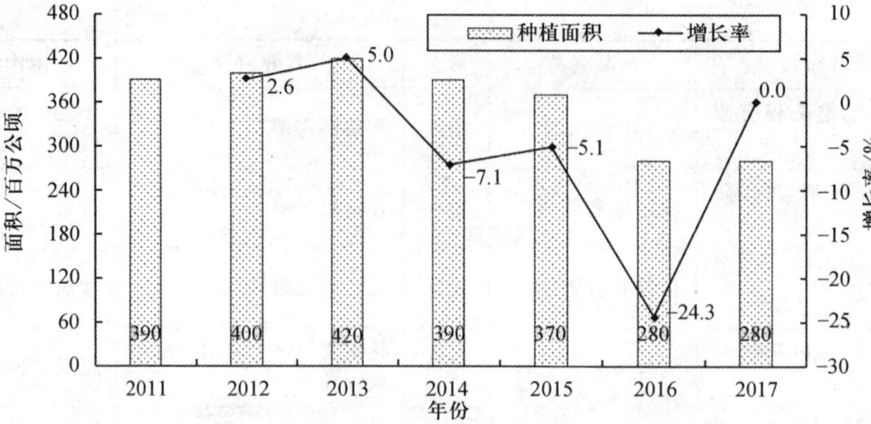

图 4-17　2011—2017 年中国转基因作物种植面积

数据来源：《2018—2023 年中国生物技术行业市场前瞻与投资战略规划分析报告》。

人类贡献的第三大基因组研究成果。首例转基因试管牛于 1999 年问世，还先后研制出了克隆羊、克隆兔、克隆牛等动物。

4.3.3　生物工业

生物工业的发展使现代生物技术在改造我国传统产业方面将发挥十分重要的作用。它将使我国传统化工和轻工业生物手段发生根本性变革，大幅度降低原材料、水资源及能源消耗，减少污染排放，建立起高效、清洁的绿色制造业。但目前我国在生物技术改造传统产业方面尚处于尝试阶段，或者说中国的生物工业还处于大规模产业化的前期。

近十年来，我国生物、生化制品的制造高技术产业有了很大发展，主营业务收入从 2009 年的 919.3 亿元增长到 2017 年的 3 031.8 亿元。企业数量从 2011 年开始增长，到最近两年有所下降（图 4-18）。

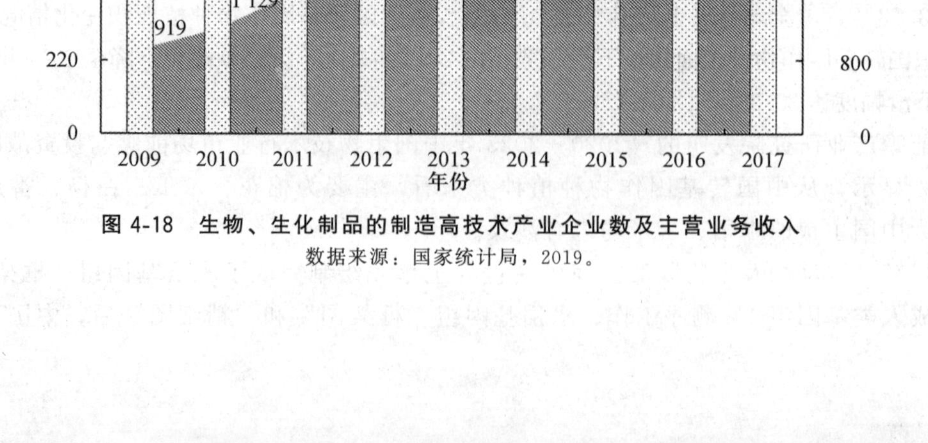

图 4-18　生物、生化制品的制造高技术产业企业数及主营业务收入

数据来源：国家统计局，2019。

在食品工业方面，是生物技术最早开发应用的领域之一。多年来，生物食品工业的年总产值一直占食品工业总产值的 15％以上。但与国际水平相比，仍然差距较大。我国食品加工业的总产值与农业总产值之比仅为 0.4∶1，而发达国家已达到（2～3）∶1。大力发展农副产品的深加工，生物技术具有不可替代的作用，例如，中科院采用细胞分离与细胞破壁技术提取胡萝卜细胞原液，并以胡萝卜细胞原液为基料研制出“胡萝卜肠道微生态调节剂”，它能有效保护人体肠道屏障，防止肠道细菌和内毒素移位。新疆屯河公司等单位在胡萝卜汁和南瓜汁加工的关键工艺技术及番茄红素的提取方面取得进展，获得了适宜的加工品种 H-12，其每 100 毫克中含类胡萝卜素达 13 毫克，高出目前普通胡萝卜汁的两倍以上；采用生物酶解技术，使胡萝卜和南瓜的出汁率提高 20％以上；采用酶解、溶剂提取和冷却结晶技术，突破了传统番茄红素的提取工艺。浙江农大研制出竹叶抗氧化剂，它具有抗氧化、抗自由基、抗衰老功效的生理活性成分，可开发成为食品抗氧化剂、保鲜剂，配制成抗氧化食品、功能性食品和防治老年病的药物。

在传统化工方面，中国用微生物法生产丙烯酰胺的技术，无论在生产规模还是在技术水平上均达到国际领先的水平。目前我国微生物发酵法生产重要的化工原料聚丙烯酰胺已经取代传统的化学合成法，微生物发酵法生产可生物降解塑料的原料乳酸已经接近万吨级的规模。

在生物材料方面，特别是在生物医用材料方面，我国是人口大国，对其需求很大，增长很快。但是，我国生物材料国内产品单一、技术落后，不能满足需要，70％～80％依靠进口。这也说明国内市场潜力巨大。最近，我国在长链二元酸的发酵生产方面取得突破性进展，已进入产业化阶段，且水平居国际领先，具有自主知识产权，因此大力发展以长链二元酸为单体生产的新型尼龙、高档热熔胶、粉末涂料等下游产品，将会带动整个长链二元酸产业的发展，前景看好。其他如聚乳酸、1,3-丙二醇、PHA 等国际上已经工业化生产的产品，我国目前都已进入中试或产业化阶段，在不久的将来都可以实现产业化。

4.3.4　生物能源产业

进入 21 世纪以来，我国面临的能源安全和环境生态保护问题日趋严峻，可再生能源已经成为能源发展战略的重要组成部分以及能源转型的重要发展方向。生物能源，既是可再生能源，又是绿色能源。主要产品有燃料乙醇、生物柴油和生物氢能。随着经济的高速发展，中国能源短缺的问题日显突出。为解决后续能源供给，保证中国经济的可持续发展，利用微生物发酵生产沼气、利用玉米等原料生产燃料酒精、利用废弃油转化生产生物柴油、利用生物制氢等生物技术所开展的可再生清洁能源的开发，将展现出广阔的发展前景。

1）生物质发电

长期以来，我国能源结构呈现“以煤为主”的格局，火力发电占据了全国发电量的主要市场。随着环境保护要求的提高和节能减排力度的加强，近年来我国能源结构正逐渐发生变化，水电、核电以及风电、光电、生物质发电等清洁能源、新能源装机容量增加，火电占总装机容量的比例呈现逐年下降的趋势。根据中电联 2019 年 1 月 29 日发布的《2018—2019 年度全国电力供需形势分析预测报告》，2018 年，全国全社会用电量 6.84 万亿千瓦时，同比增长 8.5％，为 2012 年以来最高增速。全国人均用电量 4 956 千瓦时，人均生活用电量 701 千瓦时。2018 年，全社会用电量实现较快增长、电力消费结构继续优化。

根据可再生能源应用的不同领域，电力系统建设正在发生结构性转变，可再生能源发电已开始成为电源建设的主流。生物质发电技术是目前生物质能应用方式中最普遍、最有效的方法之一。2018 年，生物质发电新增装机 305 万千瓦，累计装机达到 1 781 万千瓦，同比增长 20.7%；全年生物质发电量 906 亿千瓦时，同比增长 14%，继续保持稳步增长势头。累计装机排名前四位的省份是山东省、浙江省、安徽省和江苏省；年发电量排名前四位的省份是山东省、江苏省、浙江省和广东省（资料来源于 2019 年 1 月 28 日国家能源局关于 2018 年可再生能源并网运行等情况的新闻发布会、中国电力企业联合会《2018—2019 年度全国电力供需形势分析预测报告》）。据国家统计局官网发布的 2019 年 1～11 月份投资数据解读，1～11 月份全国生物质发电投资增长 50.3%。

2）生物天然气

（1）生物天然气发展背景。近年来，受中国的减煤增气政策推动，天然气成为中国近年来需求增长最快的能源产品。2010—2018 年我国天然气消费量迅速上升，2018 年全国天然气消费量达到 36 192 万吨标准煤，同比增长 15.15%。预计到 2050 年国内天然气消费需求将有望增长超过 8 000 亿米^3，届时天然气在一次能源消费中的比重将提高至超过 25%（前瞻产业研究院《2020—2025 年中国生物天然气行业市场前景与投资战略规划分析报告》）。

然而常规天然气产量有限。据中华人民共和国自然资源部数据，2019 年，全国天然气新增探明地质储量 7 856.45 亿米^3，连续 17 年超过 5 000 亿米^3（图 4-19）。

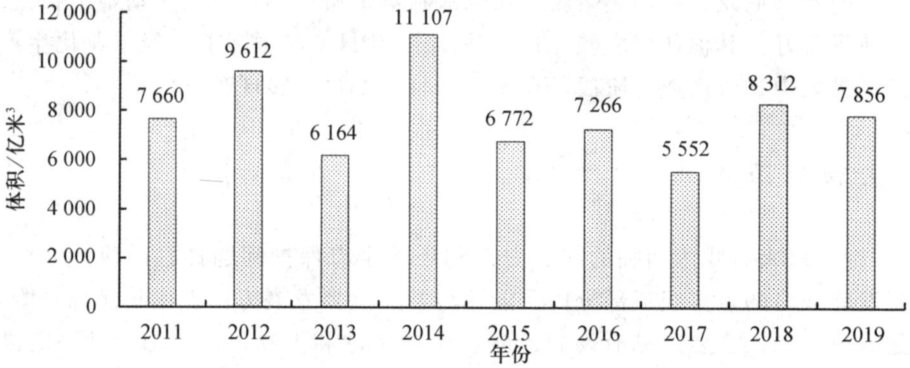

图 4-19　2011—2020 中国天然气勘察新增探明地质储量

数据来源：中华人民共和国自然资源部，2020。

面对我国天然气消费需求快速上涨的形势，发展生物天然气有助于优化天然气供给结构，发展现代新能源产业。发展生物天然气，立足国内，内生发展，作为常规天然气的重要补充，有利于补齐天然气供需短板，降低进口依存度，提高能源安全保障程度。推进生物质能转型升级，加快可再生能源在燃气领域应用，培育发展可再生能源新兴产业。

（2）生物天然气被列为国家发展战略。生物天然气在我国发展已经十余年，但由于重视度不够以及商业模式不清晰、盈利水平低等因素影响，导致我国生物天然气发展十分缓慢。2015 年以来，随着我国环保趋严，以及“煤改气”、城市化进程加快，加大了对天然气的消费需求，国家加快了生物天然气开发利用政策支持。

2018 年 12 月，国家能源局向各省及 9 家央企下发了《关于请编制生物天然气发展中长期规划的通知》，首次将生物天然气纳入能源发展战略及天然气产供储销体系，并提出将建立优先利用生物天然气的发展机制。

自此，我国生物天然气开发利用进入快车道。数据显示，自 2018 年 9 月发布《关于请上报生物天然气产业化示范储备项目的通知》以来，仅半年多时间，全国首批申报的生物天然气产业化示范储备项目已经达到 489 个，涉及 25 个省（自治区、直辖市），总投资约达 900 亿元（前瞻产业研究院《2020—2025 年中国生物天然气行业市场前景与投资战略规划分析报告》）。

（3）生物天然气发展现状。在政策、市场等因素的双重驱动下，我国生物天然气的产量增长起来。据国家能源局发布《关于促进生物天然气产业化发展的指导意见》提出，推进生物天然气发展，增加天然气供应，到 2030 年生物天然气产量超过 300 亿米^3。目前，我国生物天然气产量离这一目标距离较远。

与此同时，全国范围内的生物天然气试点项目也在有条不紊地开展起来。2015—2017 年，国家每年投资 20 亿元，在全国范围内共支持了近 1 400 处大型沼气工程和 64 个生物天然气试点项目。不过，从运行状态来看，满负荷、稳定运行的项目依旧占少数，多数项目还处于试运行状态。农业农村部在 2018 年年底及 2019 年年初对中央财政资金支持的 64 个生物天然气项目进行了追踪调研，其中在运项目只有 22 个，此外，在建 30 个、完工未运行 7 个、未建项目 5 个（图 4-20）。整体看，生物天然气试点项目发展缓慢，对国内天然气生产总量的贡献率仍然偏低。

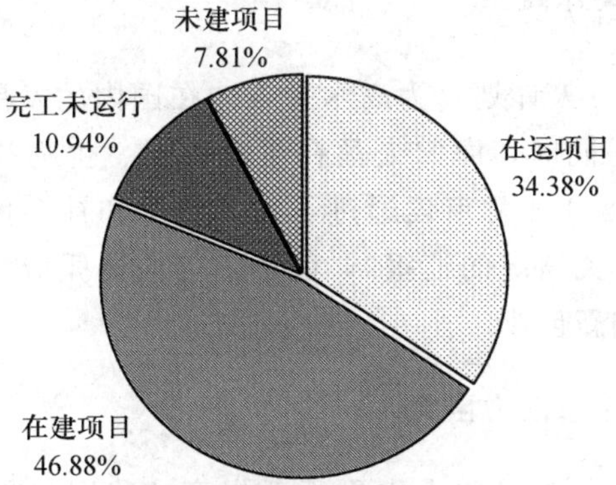

图 4-20　64 个生物天然气试点项目建设情况

数据来源：农业农村部。

3）燃料乙醇

生物质能源是国家战略性新兴产业，乙醇汽油推广使用是国家战略性举措，也是复杂的系统工程。在当前形势下，发展燃料乙醇产业具有重要的现实意义和战略意义。2001 年，《变性燃料乙醇》和《车用乙醇汽油》两个国家标准颁布，河南、吉林、黑龙江、安徽等省开展使用车用乙醇汽油试点，燃用在汽油中添加 10％无水乙醇的混合燃料。2017 年 9 月，国家发展和改革委员会、国家能源局、财政部等十五个部门联合印发了《关于扩大生物燃料乙醇生产和推广使用车用乙醇汽油的实施方案》。2018 年 8 月，国务院第 21 次常务会议审议通过了《全国生物燃料乙醇产业总体布局方案》，该方案进一步明确了到2020年我国燃料乙醇的发展规模及途径，在政策保障方面为全面推广使用燃料乙醇奠定了基础。

4.4 中国生物产业发展的优势和劣势分析

生物技术在推动世界经济发展过程中发挥着至关重要的功能与作用，诸多学者也将生物技术产业视为新世纪的战略性产业与新兴产业。截至目前，我国已将生物产业列入到了战略性新兴产业中，经过数十年的发展，生物产业在我国取得了一定的成绩，但与发达国家相比，我国的生物产业发展水平依然存在相当大的差距。

4.4.1 中国发展生物产业的比较优势

1）中国生物资源丰富，中医、中药发展历史源远流长

我国是世界生物物种最丰富的国家之一，拥有的26万种生物物种是我国发展生物产业的独特资源优势。中医药是目前世界上保存最为完整、流传最悠久的传统医药体系。在几千年的历史长河中，中华民族创造了以“天人合一”、辨证治疗和简、便、验、廉为特点的中医药理论体系和医疗模式。

2）中国具有人才的显著优势

国家的“千人计划”“万人计划”为高水平人才在国内的发展、研究与创新创业提供了优厚的支持和富饶的土壤。同时，海归人员在生命科学、生物技术领域具有重要地位和影响。国务院常务会议于2018年4月审议通过了人力资源和社会保障部牵头起草的《关于留学回国人员创业创新工作有关情况的汇报》，留学归国人员凭借开阔的国际视野及专业的技术知识，在生物技术领域创新创业。

3）中国生物产品市场需求潜力巨大

随着我国经济快速增长、人民收入水平不断提高，我国生物产品市场规模将会迅速增加，将成为世界最大的生物产品市场之一。同时，因生物制药在研发和用药阶段，对数据量的要求都非常高。基于中国庞大的人口，带来的大样本将给中国新药研发、生物制药带来极大的优势。

4）良好的政策支持环境

近年来，在创新领域，我国政府多次出台强有力政策，着重提高生物产业的创新能力和产业化水平，提供自主创新的沃土，多维度鼓励创新产业发展，加快注册上市流程，实现相关领域国产化，同时培养一批具备核心自主竞争力的产品，提升国产创新能力。政策起到引导和支持的作用，催生产业趋势的发展，刺激资本投入，吸引高端人才加入，为自主创新培育良好的土壤，有望孵化出一批具备核心竞争力的创新性产品，实现中国制造到中国创造的飞跃。

4.4.2　中国发展生物产业的劣势

1）生物产业管理缺乏协调机制

生物产业涵盖的产业领域较广，包括生物制药、生物农业、生物工业及生物能源等，涉及的相关主管部门较多。由于管理职能分工不同、认识上的差异、以及缺乏对重大问题的协调决策机制，造成生物产业有限资源投入分散、效率不高，不能形成良性发展的产业链条，不能有效地集中力量办大事，不能很好地体现国家战略和国家意志。

2）生物产业自主创新能力薄弱

总体上看，我国生物技术及产业化与发达国家存在较大差距。据前瞻产业研究院《2020—2025 年中国医药行业市场前瞻与投资战略规划分析报告》，以生物技术药物为例，目前创新药在中国医药市场上占的市场份额较小，2018 年在国内市场上占的比重仅为 3%，仿制药依旧占据最大的市场，占比达 63%。

3）市场发育仍不成熟

在生物能源、生物农业、生物基材料等方面，目前大多产品缺乏系统的技术规范、产品标准。由于产业发展尚处于初期阶段，产品成本较高，与常规产品相比竞争力不强，加上知识产权侵权、市场分割等问题，严重制约了这些行业的发展。

4）市场环境有待完善

在生物农业方面，由于转基因科学普及不够，致使人们对转基因产品十分排斥，阻碍了国内转基因商业化进程。当全球转基因作物蓬勃发展时，作为农业大国的中国，其转基因作物却发展较为缓慢。生物化肥、生物农药等产业的发展也需要人们树立更好的环保理念。

第5章 中国生物产业竞争力因素分析

生物产业主要包括生物医药、生物农业、生物质能源和生物材料（能够生物降解）。生物资源条件的优劣是生物产业能否可持续发展的特有特征。生物产业是一个新兴产业，人才的作用是十分重要的，生物产业是一个新兴的技术推动型产业，而不是市场拉动型产业，因此，生物资源条件、生物技术创新能力和人才竞争力是评价中国生物产业竞争力的重要因素。本章在界定生物产业概念和生物产业竞争力的理论内涵基础上，基于生物产业发展和竞争特有特点，借鉴波特的“钻石模型”，提出生物产业竞争力的判断基准，层次分析了生物产业竞争力的影响因素，重点总结、提出生物产业竞争力的关键影响因素。

5.1 国内外生物产业竞争力研究文献分析

5.1.1 国外的相关研究成果

国外学者对国际竞争力的研究主要从国际贸易相关的“比较优势理论”入手。比较优势是国际分工与贸易的基础，后来又向综合发展相关的“竞争优势理论”深化。竞争优势体现总体竞争力的要素构成。

1）贸易优势理论

潘文卿从贸易优势（对外贸易比较优势）理论角度阐述了生产要素相对稀缺程度、销售商品相对成本与世界贸易格局的关系。世界贸易格局由各贸易国所销售商品的相对成本决定，而要素的相对稀缺程度是影响相对成本的最为基本的决定因素。如果一国某种生产要素相对充裕，则该国倾向于出口密集使用这种生产要素的产品，而进口密集使用其相对缺乏的生产要素的商品。根据贸易理论，国际贸易存在两种类型：产业内贸易和产业间贸易。在具有相似的禀赋和技术的发达工业国家之间，产业内贸易更为普遍；而具有不同要素禀赋和技术发展阶段的发达国家和发展中国家的贸易，则通常是产业间贸易。他指出，一国农产品对外贸易优势状况可通过考察反映出口产品国际竞争力水平的竞争力指数和产业间贸易指数来衡量。诚然，某国内产品类或产业的产业内贸易是否发达，还应同时考察产业或产品的进出口在该国总产品进出口中的比例是否较高（潘文卿，2000）。

贸易优势的实际含义在于，进出口差额越小（在进出口贸易总额很大的情况下意味着大进大出，以要素禀赋盈缺为依据的国际分工越明显），贸易被认为越活跃，贸易部门获利越大，故称外贸优势，它以生产部门获利为目标的生产（比较）优势（即以出口为导向的国际竞争力（或竞争优势））是两个截然不同的概念；差额越大，则贸易被认为越不活跃，不是倾向于净出口就是倾向于净进口，即使生产部门通过出口获益，除非绝对出口贸易额很大，从而使贸易部门保持利益最大化（余鸣，2002）。

关于产业国际竞争力的研究最早可以追溯到 18 世纪人们对国际贸易问题的探索，当时人们一直试图解释一国产业在国际贸易中的相对竞争优势，在这种背景下，比较优势理论也就应运而生。此后随着亚当·斯密的绝对成本优势理论到大卫·李嘉图的比较优势理论，再到赫克谢尔和奥林的要素禀赋理论，以及后来学者提出的人力资本论、技术差距论和产品生命周期论等理论成果的不断演进，比较优势理论逐渐被完善，现已发展成为国际贸易理论的核心和基石。该理论不仅有助于论证国际贸易的存在性和贸易收益的合理性等问题，而且也有助于解释国家间的产业分工、产业互补以及产业竞争优势等问题。长期以来，比较优势理论就是各国政府制定产业政策和产业发展战略的重要理论依据（樊纲，2000）。

2）绝对成本优势理论对产业国际竞争力的解释

大卫·李嘉图将亚当·斯密的绝对成本优势理论演化为比较优势成本理论。比较优势成本理论认为，一个国家的资源在市场机制的作用下往往被配置到具有相对较高生产率的产业当中，也就是说，一国仍有可能进口那些它具有绝对生产成本优势的产品，因为该国生产其他产品比进口产品更具有相对生产优势。该理论模型假定生产技术是给定的外生变量，企业的报酬与生产规模大小无关，仅仅考虑了劳动这一生产要素，认为生产成本的差异是源于商品生产中劳动生产率的差异。很显然，比较优势成本理论并不能很好地说明区域间的贸易和产业竞争力的来源。

英国古典自由经济学家亚当·斯密提出了绝对优势学说（绝对优势理论）。亚当·斯密认为，国际贸易的基础是各国之间生产技术的绝对差别，这一理论被称为“绝对优势”（Absolute Advantage）学说。认为各国间存在的生产技术上的差别，会造成劳动生产率和生产成本的绝对差别。贸易各方应集中生产并出口其具有绝对优势的产品，进口其不具有绝对优势的产品，其结果比自己什么都生产更有利。

3）比较优势成本理论对产业国际竞争力的解释

英国古典自由经济学家大卫·李嘉图提出了比较优势学说（比较优势理论）。“比较优势”（Comparative Advantage）学说在“绝对优势”理论的基础上提出，后被伯尔蒂尔·奥林和他的老师伊利·赫克谢尔发展成著名的“生产要素禀赋”学说（Theory of Factor Endowment）—赫克谢尔-奥林模式。大卫·李嘉图认为，国际贸易的基础并不限于生产技术上的绝对差别，只要各国只存在着生产技术上的相对差别，就会出现生产成本和产品价格的相对差别，从而使各国在不同的产品上具有比较优势，使国际分工和国际贸易成为可能。每个国家都集中生产并出口其具有“比较优势”的产品，进口其具有“比较劣势”的产品，从而获得“比较利益”。大卫·李嘉图的这一“比较优势”学说亦称“比较利益”理论。产品的比较优势来自生产技术的相对差别。用产品的相对劳动生产率，即不同产品劳动生产率的比率来衡量。如果一国某种产品的相对劳动生产率高于其他国家同样产品的相对劳动生产率，则该国在这一产品上就拥有比较优势，反之，则是有比较劣势。这种比较优势也可用相对成本——即单位产品的投入量的比率来表示。如果一国生产某种产品的相对成本低于别国生产同样产品的相对成本，该国就具有生产和出口该产品的比较优势。比较优势理论认为，一国之所以能够出口获利，只需在该产品的生产上拥有比较优势而不一定要有绝对优势，一国可能会在所有的产品上都不具有绝对优势，但一定会在某些产品上拥有比较优势，只要该国在其国内产品的成本和价格上存在差别，即使一个国家不拥有任何绝对优势，仍然可能参加国际分工和国际贸易，并获取“比较优势”，这正好弥补了亚当·斯密“绝对优势”学说的理论缺陷。

瑞典经济学家伯尔蒂尔·奥林和他的老师伊利·赫克谢尔提出了资源禀赋学说（比较优势理论的发展）。大卫·李嘉图虽然指出了比较优势的存在，但却将之归结为由于技术的不同而产生的结果。20世纪初，奥林和赫克谢尔进一步从生产要素比例的差别，而不是生产技术上的差别上解释了生产成本和商品价格的不同，从而导致比较优势的产生。这一理论可以概括为：不同的商品需要不同的生产要素比例，而不同的国家拥有的生产要素比例是不同的。各国在生产那些能够比较密集地利用其较富裕的生产要素的商品时，就必然会有比较利益产生。因此，每个国家应该出口能利用其充裕要素的那些商品，以换取那些需要比较密集地使用其稀缺生产要素的进口商品。赫克谢尔、奥林克服了斯密、李嘉图贸易模型中的某些局限，认为生产商品需要不同的生产要素而不仅仅是劳动力，资本、土地以及其他生产要素也都在生产中起了重要作用并影响到劳动生产率和生产成本。而且，他们还注意到了不同的商品生产需要不同的生产要素配置。有些产品的生产技术性较高，需要大量的机器设备和资本投入，这种产品可称为资本密集型产品。有些产品的生产则主要需要大量的体力劳动，这种产品则称为劳动密集型产品。由于各国生产要素的储备比例或资源禀赋是不同的，有的国家资本相对雄厚，有的国家劳动力相对充足，因此，产品生产的相对成本不仅可以由技术差别决定，而且也可以由要素比例和稀缺程度的不同而决定。一般来说，劳动力相对充裕的国家，劳动力价格会较低，因此，劳动密集型产品的生产成本会相对低一些。而资本相对充足的国家，资本的价格会较低，生产资本密集型产品则相对成本较低。因此，国际贸易的基础是生产资源配置后要素禀赋上的差别。赫克谢尔、奥林的贸易模型（赫克谢尔-奥林模式），不同于古典模型。古典模型假设机会成本是不变的，表现在图形上就是生产可能性曲线为一条直线。赫克谢尔、奥林则认为，产品生产的机会成本是递增的，即当一国将其生产资源从某个产品生产转移到另一产品生产时，所必须放弃的该产品的数量也会随转移的增加而越来越多。这种“成本递增”或“报酬递减”的生产可能性曲线具外凸的形状（机会成本等于生产可能性曲线的斜率，几何上递增的斜率形成外凸的曲线）。

按照比较优势理论，一国永远是其最具比较优势商品的净出口国、最具比较劣势商品的净进口国。但在经济发展过程中，随着生产和消费结构的变化，比较优势也是随着时间变化而变化的动态概念。在经济发展的较低阶段即农业阶段，对于需要较多资本和技术投入的工业而言，农业使用的要素是相对丰富的自然资源和劳动力，因而该国具有农业比较优势。随着经济大发展，人均收入的提高，由于恩格尔定律的作用，食品消费占总支出的比重会越来越小，也就是说农产品的需求收入弹性会越来越低，而工业品的消费则随着收入和支出总额的增长而增长得较快。此时，由于人均收入的增加，资本和技术变得相对丰富，而自然资源和劳动力则相对稀缺。当一国处于农业国阶段时，具有农业的比较优势并出口农产品，具有工业的劣势而进口工业品。当其随经济发展成为工业国时，生产和消费结构发生了变化，因而比较优势也发生了变化，变成拥有工业的比较优势而出口工业品，拥有农业比较劣势而进口农产品。一些国家或地区（亚洲“四小龙”），在过去低收入时净出口农产品，而现在高收入时则大量净进口农产品。因出口而取得了工业化的巨大成功，并由以农业为主的经济变成了以工业为主的经济。一国的比较优势不是静止不变的，而是在各产品中发生变化。具有比较优势的产业是某种投入的密集型使用者，而这种投入的相对稀缺性会随着经济发展而发生变化。例如，低收入（因而也是低工资率）国家具有劳动密集型（如纺织品服装）生产的比较优势，然而，随着经济发展，工资率提高，这些国家就失去了这种比较优势，这些产业就会转移到较低工资率的国家。如日本最早从欧洲国家接受劳动密集型的纺织品服装业，通过扩大出口达到一定的资本积累水平以后，工资率大幅度上涨，劳动力使用不再便宜，因而又将这些产业转移到亚洲"四小龙"。现在亚洲"四小龙"同样也遇到产业升级换代的趋势，劳动密集型的纺织服装业又转到马来西亚、印度尼西亚、菲律宾、泰国及我国东南沿海地区。

奥林以后，比较优势理论又有了新的发展。保罗·克鲁格曼（Paul P. Krugman）用"规模经济"和"不完全竞争"来解释相似资源储备国家之间和同类工业产品之间的"双向贸易"（Two-way Trade）或行业内贸易（Intraindustry Trade）。这种贸易的好处是可以通过扩大市场增加生产从而降低成本获得利润。

日本经济学家小岛清提出的协议性区域分工理论，也补充和完善了比较优势理论。它证明，即使在相对成本差距不存在或者要素禀赋相同的条件下，分工仍然是一种必然趋势。

由美国当代经济学家雷蒙德·弗农（Raymand Vernon）提出的产品周期理论等，扩展了比较优势和要素禀赋的范畴，生产要素不仅包括资本和劳动，而且包括自然资源、生产技术变化等。

与此同时，一些经济学家，如巴拉萨（Balassa）和皮尔逊（Scott R. Pearson）等又在计量经济模型上加以发展，力图科学、准确地测量比较优势及其变化（余鸣，2002；陈武，1997）。

4）要素禀赋理论对产业国际竞争力的解释

对比较优势成本理论进一步发展和完善的学者是赫克谢尔和奥林，他们创立了要素禀赋理论。该理论首先基于不同产品所用的生产要素不同的假设将产品分为两类：一类是产品的劳动成本占其价值的份额较大的劳动密集型产品；另一类是使用资本较多的资本密集型产品。其次，该理论又给出 4 个假设条件：在不同区域生产同一产品的生产函数相同；同一区域生产不同产品所使用的技术不同；在不同产品的生产中投入的生产要素的比例不同；不同区域各种生产要素禀赋不同。基于上述前提最后得出的结论是：在给定一个区域里，供给量丰富的要素，其相对价格较低，密集使用这一要素的产品相对成本必然也低；而供给量较少的生产要素，相对价格较高，密集使用这一要素的产品相对成本必然也高。因此，资本富裕的国家具有生产资本密集型产品的比较优势；劳动资源丰富的国家具有生产劳动密集型产品的比较优势。在自由贸易情况下，市场竞争的结果是实现最佳国际分工，产品的价格和要素价格在世界各国趋于统一（要素价格的均等化），各个国家在国际分工中逐渐形成自己的优势产业。

5）比较优势理论对产业国际竞争力解释的不足及其补充和完善

比较优势理论在 18 世纪和 19 世纪对产业国际竞争力具有很强的说服力，主要是因为当时许多产业还很不完整，甚至还没有形成，产业生产更多地表现为劳动密集型和资本密集型的生产方式，国际贸易主要反映了自然资源和资本的差异，生产技术还很不发达，劳动生产率主要通过劳动分工产生的熟练技术得到提高，因此短期内可以把生产技术作为固定的常量。但是，随着生产力水平的不断提高，国际贸易的深入开展，比较优势理论的局限性与它固有的理论缺陷就逐渐被暴露出来，比较突出的问题体现在这样 3 个方面：第一，比较优势理论所指的生产要素主要是土地、劳动力和资本等有形资源，显然它们只是生产成本的一部分，比较优势理论没有考虑国际贸易中的其他成本。事实上，当今世界贸易保护依然存在，某种程度上加大了交易成本，而且比较优势理论忽略了知识、技术等无形资源对产业国际竞争力的影响作用，这与科学技术是第一生产力的现实显然不符；第二，比较优势理论认为各国应该按照既定的生产率水平差异来确定与他国的相对比较优势，这就意味着生产技术是外生的固定变量，这与技术进步较慢的 18 世纪和 19 世纪比较相符。但是，随着科学技术的突飞猛进，这样的假设难免过于简化；第三，比较优势理论假定规模收益不变，事实上，很多产业是规模经济收益递增或者规模经济收益递减的，这样笼统的假设显然不能解释具体产业分析中的问题。比较优势理论对产业国际竞争力解释的局限在实践中也遭到了质疑和挑战，其中最著名的就是里昂惕夫之谜。经济学家里昂惕夫利用美国 1947 年的资料对要素禀赋做了验证，验证结果是美国进口产业的每个劳动力使用的资本要比出口产业高出 30%，这与美国是资本丰裕国家应该出口资本密集型产品、进口劳动密集型产品的常规推理相悖，这就是所谓的里昂惕夫之谜。

为了更好地解释产业国际竞争现象，探讨产业国际竞争优势的源泉，许多经济学者不断对比较优势理论进行补充和完善，具有代表性的理论成果有：人力资本论、技术差距论、产品周期论等，这些理论从不同侧面解释了国际贸易的存在性，反映了产业国际竞争优势的来源（Keesing，1966；Vernon，1966；Leamer，1980；Becker，1990；Harrigan，James，1997）。

6）国家竞争优势理论对产业国际竞争力的解释

上述理论基本上都是从国际贸易角度进行的产业国际竞争力研究，真正从竞争优势来源角度进行的产业国际竞争力研究的是美国哈佛大学 M. E. 波特教授 1990 年提出的国际竞争力理论。他认为要素禀赋、需求情况、相关产业的支持和国内竞争是加强和减弱国际竞争力的主要因素。此外，政府和机遇是两个不可或缺的因素，这就是著名的“国家钻石”（National Diamond）理论（又称为国家菱图）（迈克尔·波特，1997）。该理论为研究产业国际竞争力提供了一个全新的理论分析框架，已经成为产业国际竞争力研究最重要和运用最广泛的理论之一。与比较优势理论相比，国家竞争优势理论有很大的改进和突破。第一，波特所指的生产要素大大突破了比较优势理论的要素局限性，不仅包括自然资源，还包括人力资源、资本资源以及知识资源等，而且他还特别强调要素创造对产业国际竞争力的影响而不是比较优势理论所指的一般要素禀赋；第二，波特把市场需求状况作为影响产业国际竞争的一个重要因素，改变了传统的供给创造需求的分析思路，这不仅是适应国际竞争新形势的需要，也是产业发展的内在要求；第三，波特指出产业间存在着关联效应，主导产业的竞争优势不仅取决于自身的能力，而且与相关产业的竞争优势密切相关，相关产业的支持和辅助功能是促进主导产业获得竞争优势的保证；第四，产业竞争不同于企业竞争和产品竞争的一个很大区别就在于，产业竞争是群体竞争，因此，产业国际竞争力的来源不仅取决于产业内个体企业的竞争优势，更重要的是产业内各种竞争优势能否有效地匹配起来，形成效力最大的合力；第五，波特把机遇和政府引入到产业国际竞争力研究中来，可见他已经考虑了外界环境和国家宏观调控对产业国际竞争力的影响作用，这也是比较优势理论所没有分析到的（王丽萍等，2006）。

7）竞争优势理论

美国经济学家波特提出的“竞争优势论”，从微观、中观、宏观角度论述了“竞争力”的问题，对传统理论提出了挑战。指出：具有比较优势的国家未必具有竞争优势。他认为，一国在某一行业取得全球性成功的关键在于四个基本要素，即生产要素、需求情况（一国的国内需求）、相关和支撑产业、企业的战略、结构与竞争。这四个基本因素连同两个辅助因素（机遇与政府作用）共同决定了一国是否能创造一个有利于产生竞争优势的环境。关于需求情况，波特认为一国的国内需求对于竞争优势的形成具有很大作用。国内需求大，有利于促进竞争，形成规模经济。而国内需求的“质量”更有利于促进创新、提高产品质量。高品位的、挑剔的消费者有利于向国内生产者提供高档需求的信息。

几乎与克鲁格提出新贸易理论的同时，美国经济学家迈克尔·波特提出了“竞争优势论”。从 20 世纪 80 年代到 90 年代初，波特先后出版了《竞争战略》《竞争优势》和《国家竞争优势》三部著作，分别从微观、中观、宏观角度论述了“竞争力”问题，对传统理论提出了挑战。在《国家竞争优势》一书中，波特更着眼全球范围，站在国家立场上，从长远角度考虑如何比较优势转化为竞争优势。

竞争优势论为贸易结构的优化提供了一个全方位的思考：改善贸易结构，积极参与国际分工。先天因素—资源禀赋，固然重要；后天优势—高级要素的决定作用却越来越明显。如今，出口什么已不再重要，重要的是用什么技术与方法来生产这种产品，贸易结构的优化，也不再是简单的轻重的比例问题。这里面存在着一个量上的考虑，更存在着一个质上的要求。然而，如何培育高级要素，如何使消费者变成挑剔的、具有高品位的“信息提供者”，政府的作用便不可忽略。这不仅表现在实施国民教育方面，同时也表现在对其他三个因素的影响上。波特主张政府应当在经济发展中起到催化和激发企业创造欲的作用。政府应当加强基础设施的投入，加快产品、生产要素市场的建立，完善政策法规，为企业竞争创造良好的外部环境。

具有代表性的产业国际竞争力分析模型首推波特教授提出的竞争优势六要素分析模型（也称钻石模型或国家菱图）（迈克尔·波特，1997）。波特认为决定产业发展竞争优势的因素主要有 6 个：生产要素、需求条件、相关与辅助产业的状况、企业策略、结构与竞争对手、政府和机遇，这 6 个因素互相关联、互相影响。波特把竞争的动态化和演进作为理论分析的前提，在此基础上将产业参与国际竞争的过程划分为 4 个阶段：要素驱动阶段（Factor-driven）、投资驱动阶段（Investment-driven）、创新驱动阶段（Innovation-driven）和财富驱动阶段（Wealth-driven）。发达国家的产业国际竞争力比较适合，对发展中国家或欠发达国家的产业国际竞争力的解释力度则要明显降低，这主要是因为影响产业国际竞争力的因素在不同经济水平国家之间存在着较大差异。为此，很多学者展开了对“钻石模型”的修改和扩展，其中，Cho 构建了比较适合发展中国家产业国际竞争力研究的“九要素模型”。“九要素模型”强调了人的因素和物的因素对产业国际竞争力的影响，人的因素和物的因素构成了产业国际竞争力的内在影响因素。其中人的因素主要是指政治家和政府官员、企业家、职业经理和专业技术师以及工人；物的因素主要是指禀赋资源、国内需求、相关产业和商业环境。外部影响因素主要是指机遇，他同波特一样都认为不可忽视机遇对产业国际竞争力的影响作用。同时，他还强调，在产业发展的不同阶段，不同因素对不同产业的影响也会不同，这些因素相互联系、相互影响，构成一个影响发展中国家产业国际竞争力的动态模型（Cho, Dong-Sung，1994；Rugman AM，D'Cruz JR. 1993）。此外，邓宁认为需要将“跨国商务活动”作为与机遇和政府并列的第三个外生变量。克鲁格曼以加拿大产业为例进行研究，他发现加拿大企业可以充分利用加美之间自由贸易协定的跨国经营机会，借用美国的市场容量扩大其经济规模，避免了小国经济对一些产业国际竞争优势的限制作用，这样就把“钻石模型”扩展成了“双重钻石模型”。蒙（Hwy-chang Moon）等人进一步将“双重钻石模型”改进为适用于所有小国经济的“一般化的双钻石模型”，并以韩国和新加坡为例进行了实证分析。斯代芬等人认为需要将政府增加为钻石模型的第五个决定因素。波西等人呼吁应认真研究民族文化对竞争优势来源的影响。纳瑞拉认为应将“累积技术”增加为钻石模型的外生变量。也有学者引入了“体制竞争力”的概念，认为竞争力取决于宏观、中观、微观层次上的制度协调（Thompson Donald N 1992；王丽萍等，2006）。

5.1.2 国内的相关研究成果

1）国际竞争力的研究

1989年，原国家经济体制改革委员会与世界经济论坛、瑞士洛桑管理学院商定进行国际竞争力方面的合作研究，并于1993年将中国的部分数据纳入《全球竞争力报告》，1994年中国加入该报告的分项目比较，1995年中国进行该报告的全部项目比较并参加全球竞争力排序。1996年原国家经济体制改革委员会经济体制改革研究院、深圳综合开发研究院及中国人民大学联合组成中国国际竞争力研究课题组，运用《世界竞争力报告》的方法对中国的国际竞争力进行了研究，并于1997年3月出版了《中国国际竞争力发展报告（1996）》。该报告应用381个指标数据，对中国国民经济的国际竞争力进行了分析和评价，内容涉及宏观经济、工业、科学技术、企业管理、金融体系、政府管理等方面（国家经济体制改革委员会经济体制改革研究院，中国人民大学，综合开发研究院联合研究组，1997）。后来，以赵彦云教授领导的中国人民大学竞争力与评价研究中心为核心的课题组分专题出版了《中国国际竞争力发展报告》，如1997年报告讨论的是中国产业组织的国际竞争力，1998年讨论的是中国科技竞争力。

1991年，狄昂照、吴明录等承担了国家科学技术委员会的重大软课题“国际竞争力的研究”，该课题重点研究了国际竞争力的概念、定义及度量方法，提出经济活力、工业效能、财政活力、人力资源、自然资源、对外经济活动活力、创新能力、国家干预八个方面的因素决定一个国家的国际竞争力，并设立了这些决定因素的评价指标，进行了亚太15国（地区）国际竞争能力的比较（狄昂照等，1992）。

1993年，任若恩等与荷兰格林根大学国际产出与生产率比较项目（ICOP）组的专家合作进行中国制造业各产业部门的国际比较研究，在该研究中运用生产法获得的国际可比的时间序列和产出数据，从相对价格水平、单位劳动成本、生产率等角度探索了中国制造业的比较优势和国际竞争力。其成果以《关于中国制造业国际竞争力的初步研究》和《关于中国制造业国际竞争力的进一步研究》为题分别发表在 1996 年第 9 期《中国软科学》和 1998 年第 2 期《经济研究》上。

从 1995 年开始，中国社会科学院工业经济研究所金碚领导的课题组，进行了中国工业国际竞争力理论、方法及其实证研究，并于 1996 年出版了课题成果。该成果就产业国际竞争力的概念、分析方法和框架进行了探讨，并在各分报告中重点分析了中国工业品出口的国际竞争力、中国工业品质量的国际竞争力、工业品品牌的竞争力，该课题组还就中国主要工业产业的国际竞争力进行了实证研究。该书所提出的产业评价方法，在最近几年被许多学者用来进行中国国际竞争力的实证研究（金碚，1997）。

中国社会科学院裴长洪就利用外资和产业国际竞争力问题进行了深入研究，在 1998 年出版了其专著《利用外资与产业竞争力》。该专著就国内外国际竞争力研究的现状进行了比较全面的总结，就国际竞争力的来源（特别是马克思经典著作关于竞争力的来源）、产业竞争力分析的主要方法进行了探讨，作者还就分工体系、中国出口竞争力、外商投资与中国产业竞争力进行了实证研究。该书在最后对日本、亚洲和拉美国家利用外资提高产业竞争力的经验进行了总结，就提高产业竞争力的宏观政策进行了讨论（裴长洪，1998）。

武汉大学经济学系邹薇应用国际竞争力的显示性比较优势（Revealed Comparative Advantage，RCA）指标，对中国 1965—1995 年九大类产业及产品的国际竞争力进行了比较分析，指出依靠发展劳动密集型产业和人民币贬值来提高中国出口商品的国际竞争力的政策建议是不正确的（邹薇，1999）。

中国社会科学院工业经济研究所郭克莎（2000）从生产率、劳动成本、经济效益、进出口、生产规模、科技创新、设备先进性等角度进行了 1993—1998 年中国工业和世界工业差距的研究，并就提高途径提出了政策建议。

中国人民大学彭丽红（2000）专门进行了企业竞争力的研究，从因素分析和战略分析的角度对企业竞争力的评价方法、指标及体系进行了探讨，提出可从环境竞争力、市场竞争力、政府管理竞争力、企业内在竞争力四个方面来进行企业竞争力的国际比较。韩中和（2000）用案例分析方法对企业竞争力进行了探讨。

总体来看，国内关于国际竞争力的研究从 90 年代初开始，在 1995 年以后引起了广泛关注，有关产业、地区、企业国际竞争力的实证研究和案例研究也逐渐增多。但和国外情况相比，政府机构参与和进行的竞争力研究比较少。学术界关于国际竞争力的研究正在迅速发展之中（张金昌，2001）。

近两年，我国经济学界也开始逐步重视对于产业国际竞争力的研究。但目前，我国学者多关注在国家层次上探讨国际竞争力问题，比如，陈左（1998）阐释了波特的“国家钻石”模型，并从国家层次上探讨了波特模型对我国提高国际竞争力的启示。诚如我在上文中提到的，一国的国际竞争力的强弱归根结底还是要基于一国的产业国际竞争力水平的高低，因此，对于产业国际竞争力的研究是极具现实意义同时也是经济发展迫切需要的。而在这一方面，我国经济学界还有待大力开展研究。

但是，对于这一课题研究的尝试却早在 1995 年就开始了。比如，中国社会科学院等单位的学者曾经组建一个《我国工业品国际竞争力比较研究》课题组，他们认为，鉴于我国关于产业国际竞争力的研究尚处于起步阶段，研究的视野应集中在因果关系比较清晰的领域。首先可以从对工业品的国际竞争力研究开始，因为目前我国大多数企业参与市场竞争的关键之一是，必须能生产出为市场所接受的产品，所以，从国产工业品的市场占有率和盈利状况及其直接和间接决定因素的分析入手，逐步建立起适合我国产业发展具体情况并易于进行更深入的国际比较研究的经济分析模式，是我国产业国际竞争力研究的一条可行之路。中国社会科学工业经济研究所的金碚曾发表的题为《产业国际竞争力研究》的文章，正是我国工业品国际竞争比较研究课题组的中期研究成果之一。该文主要宏观、定性地探讨了产业国际竞争力的几个基本理论问题，明确了从国际竞争力角度怎样定义产业的含义、经济发展和产业国际竞争经历的大致阶段等。虽然该文涉及了我国这一全新领域的研究，但也只是停留在表层，而未对理论模型的建立、经济分析范式的研究等深层次问题进行探讨。

在 2001 年第 5 期的《中国工业经济》上刊载了金碚的又一篇有关产业竞争力的文章，题目是《经济全球化背景下的中国工业》。他认为，在经济全球化条件下，一国所能获得的利益最终取决于产业国际竞争力的强弱，而产业国际竞争力的强弱归根结底取决于产业组织问题，形成有效竞争的市场结构和产业组织结构是培育和增强产业竞争力的根本途径和决定性条件。这一论点的提出的确有其可取之处，比如我国竞争力较弱的产业往往都是那些长期处于垄断的产业或长期受到国家保护的产业。打破垄断、增强竞争的确能够推动产业竞争力的提高。但是面临着即将进入 WTO，外国资本和跨国公司将大举入侵，贸然将这些处于竞争弱势的产业投入到激烈的国际竞争之中，所得到的结果并不一定符合我们的良好初衷，甚至会为这些民族产业带来灭顶的危机。因此，放开国内竞争一定要有原则、有步骤，从资本、技术、市场及经营方针等方面切实提高产业的竞争能力才是在复杂激烈的国际竞争中立于不败之地的可行之路。

另外，国内学者也开展了对于国际竞争力的评价指标的研究。比如，2001 年第 5 期的《中国软科学》上刊载了一篇题为《企业国际竞争力评价指标研究》（张德平）的文章，该文从三个层次，即外显竞争力、内在竞争力和体制竞争力，设计了企业国际竞争力评价指标体系，认为企业在国际市场上的竞争与发展能力、竞争力的持久性和保障性以及竞争力的激励性因素是决定企业国际竞争力强弱的关键。该研究中指标体系的建立原则对于构建评价产业国际竞争力的指标体系是具有一定借鉴意义的。

我国政府及学术机构也越来越重视对于产业国际竞争力的研究。2001 年 5 月 23 日在联合论坛上发表了原国家计划委员会宏观经济研究院产业所课题组的研究成果《我国产业国际竞争力评价理论与方法研究》。他们认为，产业国际竞争力包括竞争实力、竞争能力、竞争潜力、竞争压力、竞争动力、竞争活力 6 个方面的内容。竞争实力是反映产业“要素供给”方面的实力，包括人力、财力、技术创新实力 3 个方面，评价的指标主要有：大学文化劳动者比重、技术工人素质、企业家素质、产值（规模）、总资产等；竞争潜力是指产业发展的潜在能力，主要指一国产业发展面临的有利条件，包括比较优势和后发优势，反映比较优势的指标有：资源禀赋、劳动力成本、资金成本；竞争能力是指把竞争实力、竞争潜力转化为市场占有率、竞争优势的能力，评价的指标主要有：经济增长率、市场占有率、显示性比较优势、全员劳动生产率、总资产贡献率、增加值率等；竞争动力是反映产业参与竞争的能动性；竞争压力是反映产业发展的外部推力；竞争活力是反映产业参与国际竞争的灵活性指标，它取决于产业结构（相关与辅助产业状况）、产业组织、基础设施等方面的因素。

可以看出，这一研究仍旧是建立在波特的“国家钻石”模型的基础之上，结合我国产业现状，综合提出各种反映产业国际竞争力的指标。在此基础上，又探讨了提高我国产业国际竞争力的思路，如充分发挥我国产业的比较优势，挖掘产业竞争潜力；加强体制创新，强化企业参与国际竞争的动力和压力；高度重视技术创新，提高产业技术创新能力；加快产业结构调整和企业组织结构调整，增强产业竞争活力等。该文提供了有益的思路，但是过于繁杂的指标体系以及按照这一指标体系的评价所提出的全面提高的战略，并不一定会产生良好的效果。应当在把握当前世界经济形势的前提下，从产业国际竞争力的决定性因素的角度，如技术创新，来研究提高产业国际竞争力的方针和策略。

孙治宇（2013）基于产品技术结构视角研究了影响我国产业国际竞争力的主要因素，构建了新的产业国际竞争力衡量指标——出口产品技术结构指数（TSEI），在此基础上利用1980—2009年数据对影响我国产业国际竞争力的主要因素进行了研究。结果发现，人力资本、技术发展水平、外商直接投资能够显著推动我国产业竞争优势的提升，而固定资产投资和政府支出则延缓了产业竞争力的提高。进一步研究发现，我国迅速增长的国内需求并未被本土企业充分利用实现以技术创新和品牌创立为核心的企业高端化发展和市场竞争力的增强。因此，全面提高教育水平、推动创新机制建设、强化高端外资引进、转变政府职能、开放投资领域、转向内需拉动的经济发展模式，将是促进我国产业国际竞争力提升的重要举措。

2）产业国际竞争力的研究

面对新的国际竞争形势以及提升我国产业国际竞争力的迫切需要，国内对产业国际竞争力的研究也表现出极大的关注和热情，专门投入了大量的人力、物力和财力进行了广泛深入的研究，一些学者还从某个特定产业的发展角度，研究了该产业的国际竞争力状况。2000年在上海召开了“中国产业国际高峰会议”；2001年上海社会科学研究院召开了产业国际竞争力研讨会；2001年原国家计划委员会宏观经济研究所课题组完成了“我国主要产业国际竞争力评价理论与方法研究”的课题报告；2001年中国社会科学研究院工业经济研究所完成了“WTO与中国工业竞争力问题研究”的课题。徐国念和官建成（2001）立足于技术创新的角度展开对产业国际竞争力的研究，旨在解决以下几个问题：第一，为什么要从产业这一层次来进行竞争力研究？技术创新与产业国际竞争力的内在关联究竟是什么？第二，如何从技术创新角度建立一个系统的产业国际竞争力的评价指标体系？第三，如何综合评估这一指标体系，从而在实践中比较不同的产业国际竞争力的强弱？第四，如何提高技术创新能力，进而增强产业国际竞争力的研究正在不断深入（李元，2003；金碚，1998；刘平洋，2003；张向阳和周勤，2005）。从有关文献来看，国内针对产业的界定与分类以及对产业层次上国际竞争力的含义做了大量的阐明（朱建国等，2001），其经济分析模型主要是在国外“钻石模型”基础上的改进（陈立敏和谭力文，2004；陈卫平和朱述斌，2002）。关于产业国际竞争力评价的研究是国内理论界研究的一个重要方面，主要集中在两个方向：一是对我国各产业的国际竞争力综合评价；二是试图构建产业国际竞争力评价指标体系，并设计和计算了一些具体评价指标（廖春良等，2003；邢志安，2003；郝云宏，2003）。国内对产业国际竞争力的应用研究主要是借鉴国外产业国际竞争理论在我国产业中的具体分析和应用，研究范围包括我国产业国际竞争力的竞争结果、竞争态势、竞争构造和竞争评价等多个方面，特别是有关产业国际竞争力影响因素的分析比较常见，既有宏观方面的国家财政政策、国际贸易政策、产业政策等因素的分析，又有微观方面的产业生产率、科技投入、生产成本等方面的研究，并在此基础上提出了提升我国产业国际竞争力的对策和建议（王丽萍等，2006）。

金碚把波特提出的国家竞争力模型应用于分析我国产业国际竞争力上，他认为：研究产业国际竞争力的视野应集中于经济分析较易把握的领域以及因果性比较清晰的关系，因此，必须首先从工业品国际竞争力研究开始，从国产工业品的市场占有率和盈利状况及其直接和间接决定因素的分析入手，建立适合我国产业发展实际情况并易于进行更深入国际比较研究的经济分析模型，该模型认为一个国家或地区的某种工业品的国际竞争力强弱，可以从结果和原因两个方面分析（金碚，2003）。朱春奎在波特的钻石模型和 Cho 的九因素模型的基础上建立了竞争力来源的层次结构模型，分为直接来源、间接来源和最终来源，共 3 个层面 16 个因素（朱春奎，2003）。赵洪斌基于对产业国际竞争力分析的不同假设，把产业国际竞争力分成 3 种表现形式：绝对竞争力、相对竞争力和差别化竞争力，并建立了产业国际竞争力的三角模型（赵洪斌，2004；李永发和田秀华，2004；张会恒和文启湘，2004；王丽萍等，2006）。侯俊军等（2015）在分析国际竞争力经典的波特钻石模型基础上，引入“知识吸收与创新能力”和“对外开放”，提出一个拓展的钻石模型来分析技术标准对产业国际竞争力的作用机理，并进行实证分析。结果发现，行业标准化水平、标准对外开放水平以及外资参与标准化水平对产业国际竞争力的提升存在显著的正向影响，且标准对外开放水平的作用存在一定的时滞效应。

3）生物产业国际竞争力的研究

生物产业国际竞争力方面的研究还较少。彭熠等（2006）认为生物技术产业必将成为 21 世纪的主导产业，其发展对中国经济社会发展具有极其重要的意义。中国面临大幅提升生物产业国际竞争力的历史机遇，并且当前具备了一定的实力。在影响我国生物产业国际竞争力诸决定性因素中，我国在科学技术基础、投入力度与投融资机制、人力资源、政策、产业布局与结构等主要因素方面各具竞争优势与劣势。应当根据上述因素，借鉴生物产业发达国家有关政策和做法并结合我国具体国情制定相应政策，全面提升我国生物产业国际竞争力。吴楠和冯中朝（2006）认为一国的生物技术产业竞争力是由两类根本因素——比较优势和竞争优势共同影响和决定的。生物产业比较优势和竞争潜力与变动趋势，可利用有效保护率、比较价格指数、比较优势变差指数等指标进行衡量；而生物产业竞争优势和竞争力变化，可通过市场占有率和利润率等显示性量化指标分析。提高生物产业竞争力的根本途径在于突出特有特点，加强创新，充分发挥生物产业的比较优势和竞争优势。

生物产业竞争力是竞争力在生物产业层次上的体现，而其决定因素和测评模型的设计是研究的核心内容。并基于生物产业竞争力的内涵，根据生物产业的技术经济特性，借鉴波特的产业竞争理论，分析了生物产业竞争力的决定因素，并运用协同理论和经济增长内外生变量理论，构建了生物产业竞争力量化评价模型（吴楠等，2006）。生物技术已开始进入大规模产业化阶段，从比较优势和竞争优势及其相互作用进行数量分析入手，描述了生物产业竞争力的动态变化（吴楠和冯中朝，2006）。对生物产业的发展现状进行了总结分析，构建了生物产业发展现状及企业竞争力评价指标体系，以合肥高新区为例，利用第三次经济普查数据对生物产业发展现状进行分析，并运用因子分析法对 12 家生物产业规模企业竞争力状况进行实证研究，从而进一步分析生物产业竞争力的优劣势，根据现状分析及实证研究，对提升生物产业竞争力提出具体的对策和建议（王婷，2016）。

5.1.3 国内外相关研究综合分析

从以上对国际竞争力研究的分析来看，国内产业国际竞争力相关研究的主要特点是：

(1) 无论是国外的分析模型还是国内的分析模型，大多是基于波特的钻石模型进行的不同程度的改进和创新，或者是对原影响因素的细化和分解，或者是增添了新的影响因素，实际上对于产业国际竞争力的分析思路仍然以波特的产业国际竞争力分析模型为主，只是各人强调的重点或者研究的视角不同而已。这些研究成果无疑是对产业国际竞争力研究的有益补充（王丽萍等，2006）。

(2) 尽管国内对产业国际竞争力的研究已经取得了一定的成果，问题却依然存在，主要体现在以下几个方面：①产业背景。产业背景对产业国际竞争力起着潜移默化的影响作用，但是国内研究多数都是借鉴国外学者的理论研究成果，缺乏本土化的理论创新。在产业国际竞争力的经济分析范式研究中，很少有学者注意到我国与发达国家有着完全不同的制度背景，我国的经济水平、市场化条件、社会环境、消费意识、历史文化等产业成长环境都与国外的产业环境存在很大差别，这些因素必将对我国产业国际竞争力产生方方面面的影响。因此，有必要将国外产业国际竞争力理论与我国特殊的经济体制和社会发展条件相结合，建立具有我国特色的产业国际竞争力理论。②产业规模。产业规模的大小与产业国际竞争力的强弱之间不是必然的因果关系。我国产业特征在很多方面都表现出总量雄厚，但个体平均值较低的现象，如总产值一般较大但平均企业产值一般较小；产业总投资比较大但具体企业投资份额又比较少；产业出口总量很大但平均出口单价偏低等诸如此类的产业内部矛盾还有很多。因此，如何在研究产业国际竞争力时处理好“大”与“强”的关系，是典型的具有中国特色的产业国际竞争力研究的难点之一。③产业结构。产业结构的合理性和有效性会深刻影响到产业国际竞争力的强弱。我国产业内部发展极不平衡、区域差异明显，如何协调和处理好各环节、各区域的竞争优势和各种矛盾是提升我国产业国际竞争力所必须要解决的难题之一。④产业价值链。产业国际竞争说到底就是产业在具体价值环节上的竞争。一国产业不可能在所有产业链上都具有竞争优势，这不仅是不可能的也是不现实的。总体来看，我国产业处于全球产业价值链中附加值比较低的中低档竞争阶段，而且，具体到每一个产业时，我国拥有的产业优势和产业核心环节也各有差异，因此，必须具体分析特定产业在国际分工中的地位和作用，根据我国国情，抓住有利环节提升其产业竞争优势。⑤产业动态。产业国际竞争力研究是一个动态的永续性工程，应当根据产业竞争力的过去和现在，对未来一段时间内的产业国际竞争力做出及时、科学、客观的评价与预测，目前我国在这方面的研究还停留在宽泛的定性描述上，非常缺乏相关的预测模型和研究方法（王丽萍等，2006）。

(3) 国内对于生物产业竞争力的实证研究上，理论基础比较原始，基本上还是从比较优势出发进行分析，国际竞争力理论在生物竞争力研究中应用得相对较少；对生物产业竞争力的深层形成机制研究较少。提高中国生物产业竞争力的对策建议很多，但对生物产业竞争力形成的深层机制缺乏深入研究，缺乏对生物产业行业特点的把握。由于生物产业发展和竞争特有特点，借鉴波特的“钻石模型”并不能完全解释生物产业发展和竞争力。生物产业主要包括生物医药、生物农业、生物质能源和生物材料（能够生物降解），生物资源条件的优劣是生物产业能否可持续发展的特有特征，也是评价中国生物产业国际竞争力的重要因素。生物产业是一个新兴产业，人才的作用是十分重要的。生物产业是一个新兴的技术推动型产业，而不是市场拉动型产业，只有生物技术发展到一定程度，生物产业才能实现技术突破、产品突破直至产业突破。因此，在研究中国生物产业竞争力的决定因素时均需要认真地考虑生物产业的特有属性。

基于以上分析，本研究在引进和梳理国外最新发展的竞争力理论的基础上，为中国生物产业竞争力的研究提出一个系统的分析框架和实证平台，并在所掌握数据和精力允许的范围内应用这一理论分析框架对中国生物产业竞争力进行量化的实证测定，为提升中国生物产业竞争力、促进生物产业健康快速发展，提供理论依据和方法支撑。

5.2 产业竞争力及其决定因素研究的理论基础

5.2.1 产业竞争力及其决定因素研究的理论基础

1）产业生命周期理论

产业生命周期划分为五个阶段：第一阶段，新兴时期，指由于在某一科学技术领域内出现重大突破，围绕着该项科技成果出现了一个新产品群，诱致一个新的产业部门的出现。第二阶段，朝阳时期，指该产业的产品经过试销后开始为顾客所接受并进入成批扩大销售阶段。第三阶段，支柱时期，指产业的主导产品已稳定进入市场并达到畅销阶段。第四阶段，夕阳时期，指产业主导产品的销售处于停滞，甚至趋于下降阶段。第五阶段，衰落时期，指产业主导产品由于技术、经济、特别是市场的原因，无论是销售额还是利润都大幅度下降，产业发展呈现萎缩的趋势。

正确认识特定产业所处的发展阶段，是制定相应产业政策的前提。一般而言，对于新兴产业，特别是高技术产业，要采取某些保护和扶植措施，尽快缩短该产业从新兴时期向朝阳时期的过渡时间。对于朝阳时期或成熟时期的产业要给予重点扶持，促进产业整体规模的扩张，使其发挥最大效益。对处于夕阳时期的产业，要引导挖掘产业内部潜力，提高效率。对处于衰退时期的产业，要下决心“促退”，并采取限制发展的政策。

2）比较优势理论

不同的国家往往拥有不同的比较优势，不同时代的比较优势又具有明显不同的特征。一个国家的比较优势是由具体的现实经济因素决定的。现有的相对于其他国家比较突出的经济条件，就形成了这个国家比较优势模式的特征，不同的比较优势会给国家带来不同的利益。

比较优势中的禀赋结构的含义不仅包括自然禀赋还包括社会禀赋，如科学技术等。首先，由于技术进步使单位产品的物质消耗降低，或者人工合成的材料代替自然资源，自然禀赋在形成比较优势中的作用下降，社会禀赋因素的作用上升。其次，数量因素对比较优势的影响力降低，质量因素的重要性提高。第三，单个因素比较优势的作用减少，多因素的综合作用扩大。尤其是在高科技产业，如电子计算机，则需要技术、资金和高素质劳动者资源相互配合，缺一不可。第四，供给因素对比较优势的约束力减弱，需求因素的影响力增强。由于世界市场从卖方市场转变为买方市场，需求因素对比较优势的影响增大，是否能正确了解和追踪国际市场需求的变化，已经成为制约各国发挥比较优势的关键因素。

3）后发优势理论

后发优势是由后发国地位所致的特殊有利条件。这一条件在先发国是不存在的，后发国也不能通过自身的努力创造，而完全是与其经济的相对落后性共生的，是来自落后本身的优势。后发展是相对于先发展而言的，因而后发优势主要涉及时间维度。

落后国家在吸收先进国家的成功经验和失败教训的基础上，只能创造性地选择有别于先进国家的不同发展道路。引进技术是正在进入工业化国家获得高速发展的首要保障因素。后进国家引进先进国家的技术和设备可以节省科研费用和时间，快速培养人才，在一个较高的起点上推进工业化，同时，资金的引进也可以解决后进国家工业化中资金不足的问题。

在现代化进程中，后发国家对现代化的认识要比先发国家在自己开始现代化时对现代化的认识丰富得多。后发国可以大量采用和借鉴先发国成熟的计划、技术、设备以及与其相适应的组织结构，并且可以跳跃先发国在技术等方面的一些必经发展阶段。后发国可以从先发国家的发展水平，对自己的现代化前景有一定的预测，并且得到先发国在资本和技术等方面的帮助。

但是，后发国家也会面临一些战略性的问题，如控制结构问题，后发国在现代化的过程中，原有的社会控制结构将会遭到破坏，要实现社会平稳而有效地转型，就必须建立有效的控制和协调结构；资本积累也是一个问题，后发国家对资本的需求是突然的大量增强，需要特殊的资本积累形式。

在经济全球化的条件下，后发优势的表现更加突出，影响会更加深远。经济全球化使得资本流动的速度加快，从富裕国家流向资本相对短缺的国家，缩小资本与劳动比率的差异；经济全球化使得技术扩散的速度加快，使先进技术日益具有“公共物品”的性质，后进国家对先进国家先进技术的模仿创新或先进国家的技术溢出效应日益突出，同时，信息技术革命使得信息流动更加迅速，科学技术迅速扩散，生产要素的跨地区流动活跃，使得后进国家全面及时地吸收先进国家的经验和教训，降低生产活动的交易成本。

4）竞争优势理论

波特认为，一个国家的竞争优势，就是企业、行业的竞争优势，也就是生产力发展水平上的优势。一国兴衰的根本原因在于能否在国际市场中取得竞争优势，竞争优势形成的关键在于能否使主导产业具有优势。优势产业的建立有赖于提高生产效率，提高生产效率的源泉在于企业是否具有创新机制。波特认为，竞争优势导致的国家经济发展有四个阶段，分别是生产要素导向（factor-driven）阶段、投资导向（investment-driven）阶段、创新导向（innovation-driven）阶段和财富导向（wealth-driven）阶段。

（1）生产要素导向阶段。生产要素导向阶段是经济发展的最初阶段，几乎所有的成功产业都是依赖基本生产要素。这些生产要素可能是天然资源、自然环境或者是劳动力资源。在这一阶段的本地企业，完全是以价格条件进行竞争，能够提供的产品不多，应用的流程技术也不高，企业本身尚无能力创造技术，应用的主要是模仿技术或者引进的技术。

(2) 投资导向阶段。在投资导向阶段，国家竞争优势奠基于从政府到企业之间积极投资的意愿和能力。这个阶段，国内竞争激烈，厂商努力降低成本、改善产品质量、引进新模具和现代化制程。处于投资导向阶段的国家，已经能在更广泛的产业和产业环节中竞争，而且有些产业已经有较高的进入障碍，有些领先产业也开始将新的优势扩散到相关的产业上面。

(3) 创新导向阶段。当国家处于创新导向阶段时，各种产业和产业环节中的竞争开始深化与扩大，代表这个国家的特殊环境和历史文化传统特色，也在特定产业与产业环节中出现。重要的产业集群开始出现世界级的支持性产业，具有竞争力的新产业也由相关产业中产生。

(4) 财富导向阶段。财富导向阶段是经济走入衰退的局面。处于财富导向阶段的国家，既有的财富并不足以支撑经济本身的需要，国家的经济目标重心放在社会价值上面。过去成功积累的资金使国内资本市场结构出现改变，投资人的目标从积累资本变成保留资金。经济体系创新速度减缓，经济活力开始下降。

5) 价值链理论

价值链可以分成上下两部分：上部分是“支持活动”，即企业的辅助性增值活动，包括企业组织、人事管理、技术开发和采购。下部分是基本活动，包括内部后勤（来料储运）、生产作业、外部后勤（成品储运）、市场营销和售后服务。

在任何企业中，所有类型的活动都在一定程度上存在并对竞争优势发挥作用。依据对买方创造价值所起的作用，这些类型的活动还可以划分为三种类型：直接活动、间接活动和质量保证。它们不仅出现在基本活动中，而且存在于各种辅助活动中。

在经济全球化的过程中，产业分工日益国际化，一个国家的产业或者企业往往不能独占价值创造中的所有环节，以往由一个企业包揽的价值链的全程实现已经日趋衰落。国际分工日益向垂直分工和水平分工演化。本来在一个企业内部进行的设计、研制、零部件的加工或者购入、组装和总装、推销等一系列活动环节分布到了其他企业进行，企业内的不同部门、工厂、车间及工序等都分布到企业外部，出现企业分工的国际化。

在分工国际化的情况下，一个国家的某个产业只要抓住了产业价值链中的关键环节，占据了产业价值链上的垄断地位，也就占据了产业的竞争优势。具有战略意义的关键价值链环节依行业不同，其具体内涵也是不同的。

5.2.2 学术界关于产业竞争力决定因素的观点综述

1) 波特的“钻石模型”

(1) 波特钻石体系。根据波特的“钻石模型”，产业竞争力由生产要素、需求条件、相关和支持性产业、企业战略结构和同业竞争、机遇、政府 6 个要素共同决定。其中前 4 项是关键要素，后 2 项是辅助要素，它们之间彼此互动，如图 5-1 所示。“生产要素”是指一个国家在特定产业竞争中有关生产方面的表现，如人工素质或基础设施的良莠不齐。“需求条件”

是指本国市场对该项产业所提供产品或服务的需求如何。“相关与支持性产业”是指这些产业的相关产业和上游产业是否具有国际竞争力。“企业的战略、结构和同业竞争”是指企业在一个国家的基础、组织和管理形态，以及国内市场竞争对手的表现。“机遇”是指一些突发性因素，包括基础科技的发明创新、外国政府的重大决策、战争等。“政府”角色是指政府对其他要素的干预。

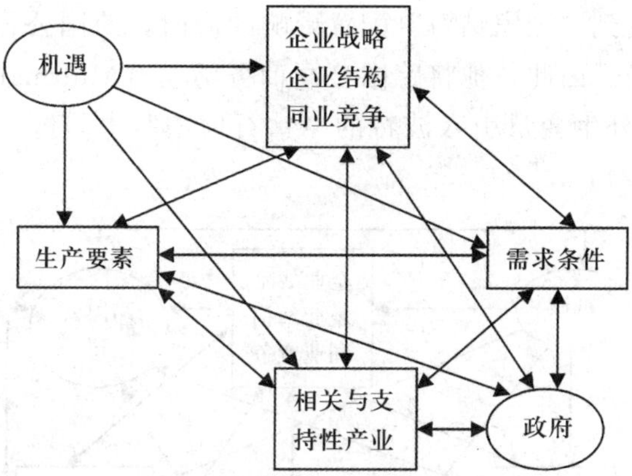

图 5-1 波特钻石体系

(2)“钻石模型”的理论贡献。1990 年，迈克尔·波特教授继《竞争战略》《竞争优势》之后，又出版了一部宏篇巨著：《国家竞争优势》。此书运用竞争优势理论，从产业（企业）的角度对国家竞争的优势进行了全面系统的研究，通过对世界 10 个国家 100 多个产业的实证分析，总结出了影响产业竞争力的主要因素，即：生产要素、需求条件、相关与支持性产业、企业战略结构和同业竞争，并提出了影响产业竞争力的两个辅助因素，即：机遇和政府作用。对这六个因素之间的关系也做了明确勾画，这就是“钻石模型”（又称“钻石体系”理论）。

这一成果的问世，是产业竞争力研究的里程碑，对产业竞争力理论是一个重大贡献。第一，“钻石模型”的提出，第一次为产业竞争力研究提供了一个系统完整的分析框架；第二，“钻石模型”突出了“商业环境”对产业竞争力的作用，为各国政府培植其产业竞争力提供了理论依据；第三，“钻石模型”强调了“高级要素”对产业竞争力的作用，具有鲜明的时代性；第四，“钻石模型”重视相关与支持产业对产业竞争力的作用，发展了产业集群理论。

(3)“钻石模型”的缺陷或不足。波特“钻石模型”的构建，在理论上显然是一个全新的创造，但由于对“产业竞争力”这一课题的研究时间较短，各国的情况存在较大差别，并处于快速发展变化之中，因此，它并不是一套完善和成熟的理论体系。从问世起，就遭到来自世界各地一些著名经济学家的批评。如格瑞威（Greenaway）、瑞格曼（Ragman）、邓宁（Dunning）、戴利（Daly）、格兰特（Grant）、斯代芬（Stoptford）等自 1991 年起从不同的角度提出了一些与“钻石模型”相左甚至相反的观点。

根据这些经济学家的观点和笔者研究的结果，“钻石模型”的缺陷或不足主要表现为以下 4 个方面：一是过分强调国家“商业环境”对产业竞争力形成的作用，未把产业内部因素作为主导；二是淡化了“技术创新”对产业竞争力的决定性作用；三是突出了“国内需求条件”的作用，低估了国际需求条件的重大影响；四是忽视了“政府”在产业竞争力中的特殊作用。

2）“波特-玛宁”模型

20 世纪 90 年代以后，由于经济全球化、国际资本流动和跨国公司的行为对各国经济发展的影响日显突出，于是 1993 年英国学者 J. 玛宁（J. Dunning）对波特的“钻石模型”进行了批评与补充。他认为，波特没有充分讨论跨国公司与“国家钻石”之间的关系，在跨国公司的技术和组织资产受到“国家钻石”配置影响的同时，跨国公司会对国家的来自资源和生产力的竞争力给予冲击。因此，他将跨国公司商务活动（Multinational Business Activity，简称 MBA）作为另一个外生变量引入波特的“钻石模型”中。这一理论后来被学术界称为“波特-玛宁模型”（图 5-2）。

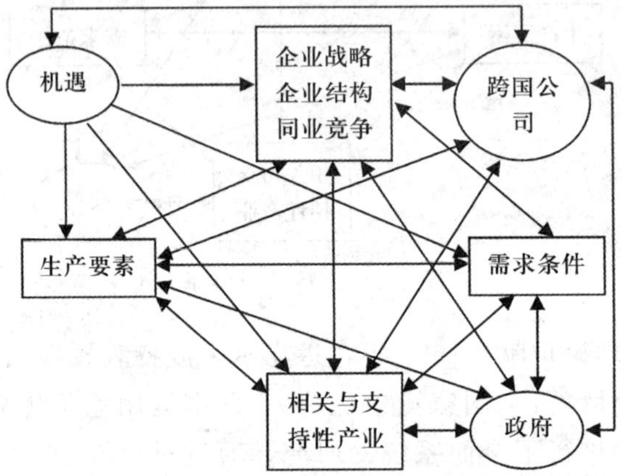

图 5-2 “波特-玛宁”模型

3）对外开放与产业国际竞争力模型

我国有学者认为，对外开放对产业的国际竞争力具有重要影响，因此，波特的“钻石模型”中应加上一个“对外开放”因素，从而提出了发展的波特“钻石模型”，即对外开放与产业国际竞争力模型。

该模型将各要素分成三个层次：最上层的是产业国际竞争力；它由中间层次——波特因素支撑；最下层是对外开放，包括外贸、外资和技术转让等方面。从实质上看，这个模型与“波特-玛宁模型”基本相同，都是强调对外经济交往的因素。

4）产业竞争优势因素

上海社会科学院厉无畏教授提出，产业的竞争力是由产业的竞争优势决定的，而产业的竞争优势又是由一系列因素决定的，这些因素主要有：产业组织效率、投入要素的数量和质量、学习和创新能力、合作的效率、文化力量以及产业政策的作用等。他强调，产业组织效率从两个方面影响产业的竞争优势：一是竞争性组织结构，有效竞争的市场结构和产业组织结构是增强产业竞争力的关键因素；二是规模经济，包括企业内部的规模经济和企业外部规模经济。

5.3 生物产业竞争力因素的层次分析

5.3.1 产业竞争力因素的判断基准

产业竞争力的影响因素很多，但要分辨究竟哪些因素在产业竞争力形成过程中具有决定性作用，是一个非常复杂的课题。因为，不同的产业或产业成长的不同阶段中，其决定性因素存在着较大的差别。但尽管如此，并不意味着没有规律可循。从国内外的现有大量实证研究成果来看，在一般情况下，产业竞争力诸多影响因素中，总有若干因素始终起着关键性作用。本文以此为基础，经过对理论与实践的综合分析，认为在判断产业竞争力的决定因素时应遵循三条基本准则：一是内因外因共同决定，以内因为主；二是竞争力“资产”与“过程”因素共同决定，以“过程”因素为主；三是突出产业内企业因素的关键性作用。

由于产业竞争力的来源具有多样性，因而，产业竞争力的决定因素也必定具有多层次性。从第一层次来看，这些因素可以划分为：基础因素、核心因素和环境因素，而且三者之间存在着一定的关联性。

“基础因素”是指影响产业竞争力的基本要素，主要包括基础设施、资金丰裕程度、劳动力资源、自然资源、文化背景等因素。“核心因素”是指在产业竞争力形成中起关键作用的那些因素，主要包括技术创新、企业素质、产业组织结构等。产业竞争力的核心因素存在于产业内部，而不是来自产业外部的力量。“环境因素”是指来自产业外部，对产业竞争力的形成和提升具有较强作用的因素，主要包括：政府作用、市场竞争环境和制度环境等。

在第一层次因素中，基础因素和核心因素对产业竞争力的作用具有直接性，也可把它们称为直接因素，在直接因素中，“核心因素”起主导作用，基础因素起辅助作用。环境因素是间接因素。间接因素是通过直接因素而作用于产业竞争力的。由于基础因素、核心因素和环境因素都分别包含着十分广泛的内容，仅从这个层次上分析，并不能揭示决定产业竞争力的主要因素，因此，我们还必须在此基础上运用马克思主义关于主要矛盾和矛盾的主要方面的关系原理进行“第二层次”的分析。

根据产业竞争力的判断标准和大量的实证研究结果，“资源条件”包含了基础设施、资金、劳动力、自然资源等内容，是一个国家或地区产业比较优势的重要来源，因此，“资源条件”在产业竞争力中起着关键性作用；在核心因素中，“技术创新”“企业素质”和“产业组织结构”直接影响着产业竞争优势的程度，因而它们具有关键性作用；在环境因素中，市场竞争环境的创造和产业发展的制度安排，主要由政府来承担，政府通过经济、行政和法律手段为产业发展及其竞争力的提升提供有利条件，因而“政府作用”是关键。

因此，产业竞争力的决定因素确定为五个方面，即：资源条件、技术创新、企业素质、产业组织结构和政府作用。这就是决定产业竞争力的“五因素论”。“五因素论”是在继承和吸收“钻石模型”合理成分的基础上，结合产业竞争的新情况、新特点，尤其是发展中国家的实际，对“钻石模型”进行一定程度的补充或修正。因此，“五因素论”是“钻石模型”

的一个新发展。其特点具体表现为：第一，分析的立足点从“商业环境”转到了“内在核心”因素；第二，“五因素论”剖析了产业竞争力诸因素的层次性差异；第三，“五因素论”把“政府作用”因素内在化。

“五因素论”和“钻石模型”间存在着较密切联系：①“五因素论”把“钻石模型”中的“要素条件”改造为“资源条件”；②“钻石模型”把“需求条件”作为一独立因素，“五因素论”则把它归入“产业组织结构”；③“五因素论”把“钻石模型”中的“企业战略、结构和同业竞争”分别纳入“企业素质”和“产业组织结构”之中；④“五因素论”对“相关与支持性产业”因素进行了新归类；⑤“五因素论”否定了“钻石模型”中关于“机遇”的作用；⑥“五因素论”吸收并强化了“钻石模型”中关于“政府”的因素（王连芬，2005）。

5.3.2 生物产业竞争力因素分析

当前，生物产业在医药生物技术、农业生物技术、工业生物技术三个产业化浪潮推动下正快速由最具发展潜力的高技术产业向高技术支柱产业发展。世界各国的政府和公众愈来愈意识到生物产业的巨大发展潜力和对人类社会巨大而深远的影响，纷纷把发展生物产业作为基本国策，因此，生物产业化竞争日趋激烈。现代生物技术开始进入大规模产业化阶段，全球范围的竞争日趋激烈，使生物产业竞争力的研究日趋紧迫。生物产业竞争力是竞争力在生物产业层次上的体现，而其决定因素和测评模型的设计是研究的核心内容。基于生物产业竞争力的内涵，根据生物产业的技术经济特性，借鉴波特的产业竞争理论，本节分析生物产业竞争力的决定因素，并运用协同理论和经济增长内外生变量理论，构建了生物产业竞争力量化评价模型。

1）生物产业生产力和市场力分析

生物产业是指将科学与技术应用于生物有机体及其部分产物和模型，为改变生物及非生物物质而创造知识、产品以及服务的同类生产经营活动单位的集合。生物产业具有以下技术经济特性：知识和资本双重的高度密集、对政府和专利的高度依赖、两极分化的生物企业规模、技术和需求双重驱动。因竞争范围不同，生物产业竞争力有国际竞争力和国内竞争力之分，本书所讨论的生物产业竞争力是指属地生物产业的比较优势和它的一般市场绝对竞争优势的总和。是在国际自由贸易条件下，一国生物产业以其相对于他国的更高生产力，向国际市场提供符合消费者或购买者需求的更多生物产品和服务，并持续地获得盈利的能力，即生物产业生产力和市场力。

2）生物产业竞争力决定因素分析

生物产业竞争力的决定因素是对生物产业竞争力进行衡量的基本前提，也是开展生物产业竞争力研究的重要基础。借鉴波特的“钻石模型”，结合生物产业发展和竞争特点，本书总结出生物产业竞争力的决定因素。

生产要素，包括与生物产业相关的人力、自然、知识、资本、基础设施等诸多资源，其中，特别强调的是“要素创造”（Factor creation）而不是一般的要素禀赋。主要涉及生物资源的开发和保护、人才的培养和作用以及生物产业创新体系的形成和运作。

需求条件，包括生物产品和服务市场需求的量和质（需求结构、消费者的行为特点等）。国内外生物产品和服务的现有和潜在需求非常巨大，以需求拉动生物产业发展的关键，是将潜在需求转化为有效需求。

相关与支持产业的状况，与生物产业相关的上游（如生物资源、相关生产资料产业等）和下游（生物技术产品应用、配套等）产业，与其共同构成相互支撑、互为依托的有机的生物产业链体系，其协调共生性十分重要。

企业策略、结构与竞争对手，生物企业的发展竞争策略、产业结构、同业对手的竞争活动、生物产业集群的良性互动，都会影响该产业的整体竞争力。生物产业园等生物企业集群的协调尤为重要。

政府行为，政府生物产业战略及重视度，组织协调，产业、税收、人才等政策，国际合作以及相关扶持政策，综合体现政府的协调推动作用。

机遇，生物产业目前处于成长期，全球垄断格局尚未形成，跨越式发展空间、国际合作以及与传统产业联动构成巨大发展机遇。

这 6 个因素构成生物产业国际竞争力“钻石模型”。其中前 4 项是关键要素，后 2 项是辅助要素，它们之间彼此互动，共同决定生物产业竞争力的强弱（吴楠等，2006）。

3）改进的生物产业竞争力关系模型

由于生物产业发展和竞争特有特点，借鉴波特的“钻石模型”并不能完全解释生物产业发展和竞争力。生物产业主要包括生物医药、生物农业、生物质能源、生物材料（能够生物降解），生物资源条件的优劣是生物产业能否可持续发展的特有特征，也是评价中国生物产业国际竞争力的重要因素。生物产业是一个新兴产业，人才的作用是十分重要的，因而是新兴的生物产业国际竞争力的重要来源。生物产业是一个新兴的技术推动型产业，而不是市场拉动型产业，只有生物技术发展到一定程度，生物产业才能实现技术突破、产品突破直至产业突破。因此，本书总结提出生物产业竞争力的 6 个方面决定因素：生物资源条件、技术创新能力、人才竞争力、资本竞争力、生物安全监督管理和政府支持力度（图 5-3）。

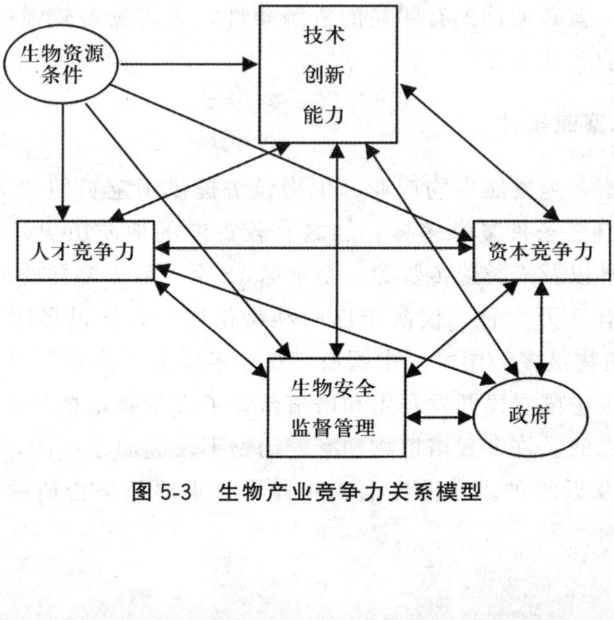

图 5-3　生物产业竞争力关系模型

5.4 生物产业竞争力的关键因素分析

基于改进的生物产业竞争力关系模型，生物产业竞争力的决定因素主要包括以下 6 个方面：生物资源条件、技术创新能力、人才竞争力、资本竞争力、生物安全监督管理和政府支持力度（图 5-3）。除了上述 6 方面主要因素以外，还有许多其他因素影响着我国生物产业国际竞争力整体提升。有利因素包括：中国稳定健康的政治经济局面减小了国家系统风险，而相对较小的国家风险可以鼓励生物技术企业的研发创新活动（Richards M，De Carolis DM，2003）；中国拥有丰富独特的生物物种资源和疾病谱，便于研究；中国庞大的人口基数和巨大的耗药水平等增长潜力使得中国生物产业拥有比国外更为广阔的需求市场，而当生物技术研发和创新取得突破时，市场需求对企业的商业绩效就具有关键作用（Hall LA，Bagchi－Sen S，2002）。不利因素包括：我国对于发展生物产业的历史机遇认识还不够深刻，还未能从全局角度制定强有力的全面发展生物产业政策；相关产业落后制约着生物医药产业的发展等（彭熠等，2006）。

5.4.1 生物资源条件

1）生物资源条件因素分析

根据产业竞争力理论，一个国家产业竞争力的提升有赖于其比较优势的发挥。在当今知识经济日趋明显的新形势下，尽管科技等知识性因素对产业竞争力的作用权数越来越大，但对于大多数国家来讲，传统产业仍是其国民经济的主体。因此，其产业国际竞争力的强弱仍然在很大程度上取决于资源条件的比较优势。可以说，资源条件是产业竞争力形成的基本性条件。

本研究所指的资源条件，是一个广义概念，包括自然资源、资金资源、人力资源、基础设施资源等。无论是资源密集型、劳动密集型，还是资金、技术密集型产业，要形成比竞争对手更强的竞争优势，就必须首先有明显的资源条件，或者具备较强的资源配置整合能力，资源、劳动密集型产业尤其如此。

2）我国生物资源禀赋条件

我国生物资源丰富，为发展生物产业、生物经济提供了宝贵的“基因资源库”。我国国土辽阔、海域宽广，自然条件复杂多样，加之有较古老的地质历史，孕育了极其丰富的植物、动物和微生物物种以及人类遗传资源，是全球 12 个“巨大多样性国家”之一。

中国的高等植物有 3 万余种，仅次于巴西和哥伦比亚，居世界第三位，其中裸子植物 250 种，是世界裸子植物最多的国家。中国有 7 000 年以上的农业开垦历史，是世界农作物起源的八大中心之一。中国农民开发利用和培植繁育了大量栽培植物和家养动物，其丰富程度在全世界是独一无二的。许多栽培植物和家养动物不仅起源于中国，而且中国至今还保有它们的大量野生原型及近缘种。在世界上 666 种具有重要经济价值的栽培作物中，至少有

136 种起源于中国。

中国有脊椎动物 6 300 余种、鱼类 3 862 种，占世界总数的 20%。特有类型之多，更是中国生物区系的特点。已知脊椎动物有 667 个特有种，种子植物的特有种超过 17 300 种。中国拥有“活化石”之称的众多珍稀动植物，如大熊猫、白鳍豚、水杉、银杏、银杉等。中国共有家养动物品种和类群 1 900 多个。境内已知的经济树种 1 000 种以上。水稻的地方品种达 50 000 个，大豆达 20 000 个。中国的栽培和野生果树种类居世界第一位，其中许多主要起源于中国或中国是其分布中心。中国有药用植物 11 000 多种，牧草 4 200 多种，原产中国的重要观赏花卉 2 200 多种。

我国有着复杂而独特的生态系统多样性，初步统计的陆地生态系统类型就达 599 类，有着多种多样微生物赖以滋生繁衍的环境条件，孕育了丰富多样的微生物资源，特有类型也极为丰富，如在我国已查明的万种真核微生物中，我国特有物种就超过 2 000 种。

截至 2000 年底，全国建立了 1 276 处（其中国家级 155 处）自然保护区，总面积达 1.23 亿公顷，占国土总面积的 12.44%。2018 年，中国各级各类自然保护区已达 2 750 处，其中国家级自然保护区有 474 个。这些受法律保护的天然基因库为生物资源的就地保护作出了巨大贡献。目前我国各类植物园已超过 150 处。利用生物技术建立种质库，长期保存种子、花粉及各种无性繁殖体，使植物种质资源的保护建立在更加稳固的基础上。国家农作物种质资源库已搜集和保存作物种质资源 37 万份。我国近 30 个研究单位，保存各类微生物资源约 10 万株。

3）生物资源的开发利用

在生物资源开发利用方面，积累了许多独特的传统经验。随着现代生物技术的不断引进和利用，我国近些年在生物资源的开发上取得了一定的成绩。主要表现在：利用杂交育种技术和基因工程技术，改良传统品种、培育新品种；野生动物的驯养繁殖取得一定进展；利用高通量筛选技术，从微生物中寻找新的生物活性物质等。

但是，还存在如下问题：部分生物资源得到收集和抢救，但对生物资源生存现状缺乏系统的实地勘探，收集不全面，而且缺少详细完整的本底清单；一批生物资源保护设施初步建成，对生物资源原生境、种质库、种质圃、试管苗和 DNA 库相配套的标准化、规模化、自动化和网络化的完善的安全保护技术体系尚未建立；生物资源利用成效显著，但开发利用率仍然较低，与世界先进水平相比，植物资源落后 10～15 年，而家畜家禽、野生动植物等资源则落后 20 年左右。

5.4.2　技术创新能力

1）技术创新能力因素分析

所谓生物产业就是以生物技术为基础发展起来的庞大产业群，因此一国生物技术发展水平是决定其生物产业竞争力的基础因素。生物技术领域是目前中国与世界先进水平差距最小的一个高技术领域。据科技部项目研究，在生物技术领域 83 项备选技术中，中国有 76 项与领先国家的差距在 5 年以内，占 92%；有 7 项与领先水平居于同等水平，占 8%。专家认为生命科学与生物技术领域66项备选技术在未来5年能够形成自主知识产权，占项目数的80%。从整体上看，中国在生命科学研究方面与世界先进水平最为接近；生物技术研究方面差距稍大，但在大多数领域保持在5年以内；在生物技术产业化方面差距最大，差距在15年左右。总体上，中国生物技术R&D水平在亚洲和发展中国家居领先地位，但与发达国家相比，中国生物技术药物产业还处于幼稚阶段（王春法，2005），在部分技术上具备与世界发达国家竞争与抗衡的能力。中国生物技术研究与开发已在两系法杂交稻、抗虫转基因棉花和玉米、基因工程药物和疫苗、人血液代用品、人重大疾病相关基因研究和动物乳腺生物反应器、农作物组培和基因转移、家畜胚胎分隔和试管牛和羊等方面形成自己的特色和优势。

近年来，中国生物技术发展的重点集中于基因操作、基因组学、蛋白组学、生物信息等前沿技术，加速技术突破，把生物技术药物和疫苗、农业生物技术产品特别是新品种选育、组织（器官）工程产品、重组微生物制剂、抗体工程产品、生物新品产品等作为开发应用的重点促进和加快成果转化和产业化。围绕正在临床或试验的30种基因工程药物，加速具有自主知识产权生物制品的产业化进程。

2）技术创新能力差距

中国生物产业尽管取得了骄人的成绩，但在技术创新方面主要存在着以下几个方面的问题。

(1) 研究开发投入严重不足，支出结构不合理。全行业的研究开发强度较低，在研究开发支出结构方面，大部分生物技术研究开发投入是政府支出，主要流向政府研究机构以及大学，企业获得的研究开发资助相对较少。

从美国各行业研究开发投入占销售额的比例看，药物开发领域为20.3%、计算机软件为9.3%、电子为6.4%、汽车为4.1%、造纸为0.9%。我国医药企业研究开发投入仅占销售收入的2.7%，远低于发达国家15%以上的水平，甚至低于美国工业平均4%的研究开发强度。产业发展的收益严重向仿制者倾斜，创新者收益得不到强有力的保障，对创新企业的激励严重不足，企业对于创新缺乏积极性。

(2) 产业发展缺乏自主创新能力。产业发展以仿制为主，缺乏自主创新的信息和能力，较少独创性。一般来讲，非专利企业要获得生产权需要支付几百万美元的专利费。但是，一旦专利药超过保护期，仿制企业由于没有相应的研发费用，其成本主要是生产费用，非专利药的竞争就成为制剂水平和价格的竞争。在此情况下，超过保护期的药品的生产就迅速地向成本较低的国家或企业转移。但由于制剂对工艺和技术水平要求较高，更由于各国对医药行业的保护，许多国家都通过药政管理，对本国药品市场形成一定程度的保护，因此，即使是发达国家，也有不少企业依靠仿制药生存，美国每年也生产4 000余种仿制药。

问题在于，中华人民共和国成立以来，我们一直采用仿制为主的发展模式，真正自主创新的药物非常少。我国虽有500多家高校、科研院所和企业从事生物产业的研究和开发，但绝大多数是在外国专利基础上进行的重复和仿制，几乎没有创新，没有形成自己的拳头产品。目前国内生产的大部分基因工程药物都是模仿而来。由于缺乏创新，我们的许多出口药品都是作为原料药出口的，价格极低，无法建立世界品牌和世界声誉。从这个意义上说，我们目前还没有形成以企业为中心的研发体系，没有独立地发现药物的理论与方法。仿制为主的技术创新战略，使技术创新，特别是重大创新关注不够。在这种情况下，大多数企业的产品创新能力严重不足，能够自主定义产品的生物技术企业较少。

(3) 生物技术的成果转化水平低。高度注重前端研发，工程化能力严重不足。中国从事生物技术开发的人员大多数是研究生物科学基础的科学家，缺乏生物产业化必需的生化工程专业知识，在很大程度上限制了产业化进程。我国的多项生物技术在实验室阶段与国际水平接近甚至技术领先国际水平，但生物工程的产业化水平却很低下。

同时，目前制药企业的投资大多花在硬件建设上，而对研究开发的投入不足，不愿投资在产品研发阶段，而把相当部分投资用在厂房、仪器建设上，导致生产能力过剩，研究开发投入不足，削弱了新药开发的持续创新能力。

(4) 生物产业内部专业化分工不够。产业内部分工不够明晰，企业不论大小都在搞大而全、小而全，导致企业大者不大，小者不小。生物产业是一个龙头企业带小企业的产业组织模式，中型企业的生存空间比较小。在国外由于产业服务体系健全，合同制造、合同研发相当普遍，许多辅助性、服务性的工作可以外包，从而使科技型中小企业能够集中精力从事科研，其结果是龙头企业和中小企业协同合作、共同发展的良好格局。但是，在国内，各种利益主体都在追求从研究开发、新药审批、GMP 生产设施、市场销售的一条龙发展战略，技术力量在地区和部门之间彼此分割，产业服务体系不健全、相关服务落后，导致我们既缺乏真正具有国际竞争力的龙头企业，也缺乏甘于在某一环节上做强的小企业。

5.4.3　资本竞争力

1) 资本竞争力因素分析

生物产业是资金密集型产业，因而投入与投融资机制是影响其产业竞争力的决定性因素之一。因此，为了有效地促进我国生物技术及其产业的快速发展，必须进一步加大政府科研投入的力度，积极鼓励社会资本投资于生命科学与生物技术领域。

生物产业资本的来源包括自身盈利积累、国家投入和资本市场，包括银行等金融机构提供的债权性资本作为间接资本市场。由于生物产业具有高投入、高产出、高风险以及投资周期长的特点，初创期的生物企业很难从间接资本市场中获得融资（吴楠，2007），因此从直接资本市场获得创业资本是最佳选择，在越来越激烈的市场竞争环境中，提升生物产业的资本竞争力是迫切需要解决的问题。

2) 我国资本竞争力情况

(1) 风险投资活跃。由于银行贷款门槛高、政府补助有限、股权融资进退机制等问题的存在，银行贷款、政府补助以及股权融资等生物医药企业资金补充形式难以满足企业的资金需求。借助风险投资进行融资成为许多生物医药公司的选择，在生物医药产业的发展过程中起着重要的先导作用。随着研发的不断深入，公司运行的进一步成熟，再不断增加股权融资、银行贷款等形式补充资金来源。2019 年，京东健康融资金额超 10 亿美元，为全球医疗健康风投市场融资金额最大的公司；中国医疗健康产业融资金额为 602.8 亿元，占全球医疗健康产业投融资金额的 18.9%，融资事件数为 618 起，占全球融资事件数的 31.8%，位居全球第二。2020 年，在疫情催化下，我国生物医疗板块成为当前风险投资热门。2020 年第一季度，我国生物技术/医疗健康领域完成风险投资额 6 307.1 亿元，排名全国第一，共计风险投资案例 112 起，排名全国第二。

（2）IPO 市场表现良好。2020 年第一季度，我国生物技术/医疗健康领域企业首次公开募股（IPO）数量为 10 家，同半导体及电子设备领域企业上市数量相等，同为我国各领域企业上市数量最多。从上市融资情况看，2020 年第一季度生物技术/医疗健康领域企业完成上市融资额 97.61 亿元，排名全国第二位，仅次于半导体及电子设备领域，为我国投融资热门领域。

（3）行业利润上升。就生物医药领域而言，2018 年 1～10 月，医药制造业累计销售同比增长 13.6%，累计利润总额同比增长 10.42%，行业累计毛利率、累计利润率分别为 40.17%和 12.66%，相比 2017 年同期分别上升 9.48%、1.4%，行业整体增速高于上一年。

5.4.4 人才竞争力

1）人才竞争力因素分析

生物产业国际竞争力的提升离不开拥有原始创新技术而又具有创业精神的人才，劳动力质量对保持生物技术企业竞争优势具有重要的作用（Dahms AS，2001）。中国生物产业发展具备一定的人力资源基础和优势。我国已初步形成了一支生物技术人才队伍，特别是海外留学人员和华人在生命科学、生物技术领域具有重要地位和影响。我国近 1 000 所高校设置有生物类相关学科，在涉及生命、医学、农业等领域拥有 300 余家科研院所，全国有 6 万余名科研人员，每年培养 2 000 多名生物学博士生。据统计，目前仅国外就有 10 多万名我国留学人员从事生命科学及其相关领域的研究，国际著名刊物上生物技术方面的论文中，25%是华人独自或参与完成的。

2）生物产业人才发展存在的问题分析

我国的生物产业人才发展的问题主要表现在：

（1）生物产业人才质量不高。高新技术产业尤其是生物高新技术产业的发展，离不开原创技术，更离不开拥有原创技术而又有创业精神的人才。迄今为止，美国的绝大多数生物高技术公司是由大学教授创办的，而他们实验室培养的博士后和博士生往往成为这些公司的早期骨干。

目前，国内大多数生物学家选择易于获得研究成果的科研项目，而这样的研究工作一般缺乏新颖性和创造性。其结果是，一方面绝大多数的研究论文水平低，也很难产出原创性技术成果，另一方面长期不从事创造性的科技创新实践，生物学家的学术水平和科技创新能力很难提高。没有高质量的人才，没有高水平的学术研究，没有原始性创新，发展基于知识基础上的经济无从谈起。

（2）生物产业人才结构性矛盾突出。生物技术是综合性的、多学科交叉的技术，生物产业人才需要具备多学科的知识和多种相关技能。没有多学科的交叉汇集就没有生物技术的发展，没有管理、经营和融资等方面的能力就没有生物产业的发展。生物高技术产业的发展主要需要四方面的人才。首先，要有一批具备原始性创新能力的顶尖科学家，他们不断产出有自主知识产权的原始性创新成果，为生物产业的发展提供知识贡献和智力支持。其次，要有一大批工程化开发人才，他们必须将市场的需求放在首位，能够将新思想、新发明转化成产品，具有很强的技术创新能力、开发意识和团队精神。第三，要有既熟悉生物技术发展状况、了解生物产品市场，又善于管理和融资的高级管理人才。美国不少生物高技术公司虽然都由大学教授创办，但发展到一定阶段或规模后，都依靠职业的管理人才发展壮大。第四，要有一大批懂得生物技术原理、具有很强实际操作能力的工程技术人员，包括技术工人、工程师、实验员等。这些人才将在技术更新换代、产品质量控制、产业发展等方面发挥重要作用。

(3) 生物产业人才的培养和使用机制相对落后。教育尤其是高等教育是人才培养的主渠道，而高校的学科是人才培养的基础，培养出新学科本科生、硕士生和博士生分别需要 4 年、7 年和 10 年，因此设置新学科一定要超前于产业的发展。但是，目前我国高校新学科设置还处于比较原始的状态，完全是自下而上经审批而设定，很少与国家的产业发展和大的经济布局相衔接。尤其是那些交叉学科，靠自然过程形成肯定跟不上经济和社会发展的要求。

5.4.5 政府支持力度

1) 政府支持力度因素分析

生物产业作为政府管制和知识产权保护敏感型产业，依赖于完善的法律保障体系和政策体系，政府支持力度对其发展有重要影响，具体体现在以下几个方面：一是专利技术、知识产权作为保护创新者利益和劳动成果的重要机制，是生物产业创新发展的关键；二是生物科技行业的研发周期非常漫长，研发期高达 8～10 年，包括大量中间环节：筛选生物样本、临床试验药理毒理、开具药物制剂处方、测试药物稳定性、进行生物利用度试验、进行人体临床试验、药物获批上市、进行售后监督等，很难利用已研发产品获取利润再投资，容易面临企业现金流短缺，政府的财政支持是重要的资金来源；三是生物技术企业中处于初创期的小企业众多，产业自身特点决定了其在发展过程中难以取得瞄准大中型企业的金融业科技贷款，而更多依赖于科技型中小企业技术创新基金、中小企业信用担保机构、科技企业孵化器等中小企业融资服务机构。因此，完善的政策性金融扶持机制对于生物企业发展至关重要。

2) 我国政府支持力度情况

2009 年《中共中央国务院关于深化医药卫生体制改革的意见》明确了生物医药的重要作用和地位。2010 年《关于加快培育和发展战略性新兴产业的决定》将生物产业列为七大战略性新兴产业和国民经济支柱产业之一，大力发展用于重大疾病防治的生物技术药物、新型疫苗和诊断试剂等创新药物重大品种，提升生物医药产业水平。2012 年国务院印发了《生物产业发展规划》。2016 年国家发展和改革委员会印发《"十三五"生物产业发展规划》，各级政府陆续出台实施了一系列财税、价格、金融等优惠政策。2017 年《战略性新兴产业重点产品和服务指导目录》(2016 版) 将"特异性免疫球蛋白""利于提高血浆利用率的血液制品"等列为战略性新兴产业重点产品。2017 年 8 月《生物技术研究开发安全管理办法》和 12 月《生物制品批签发管理办法》规范了生物技术研究开发活动，加强了生物制品监督管制，促进和保障生物技术研究开发活动健康有序发展，有效维护国家生物安全。2018 年一系列税收扶持政策出台，包括《关于科技企业孵化器 大学科技园和众创空间税收政策的通知（财税〔2018〕120 号）》《关于企业委托境外研究开发费用税前加计扣除有关政策问题的通知（财税〔2018〕64 号）》《关于进一步扩大小型微利企业所得税优惠政策范围的通知（财税〔2018〕77 号）》等，相关政策从增值税、个人所得税、企业所得税等多个层面协同并举促进生物产业更好发展。伴随着一系列科技成果转化税收支持政策及上市许可持有人制度等政策的组合实施，对生物医药产业科技成果转化率提升、拓宽技术成果交易路径具有重要意义。

随着监管体制的重新梳理完善，各项政策及实施细则不断出台，政策红利逐步兑现。生物产业主要形成了长江三角洲、珠江三角洲和京津冀地区三个综合性生物产业基地，以及东北地区、中西部地区若干专业性生物产业基地的空间布局，形成了北京市、上海市、天津市、广东省、江苏省、山东省、湖北省、吉林省等一批高水平、有特色的生物产业集群，集聚效应初步显现。截至 2018 年 11 月 27 日，共有 59 个品种、85 个品规通过仿制药质量和疗效一致性评价。此外，针对通过一致性评价品种，国务院、药监局及各地政府都出台了相关优惠鼓励政策，比如即时纳入采购目录、促进仿制品药替代使用等。

5.4.6 生物安全监督管理

1）生物安全监督管理因素分析

生物安全是生物技术及其产业发展的重要保障。进入 21 世纪，生物安全更交织成为一系列涉及政治、经济、科学、社会、伦理及国家安全的重大问题，一跃而成为关系国家安全的关键科学技术和世界和平与经济发展的最前沿领域。生物安全水平已成为反映国家综合国力的关键因素之一，并直接关系到未来整个生命科学、生物技术、生物产业及生物经济的发展。因此，近 10 年来，世界各国纷纷加大了对生物安全研究的投资力度，力争在新世纪生物安全技术发展和国际竞争中占据主动和有利地位。

2）国际生物安全监督管理

国际组织和一些发达国家纷纷建立生物安全研究机构，初步建成了生物安全信息、预警系统。联合国粮农组织（FAO）、世界卫生组织（WHO）和美国、欧洲、日本等发达国家已将生物安全研究列入国家或国际发展战略规划，先后制定并实施了生物安全重大科技发展规划，以抢占该领域科技制高点，确保生物产业和经济持续发展。美国政府从 1983 年起就设立专项研究基金和专门研究机构，对生物安全研究给予持续、重点的支持，许多州政府均已建立了生物安全研究中心或研究所。其国家级机构有：美国疾病预防控制中心（CDC）、美国国立卫生研究院（NIH）、国家农业生物安全中心、国家植物生物安全研究中心、植物保健科技中心。这些研究中心（所）在生物安全等方面都有高标准的现代化设施，建立了较为完善的生物安全研究体系。日本、新西兰、澳大利亚等国也先后成立了国家级生物安全机构，加强对生物安全的基础研究。欧盟也于 1991 年启动了生物安全研究项目，并且一直将生物安全研究作为重点项目。

作为生物技术及其产业发展的重要安全保障，转基因生物安全性研究成为新的关注热点。转基因生物安全重组 DNA 技术在 20 世纪 70 年代一出现就受到高度重视。早在 1973—1975 年，一些著名科学家就呼吁加强对重组 DNA 技术的控制。1986 年以来，美国、欧洲等发达国家和许多国际组织先后制定或修订了转基因生物安全法规，初步建立了转基因生物安全管理和研究技术体系。美国政府从 1983 年起就设立专项基金，对基因漂流、转基因生物对农田生态系统结构、生物资源与环境影响等研究给予持续、重点的支持。另外，澳大利亚、新西兰、日本、韩国等许多国家也纷纷加强了对转基因生物安全性检测、评价、监测和控制技术的研究。欧盟于 1991 年启动转基因生物（GMOs）安全项目，在相继执行的框架计划（FP3～FP6）中，将基因操作的环境影响、食用安全、非预期效应、抗生素抗性基因水平转移等研究作为优先重大项目。1990 年欧盟颁布了《转基因生物或病原生物体的隔离使用》（90/219/EEC）和《转基因生物的有意释放》（90/220/EEC）等两个条令，随后逐渐形成了由一系列横向法规和产品相关法规组成的生物技术安全法规体系。一些国际组织在大量研究的基础上，发布了一系列转基因生物安全法规和技术标准。2000 年环境规划署（UNEP）和生物多样性公约组织（CBD）组织制定了规范转基因生物越境转移和环境安全为主要内容的《生物安全议定书》。2002 年工业发展组织（UNIDO）开发了转基因生物安全性评价的“决策树”。2003 年由联合国粮农组织（FAO）和世界卫生组织（WHO）领导的国际食品法典委员会（CAC）发布了有关转基因植物和微生物食品的安全性评价标准。

外来入侵生物与重大外来疫病的风险控制已成为各国政府的基本国策。外来生物入侵是 21 世纪国际社会共同面临的严峻挑战，对一个国家的生物安全、生态安全与经济安全构成严重威胁。随着全球经济一体化和国际贸易的迅速发展，外来生物入侵的危险性日益增加，近年更呈扩大蔓延之势。同时针对外来生物入侵建立的技术贸易措施和反技术措施，其斗争也变得日益激烈，已引起各国政府与国际社会的高度关注，其风险控制已成为各国政府实现国家生态安全、经济安全、粮食安全和社会稳定的基本国策。目前已有 40 多个国际公约（如生物多样性公约－CBD）、协议（如生物安全卡塔赫拉协议、实施卫生与植物卫生措施协定－SPS 协议）和指导准则（全球入侵外来种项目规划－GISP）涉及外来危险生物入侵的问题。在 CBD 公约的指导下，全球环境基金（GEF）针对外来入侵生物问题提出了预防与管理的指导性原则。1996 年，由环境问题科学委员会（SCOPE）、世界自然保护同盟（IUCN）和英联邦国际农业局（CABI）共同组织的 GISP 自开始实施以来，在发展外来入侵生物的最佳预防与管理策略及指南、开展外来物种的全球对策研究、组织实施国际合作项目等方面取得了卓有成效的成果。

人类重大传染性疾病和人畜共患重大疫病的预警和控制是一个国家公共卫生体系建设的核心，它直接关系到国家社会的稳定和经济的发展，在加强生物安全的保障中发挥重要的作用。欧美等发达国家均投入了大量资金用于重大外来疫病和突发病的监控体系的建设。澳大利亚政府，早在 20 世纪 80 年代即投资 1.5 亿澳元在基隆建立了一个生物安全四级实验室，整个国家以此为技术依托，成功建立了国家对于重大外来疫病的综合防控体系，使得澳大利亚的家畜卫生和人民健康得到很好的保障。

3）我国生物安全监督管理

我国生物安全监督管理比较薄弱，存在不少问题：一是生物安全评价体系和标准不够完善，特别是各种转基因生物在自然环境中及生物之间的相互影响，对人的毒理学分析等安全性评价技术和标准还不够完善，有些还处于空白。相关设备和设施技术标准和检测验收标准缺乏或不完善。二是生物安全检测、监控、预警技术与装备落后，尚未建立完善的生物安全风险监控网络。三是生物安全科技平台建设、科技支撑能力建设与人才培养远远不适应生物产业与生物经济发展的需要。采取有效措施加强生物安全监督管理，对我国国民经济和社会发展意义重大。

(1) 加强生物安全监督管理是促进我国生物产业与生物经济发展的迫切需求。暴发性、突发性、毁灭性生物灾害和外来入侵生物灾害已成为当今我国生物多样性保护和农牧渔业安全生产的致命点。据初步统计，我国主要农林外来入侵物种多达400余种，每年造成的直接经济损失达数千亿元。其中入侵我国的11种主要病虫草害每年造成的经济损失，最保守估计就达574亿元。随着我国市场的开放，海关也越来越多地从进口的农产品中截获到危险性生物。这些外来有害生物一旦成功入侵，造成的生态后果与经济影响难以估量。转基因生物的发展呈现出上游（生物技术）与下游技术（产品开发）势头猛劲，而中游技术研究（安全性评价）严重滞后，成为生物技术产业发展的制约瓶颈。我国转基因生物技术蓬勃发展，从长远看，农业生物技术已成为替代传统农业、解决我国粮食生产和未来人口生存与社会发展的高新技术必由之路。因此，开展转基因生物生态环境安全评价是转基因作物产业化的前提和基础，有利于促进我国生物技术产业的有序发展。

(2) 加强生物安全监督管理是实现人与自然和谐发展的国家战略措施。中国是一个生态环境脆弱、生物灾害频繁的农业大国，外来生物入侵更加剧了这一态势，直接威胁我国的生态安全。如原产于中美洲的紫茎泽兰在我国西南地区2000多万公顷的土地上肆意蔓延，破坏原有生态系统的服务功能，导致原有生物多样性急剧衰退与本地物种的消失，侵占农田林地、草场牧场，严重制约农林生产与经济发展。这些生态灾害正严重威胁我国国家生态与生物资源安全，成为广泛关注的焦点问题。因此，实施生物安全重要行动计划，对于确保和维护我国国家生态安全、促进人与自然和谐相处、经济与社会的协调持续发展，对于全面实现和谐社会能力建设的战略目标具有重要的意义。

(3) 加强生物安全监督管理是完善与加强我国公共卫生体系的重要举措。重大外来传染性疫病能否有效地预防和控制，直接影响我国国民经济和社会的发展。现代外来疫病的概念，已不单纯包括国外已有而国内尚未发现的疫病，也包括从一种自然宿主（动物或人）传播到另一种新的宿主的所谓新发或称新兴疫病。如Nipah病、Hendra病毒病、西尼罗河热、疯牛病、SARS以及最近在国内流行的猪链球菌引起的人畜共患病。世界范围内外来疫病和突发病威胁增加，而我国具有漫长的边境线，与许多国家接壤，受外来病入侵风险也随之增大。例如我国边界的一些国家间或出现牛瘟、亨德拉病、口蹄疫、感染人的高致病性禽流感、Nipah病、疯牛病等烈性传染病，这些疫病非常容易通过边界贸易传入我国，因此，建设我国外来疫病的生物安全防范体系是完善与加强我国公共卫生体系的重要举措。

第 6 章　中国生物产业国际竞争力评价

目前，有关产业国际竞争力评价的方法很多，但归纳起来主要有单一指标法和综合指标法两种评价方法。单一指标法主要通过贸易指数等单一指标来计算产业的比较优势和竞争优势；而综合指标法考虑的指标比较多，但是主要体现在生产、市场、贸易、技术等方面。生物产业国际竞争力评价方面的研究还较少，部分学者仅仅借用了上述方法构建了生物产业竞争力量化评价模型（吴楠等，2006）。而生物产业是一个资源型、新兴的、技术推动型产业，生物资源条件的优劣是生物产业能否可持续发展的特有特征。因此，生物资源条件、生物技术创新能力和人才竞争力是评价中国生物产业国际竞争力的重要因素。近年来，随着我国不断深化实施创新驱动发展战略和人才强国战略，生物技术研究与应用人才的培养、生物产业投入产出效益等方面已经大大提高改善。生物技术创新能力和人才竞争力已逐渐取代生物产业资本竞争力，成为我国生物产业发展的主要驱动力和当前评价生物产业国际竞争力的重要依据。本章在产业国际竞争力理论和中国生物产业竞争力因素分析的基础上，将主要从生物资源条件、生物技术创新能力和人才竞争力等方面建立综合评价体系，选取适当的比较对象来衡量中国生物产业国际竞争力，为提升中国生物产业国际竞争力提供客观依据。

6.1　生物产业国际竞争力的测度指标体系

生物产业国际竞争力的测定涉及众多因素，因此，需要在遵循一定原则的基础上选择适当的指标，并权衡各指标的重要性，建立起综合评价体系。

6.1.1　评价指标的选择条件及原则

生物产业国际竞争力指标是衡量中国生物产业发展水平的尺度，是描述中国生物产业国际竞争力现状和发展趋势的一种手段。由于生物产业国际竞争力的衡量指标很多，而其中许多是描述性指标，不能用作定量分析。因此，需要选择及确定中国生物产业国际竞争力评价指标的条件和原则。

1）中国生物产业国际竞争力指标选择的条件

一般来说，中国生物产业国际竞争力的评价指标应满足以下 4 个条件：

（1）是可测性条件。指标必须具有明确的含义和统一的口径，可运用一定的统计程序得出其指标值，那些概念含糊不清、无法实际测量的指标不能作为评价指标。

（2）是关联性条件。要求指标的内向变动应能与生物产业国际竞争力的发展紧密关联。指标值增长意味着生物产业国际竞争力提升时，这一指标为正向指标，如国际市场份额、利润等；反之为负向指标，如生产成本。有不少指标只是对生物产业发展现状进行描述，其值的增长或降低都不能说明生物产业国际竞争力的提高或降低，则不能作为评价指标。

（3）是可比性条件。这一条件要求所选择的指标，无论是在进行不同经济发展水平的国家或地区比较时，还是对不同文化背景的国家或地区进行比较时，都可适用。

（4）是同效性条件。这一条件要求所选择的指标，不能同时既用条件指标，又用结果指标。在进行具体测定时，考虑到生物产业国际竞争力是社会经济发展的结果，应尽可能少用条件指标、投入指标，而多选用结果指标、产出指标。

2）建立中国生物产业国际竞争力评价指标体系的原则

生物产业竞争力评价的目的是通过对国家间的产业发展水平以及影响产业发展水平的若干要素进行比较，得到该国家生物产业发展的相对高低水平，以便能够正确认识自身状况，进而采取有效的措施，提高该国生物产业竞争力。当然，生物产业竞争力是动态发展的，既要考虑现有的资源及要素条件，也要考虑将现有的资源条件转化为竞争优势的能力因素。因为资源禀赋不是决定产业竞争力的唯一要素。生物产业国际竞争力指标体系是具有内在逻辑关系，并满足一定要求的指标结合。指标的简单堆积不能构成指标体系，因此建构中国生物产业国际竞争力评估指标体系必须遵循以下原则：

（1）重点和准确相结合原则。在构建生物产业国际竞争力评价指标时，可以选用的指标很多。多选择一些指标，虽然在一定程度上可以提高评价的准确性，但由于指标列得太多，反而可能影响关键因素作用的体现。因此该评价指标的选择与设置必须抓住生物产业国际竞争力的主要方面和本质特征，尽可能用少而准确的指标把欲评价内容表达出来。

（2）科学性和可行性相结合原则。可行性是指建立的评价体系的数据必须有现实的可达到的收集渠道，科学性是确保评价结果准确合理的基础。建立评价指标体系要考虑可行性，同时又要确保所选取的指标科学地反映生物产业国际竞争力的特点，并能够用统一测算和量化的办法实现（刘春香，2005）。

6.1.2 评价指标体系的构建

生物产业对国家经济发展和综合国力增强具有深远的战略意义，其发展必然受到全社会诸多因素的影响，因此，生物产业是一个与环境发生关系的完全开放的系统。协同理论认为在一个原无序或有序开放系统中，通过外部控制参量的变化，达到一定阈值，使系统内的各子系统间通过竞争与合作，最终由几个序参量支配着整个系统朝着有序或更为高级有序方向发展，最终达到一定功能的有序结构。生物产业在通过与它之外的环境进行物质、信息、能量交换时，内部要素协同作用力逐渐加大，直至把生物产业竞争力推到一个更高的平台，如此循环往复，螺旋上升。

确定生物产业竞争力评价的要素指标体系，要考虑内外部因素的影响，它们有机结合对生物产业竞争力产生系统作用。基于协同理论、经济增长内外生变量理论，提出影响生物产业的内外生竞争力变量评价指标。

生物产业竞争力的内生变量，是指在环境要素的控制下生物产业要素发生相互联系、协同作用的内在运行机制，是从产业自身生成影响竞争力的内部变量。生物产业竞争力的外生变量，是短期内不受产业内生竞争力变量影响、从产业外部生成并输入到产业内部影响竞争力的外部变量。内外生竞争力变量是相对独立且在长期中反映出来是动态的（吴楠等，2006）。

在充分的文献阅读的基础上，根据生物产业竞争力的评价目的和原则，结合生物产业的产业特征，本研究对生物产业竞争力的评价指标做出如下的全面描述。生物产业竞争力主要来源于生物资源条件、技术创新能力、人才竞争力、资本竞争力、生物安全监督管理和政府支持力度六大方面（王连芬，2005），六个方面竞争力相互作用、相互影响，共同作用于中国生物产业国际竞争力，其相互作用机制如图 6-1 所示。同时，每一方面又分出若干个二级指标。根据本文对生物产业国际竞争力的定义以及选择评价指标的原则，本研究选取了如下指标来评价中国生物产业的国际竞争力，具体如表 6-1 所示。

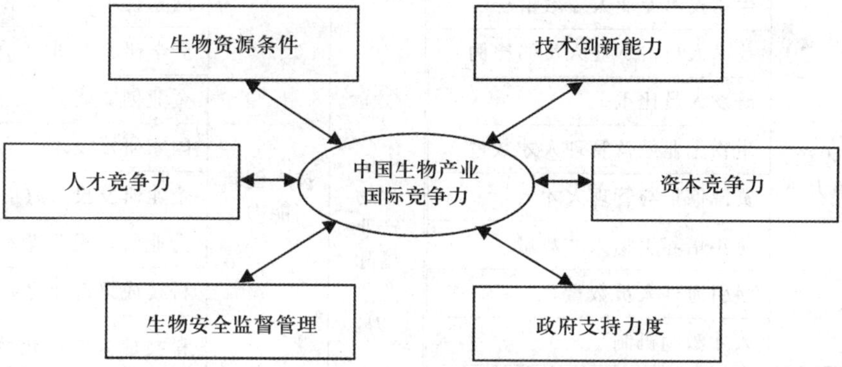

图 6-1　生物产业竞争力来源因素及作用机制

1）生物资源条件

生物产业主要包括生物医药、生物农业、生物质能源、生物材料（能够生物降解），生物资源条件的优劣是生物产业能否可持续发展的特有特征，也是评价中国生物产业国际竞争力的重要因素。反映生物资源条件的指标如下。

（1）物种数量。是指生物物种的总数量，反映一个国家发展生物产业的基础条件。

（2）被保藏的物种数量。是指在物种保藏机构得到保藏的生物物种数量，反映国家防止物种灭绝和物种资源减少的能力。

（3）被保藏的物种比率。是指在物种保藏机构得到保藏的生物物种比率。

（4）物种资源的保护能力。防止生物物种流失（如被国外盗取）的能力，如法律法规在这方面的规定，海关在这方面的执行力是一个定性的指标。

（5）物种资源的开发利用数量。反映国家筛选关键优异资源，发展生物产业的能力。

（6）物种资源的开发利用比率。也是反映国家筛选关键优异资源，发展生物产业能力的指标。

（7）物种资源保护和利用规划。是一个定性指标，反映政府是否有这方面的规划。

2）人才竞争力

鉴于生物产业是一个新兴产业，人才的作用是十分重要的，因而是新兴的生物产业国际竞争力的重要来源。反映人才竞争力的指标包括：

表 6-1 生物产业竞争力的评价指标体系

目标层	一级指标	二级指标
中国生物产业国际竞争力	生物资源条件	物种数量
		被保藏的物种数量
		被保藏的物种比率
		物种资源的保护能力
		物种资源的开发利用数量
		物种资源的开发利用比率
		物种资源保护和利用规划
	人才竞争力	生物技术专业人才数量
		技术人员占从业人员的比例
		研发人员比重
		生物企业经营管理人才数量
		资源保护与管理人才数量
		每年培养生物人才数量
		吸引海外人员数量
		人才激励机制
	生物安全监督管理	生物安全法律法规及相应的技术标准体系
		生物产品市场准入制度
		安全与发展并重的药品安全监督管理
		严格的病原微生物实验室生物安全管理
		安全与发展并重的转基因生物安全管理
		防止外来生物入侵
		重大疫情防控

目标层	一级指标	二级指标
中国生物产业国际竞争力	资本竞争力	股票（债券）市场规模及认同程度
		金融机构对生物产业的认同程度
		创业投资资金数量及退出机制
		生物产业发展基金资金数量
	技术创新能力	拥有授权专利数量
		国家技术创新体系
		产学研合作机制
		企业创新能力
		国家研发投入
		企业研发投入数量
		企业研发经费投入比重
		科技成果产业化数量
		科技成果产业化数量占成果数量的比例
		知识产权保护
	政府支持力度	放宽对产品定价的管制
		明确的产业发展规划
		鼓励新产品、新技术研发的有关政策
		研发经费投入强度
		优惠的税收政策
		鼓励消费的有关政策
		政府采购

（1）生物技术专业人才数量。反映生物产业技术人才资源的指标。

（2）技术人员占从业人员的比例。即技术人员投入强度，反映 R&D 人力投入水平的指标。计算方法：技术人员占从业人员的比例＝技术人员数/从业人员数。

（3）研发人员比重。即研究与开发人员，该指标反映产业发展潜力。计算方法：研发人员比重＝研发人员数/从业人员数。

（4）生物企业经营管理人才数量。是定性指标，反映企业家及其管理水平。企业家精神是企业的无形资产，是影响生产竞争力的因素。

（5）资源保护与管理人才数量。即生物安全、生物物种资源保护与管理人才数量，反映生物产业技术人才资源的指标。

（6）每年培养生物人才数量。反映生物产业技术人才资源的指标。

（7）吸引海外人员（归国或来华创新创业）数量。反映生物产业技术人才资源的指标。

（8）人才激励机制。反映用好人才能力的指标。

3）技术创新能力

生物产业是一个新兴的技术推动型产业，而不是市场拉动型产业。只有生物技术发展到一定程度，生物产业才能实现技术突破、产品突破直至产业突破。反映技术创新能力的指标包括：

（1）拥有授权专利数量。反映产业的自主知识产权情况，是否具有技术优势。

（2）国家技术创新体系。是定性指标。新产品产值。反映产品创新和技术创新产业化的指标，以及反映技术创新产业化程度及产品结构优化程度的指标。

（3）产学研合作机制。是定性指标。

（4）企业创新能力。定性指标，反映生物产业可持续发展实力的指标。

（5）国家研发投入。表现在研究与发展经费支出，该指标反映产业发展潜力。

（6）企业研发投入数量。表现在企业技术经费投入，反映产业技术实力的指标。

（7）企业研发经费投入比重。即企业研发投入数量占利润总额比例，反映产业的技术密集程度。计算方法：企业研发经费投入强度＝研发经费/利润总额。

（8）科技成果产业化数量。

（9）科技成果产业化数量占成果数量的比例。

（10）知识产权保护。定性指标。

4）资本竞争力

反映资本竞争力的指标包括：

（1）股票（债券）市场规模及认同程度。即股票市场和债券市场规模以及对生物类公司的认同程度，反映股票市场或债券市场对生物产业进行直接融资的能力。

（2）金融机构对生物产业的认同程度。反映金融机构对生物产业进行间接融资的能力。

（3）创业投资资金数量及退出机制。是指专门针对生物产业的创业投资资金数量及相应的退出机制，反映资金对中小型生物企业进行支持的能力。

（4）生物产业发展基金资金数量。反映专业的基金对生物产业发展的支持能力。

5）政府支持力度

反映政府支持力度的指标包括：

（1）放宽对产品定价的管制。

（2）明确的产业发展规划。

（3）鼓励新产品、新技术研发的有关政策。是定性的比较指标，反映政府对生物产业发展的扶植力度。

（4）研发经费投入强度。即国家在生物领域研发投入占国家总研发投入比例，反映政府对生物产业研究与开发的扶植力度。

（5）优惠的税收政策。是一个定性的比较指标，反映政府在税收政策方面对生物产业的扶植力度。

(6) 鼓励消费的有关政策。比如允许创新药物优先进入医保目录、扩大计划免疫范围、对农民提供良种补贴、允许直接燃烧生物能源燃料等。

(7) 政府采购。这是一个定性的比较指标。

6) 生物安全监督管理

反映生物安全监督管理的指标包括:

(1) 健全的生物安全法律法规及相应的技术标准体系。

(2) 健全的生物产品市场准入制度。

(3) 安全与发展并重的药品安全监督管理。

(4) 严格的病原微生物实验室生物安全管理。

(5) 安全与发展并重的转基因生物安全管理。

(6) 防止外来生物入侵。

(7) 重大疫情防控。

6.2 生物产业国际竞争力的测度方法

6.2.1 评价指标体系权重的确定

本研究将原来主要用于系统问题诊断、战略目标体系层次结构分析和决策模型的层次分析法(Analytic Hierarchy Process,简称 AHP)进行改进后用于生物产业竞争力评价指标体系权重的计算中,通过专家打分法和 AHP 运算,计算生物产业竞争力评价指标体系各类指标的权重。层次分析法是由美国著名的运筹学家、匹兹堡大学教授 T. L. Saaty 最早提出来。层次分析法在本质上是一种决策思维方式,它把复杂的问题分解成各组成因素,将这些因素按支配关系分组以形成有序的递阶层次结构,通过两两比较判断的方式确定每一层次中因素的相对重要性,然后在递阶层次结构内进行合成以得到决策因素相对于目标重要性的总顺序。层次分析法体现了人们决策思维的基本特征:分解、判断、综合,具有系统性、简洁性、灵活性、实用性等特点,是进行评价、决策、计划和系统分析的简单而实用的方法(刘春香,2005)。

1) 构建层次结构模型

生物产业竞争力评价指标体系从最始端的战略目标开始,经过层层分解,到最终得到的关键要素指标为止,存在一个很明显的层次结构。若将中国生物产业竞争力作为目标层,一级指标作为准则层,二级指标作为指标层,那么一个完整的生物产业竞争力评价指标体系就构成了一个层次结构模型。将上述分析的问题中包含的因素划分为目标层、准则层、指标层等不同层次,用框图的形式说明层次的递阶结构和因素的从属关系,从而建立了如图 6-2 所示的生物产业竞争力评价指标体系的层次结构模型。

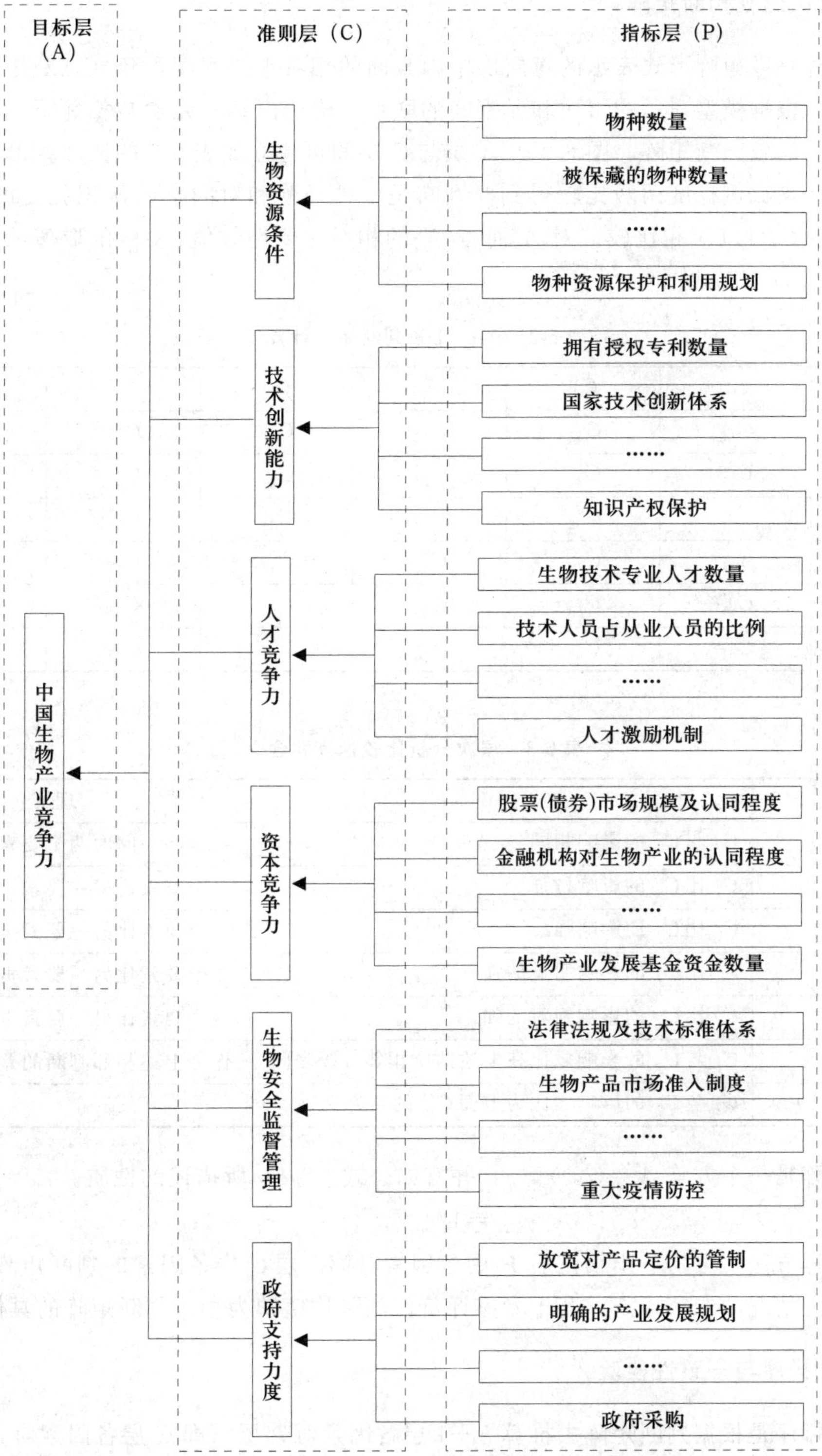

图 6-2　中国生物产业竞争力评价指标体系的层次结构模型

2）分层次建立判断矩阵

判断矩阵是以矩阵形式表示的每层次中因素间的相对重要程度，建立判断矩阵一般自上而下地进行。根据模型表示的层次和元素间的联系，构造由某一元素与相邻下一层次有联系的所有元素的比较判断矩阵。图 6-2 中 A 层与 C 层间可建立如表 6-2 的比较判断矩阵，判断矩阵元素按一定比例标度两两比较得到。判断是一种经验和对问题的认识程度的主观反映，其中 C_{ij} 表示 C_i 与 C_j 相比较，对 A 而言 C_i 的相对重要性数值，C_{ij} 的取值采用等差数列记分法（表 6-3）。

表 6-2　A-C 比较判断矩阵计算表

A	C_1	C_2	C_3	C_4	C_5	C_6
C_1	C_{11}	C_{12}	C_{13}	C_{14}	C_{15}	C_{16}
C_2	C_{21}	C_{22}	C_{23}	C_{24}	C_{25}	C_{26}
C_3	C_{31}	C_{32}	C_{33}	C_{34}	C_{35}	C_{36}
C_4	C_{41}	C_{42}	C_{43}	C_{44}	C_{45}	C_{46}
C_5	C_{51}	C_{52}	C_{53}	C_{54}	C_{55}	C_{56}
C_6	C_{61}	C_{62}	C_{63}	C_{64}	C_{65}	C_{66}

表 6-3　层次分析比较标度和含义

标度 C_{ij}	含义	理解
1	C_i 与 C_j 的影响相同	对于同一问题两个要素贡献相同
3	C_i 比 C_j 的影响稍强	一个要素比另一要素贡献稍大一些
5	C_i 比 C_j 的影响强	一个要素比另一要素贡献大一些
7	C_i 比 C_j 的影响明显的强	一个要素比另一要素贡献明显的大
9	C_i 比 C_j 的影响绝对的强	一个要素比另一要素贡献绝对的大
2、4、6、8	C_i 与 C_j 的影响之比在上述两个相邻等级之间	作为上述相邻判断的差值
1、1/2、…、1/9	C_i 与 C_j 的影响之比为上面 C_{ij} 的互为反数	

判断矩阵是一个方阵 $A=(c_{ij})_{n\times n}$，并有如公式（6-1）所描述的性质。

$$c_{ij}>0;\quad c_{ij}=1/c_{ji};\quad c_{ii}=\ c_{jj}=1; \tag{6-1}$$

根据同样方法，可构造出第三层 P 中各因素对第二层 C 中各因素的判断矩阵。C_{ij} 的数值由若干熟悉情况的专家评定，若干专家评价值的平均值即为相应判断矩阵的具体数据。

3）层次排序与一致性检验

层次单排序是根据判断矩阵去推算 $k+1$ 层各因素对 k 层（即 C 层各因素对 A 层及 P 层各因素对 C 层）问题的重要性排序。这种排序是以相对数值的大小来表示的。就 C_i 对 A 而言的相对重要性数值可用向量表示，如公式（6-2）所示。

$$W_{C_i}=\begin{bmatrix}W_{C_1}\\W_{C_2}\\\vdots\\W_{C_6}\end{bmatrix}\quad 且\sum_{i=1}^{6}W_{C_i}=1 \tag{6-2}$$

关于 W_{C_i} 的计算采用几何平均值法，其计算步骤如下：

第一步，计算判断矩阵中每一行元素的乘积，如公式（6-3）所示。

$$M_{C_i}=\prod_{j=1}^{6}c_{ij}\quad (i=1,2,\cdots,6) \tag{6-3}$$

第二步，计算 M_{C_i} 的方根，如公式（6-4）所示。

$$\overline{W_{C_i}}=\sqrt[6]{M_{C_i}} \tag{6-4}$$

第三步，对 $\overline{W_{C_i}}$ 进行规范化，得 W_{C_i}，如公式（6-5）所示。

$$W_{C_i}=\frac{\overline{W_{C_i}}}{\sum_{i=1}^{6}\overline{W_{C_i}}} \tag{6-5}$$

P 层各因素对 C 层而言的相对重要性数值类似可以算出。

为了评价层次排序的有效性，要对判断矩阵进行一致性检验。这里用随机一致性比值 CR 来评定，$CR<0.1$ 则符合要求。

第一步，计算一致性指标 CI，其计算公式如公式（6-6）所示。

$$CI=(\lambda_{\max}-n)/(n-1) \tag{6-6}$$

公式（6-6）中：$\lambda_{\max}$ 为判断矩阵的最大特征根；n 为判断矩阵的阶数（因素个数）。

第二步，根据判断矩阵的阶数 n，查出平均随机一致性指标 RI 值，如表 6-4 所示。

表 6-4　平均随机一致性指标值表

n	1	2	3	4	5	6	7	8
RI	0.00	0.00	0.525	0.882	1.115	1.252	1.341	1.404
n	9	10	11	12	13	14	15	16
RI	1.452	1.484	1.513	1.535	1.555	1.570	1.583	1.595

资料来源：Juan Aguarón，José María Moreno-Jiménez，2003。

第三步，计算一致性比率 CR，其计算公式如公式（6-7）所示。

$$CR=CI/RI \tag{6-7}$$

当 $CR<0.1$ 时，可以认为比较判断矩阵具有满意的一致性，排序权重可以接受。

一般地，当层次单排序满足一致性要求时，层次总排序的一致性也会得到满足，为了把握起见，可以结合表 6-5 给出单排序计算的权重值计算层次总排序的一致性比率 CR，其计算公式如公式（6-8）所示。同样当 $CR<0.1$，可认为方案层对总目标排序权值具有一致性，可以接受。

$$CR=\frac{\sum_{i=1}^{n}W_{C_i}(CI)_i}{\sum_{i=1}^{n}W_{C_i}(RI)_i} \tag{6-8}$$

层次总排序是 P 层次的元素对 A 层次目标的重要性排序，其计算方法如表 6-5 所示。

表 6-5　层次总排序计算表

P	C_1	C_2	C_3	…	C_6	层次总排序
	W_{C_1}	W_{C_2}	W_{C_3}	…	W_{C_6}	$\sum_{i=1}^{6}W_{C_i}W_{P_j^i}$　$(j=1，2，\cdots，n)$
P_1	$W_{P_1^1}$	$W_{P_1^2}$	$W_{P_1^3}$	…	$W_{P_1^6}$	$\sum_{i=1}^{6}W_{C_i}W_{P_1^i}$
P_2	$W_{P_2^1}$	$W_{P_2^2}$	$W_{P_2^3}$	…	$W_{P_2^6}$	$\sum_{i=1}^{6}W_{C_i}W_{P_2^i}$
P_3	$W_{P_3^1}$	$W_{P_3^2}$	$W_{P_3^3}$	…	$W_{P_3^6}$	$\sum_{i=1}^{6}W_{C_i}W_{P_3^i}$
P_4	$W_{P_4^1}$	$W_{P_4^2}$	$W_{P_4^3}$	…	$W_{P_4^6}$	$\sum_{i=1}^{6}W_{C_i}W_{P_4^i}$
⋮	⋮	⋮	⋮	⋮	⋮	⋮
P_n	$W_{P_n^1}$	$W_{P_n^2}$	$W_{P_n^3}$	…	$W_{P_n^6}$	$\sum_{i=1}^{6}W_{C_i}W_{P_n^i}$
$\sum$	1.00	1.00	1.00	…	1.00	1.00

注：在中国生物产业竞争力评价指标体系的层次结构模型计算中，对于不同的二级指标，其 n 值表示不同的数据。

4）生物产业竞争力评价指标体系权重计算结果

为了尽量保证评价结果的真实客观性，采用专家德尔菲法，由 20 位专家对各项指标的重要性权重作出判断，确定二级具体评价指标在其对应的一级评价指标因素作用的权重，并且总权重值的和等于 1；同样，对每个一级评价因素对应于总目标中国生物产业竞争力的作用权重予以分值；同时，可以计算出二级具体评价指标相对应于总目标中国生物产业竞争力的作用权重。采用上述方法可以计算出所有的层次单排序的值，然后根据表 6-5 可以计算出层次总排序权值，层次排序必须经过一致性检验。通过组合权重计算，可以确定第三层二级具体评价指标中各因素对中国生物产业竞争力的影响程度的作用权重，计算结果表 6-6 和表 6-7 所示。

（1）2006 年生物产业竞争力评价指标体系权重。从表 6-6 计算结果可知，中国生物产业竞争力评价指标的层次总排序权重分别为：物种数量 0.0265、被保藏的物种数量 0.039、被保藏的物种比率 0.0379、物种资源的保护能力 0.0323、物种资源的开发利用数量 0.0405、物种资源的开发利用比率 0.0334、物种资源保护和利用规划 0.0503、拥有授权专利数量 0.021、国家技术创新体系 0.0242、产学研合作机制 0.0106、企业创新能力 0.0257、国家研发投入 0.0249、企业研发投入数量 0.0221、企业研发经费投入比重 0.0248、科技成果产业化数量 0.0175、科技成果产业化数量占成果数量的比例 0.0146、知识产权保护 0.0144、生物技术专业人才数量 0.0161、技术人员占从业人员的比例 0.0209、研发人员比重 0.0234、生物企业经营管理人才数量 0.0153、资源保护与管理人才数量 0.0204、每年培养生物人才数量 0.0175、吸引海外人员数量 0.0141、人才激励机制 0.0224、股票（市场）规模及其的认同程度 0.0459、金融机构对生物产业的认同程度 0.0494、创业投资资金数量及退出机制 0.03、生物产业发展基金资金数量 0.0447、生物安全法律法规及相应的技术标准体系 0.0085、生物产品市场准入制度 0.0083、安全与发展并重的药品安全监督管理 0.0053、严格的病原微生物实验室生物安全管理 0.0047、安全与发展并重的转基因生物安全管理 0.0047、防止外来生物入侵 0.0041、重大疫情防控 0.0044、放宽对产品定价的管制 0.0202、明确的产业发展规划 0.0292、鼓励新产品、新技术研发的有关政策 0.0346、研发经费投入强度 0.0376、优惠的税收政策 0.0247、鼓励消费的有关政策 0.0222、政府采购 0.0214。

表 6-6　2006 年中国生物产业竞争力评价指标体系权重计算结果

评价指标	生物资源条件	技术创新能力	人才竞争力	资本竞争力	生物安全监督管理	政府支持力度	层次总排序权重	层次总排序
	0.26	0.20	0.15	0.17	0.04	0.19		
物种数量	0.1020						0.0265	14
被保藏的物种数量	0.1501						0.0390	6
被保藏的物种比率	0.1457						0.0379	7
物种资源的保护能力	0.1244						0.0323	11
物种资源的开发利用数量	0.1559						0.0405	5
物种资源的开发利用比率	0.1283						0.0334	10
物种资源保护和利用规划	0.1936						0.0503	1
拥有授权专利数量		0.1051					0.0210	25
国家技术创新体系		0.1211					0.0242	19
产学研合作机制		0.0530					0.0106	36
企业创新能力		0.1287					0.0257	15
国家研发投入		0.1244					0.0249	16
企业研发投入数量		0.1107					0.0221	23
企业研发经费投入比重		0.1242					0.0248	17
科技成果产业化数量		0.0876					0.0175	29
科技成果产业化数量占成果数量的比例		0.0732					0.0146	33
知识产权保护		0.0720					0.0144	34
生物技术专业人才数量			0.1073				0.0161	31
技术人员占从业人员的比例			0.1390				0.0209	26

续表6-6

评价指标	生物资源条件	技术创新能力	人才竞争力	资本竞争力	生物安全监督管理	政府支持力度	层次总排序权重	层次总排序
	0.26	0.20	0.15	0.17	0.04	0.19		
研发人员比重			0.1559				0.0234	20
生物企业经营管理人才数量			0.1022				0.0153	32
资源保护与管理人才数量			0.1361				0.0204	27
每年培养生物人才数量			0.1166				0.0175	30
吸引海外人员数量			0.0939				0.0141	35
人才激励机制			0.1490				0.0224	21
股票（市场）规模及其的认同程度				0.2702			0.0459	3
金融机构对生物产业的认同程度				0.2903			0.0494	2
创业投资资金数量及退出机制				0.1763			0.0300	12
生物产业发展基金资金数量				0.2632			0.0447	4
生物安全法律法规及相应的技术标准体系					0.2115		0.0085	37
生物产品市场准入制度					0.2076		0.0083	38
安全与发展并重的药品安全监督管理					0.1335		0.0053	39
严格的病原微生物实验室生物安全管理					0.1178		0.0047	40
安全与发展并重的转基因生物安全管理					0.1172		0.0047	41
防止外来生物入侵					0.1027		0.0041	43
重大疫情防控					0.1097		0.0044	42
放宽对产品定价的管制						0.1063	0.0202	28
明确的产业发展规划						0.1535	0.0292	13
鼓励新产品、新技术研发的有关政策						0.1822	0.0346	9
研发经费投入强度						0.1980	0.0376	8
优惠的税收政策						0.1302	0.0247	18
鼓励消费的有关政策						0.1171	0.0222	22
政府采购						0.1127	0.0214	24
合计	1.00	1.00	1.00	1.00	1.00	1.00	1.00	

按照层次总排序权重从大到小的顺序排序，则中国生物产业竞争力评价指标依次分别为：物种资源保护和利用规划，金融机构对生物产业的认同程度，股票（市场）规模及其的认同程度，生物产业发展基金资金数量，物种资源的开发利用数量，被保藏的物种数量，被保藏的物种比率，研发经费投入强度，鼓励新产品、新技术研发的有关政策，物种资源的开发利用比率，物种资源的保护能力，创业投资资金数量及退出机制，明确的产业发展规划，物种数量，企业创新能力，国家研发投入，企业研发经费投入比重，优惠的税收政策，国家技术创新体系，研发人员比重，人才激励机制，鼓励消费的有关政策，企业研发投入数量，政府采购，拥有授权专利数量，技术人员占从业人员的比例，资源保护与管理人才数量，放宽对产品定价的管制，科技成果产业化数量，每年培养生物人才数量，生物技术专业人才数量，生物企业经营管理人才数量，科技成果产业化数量占成果数量的比例，知识产权保护，吸引海外人员数量，产学研合作机制，生物安全法律法规及相应的技术标准体系，生物产品市场准入制度，安全与发展并重的药品安全监督管理，严格的病原微生物实验室生物安全管理，安全与发展并重的转基因生物安全管理，重大疫情防控和防止外来生物入侵。

可见，生物资源条件、技术创新能力和政府支持力度对中国生物产业竞争力具有重要的作用，同时，资本竞争力、人才竞争力和生物安全监督管理对中国生物产业竞争力也有着十分重要的作用。

(2) 2020 年生物产业竞争力评价指标体系权重。从表 6-7 计算结果可知，中国生物产业竞争力二级评价指标的层次总排序权重分别为：物种数量 0.0204、被保藏的物种数量 0.0300、被保藏的物种比率 0.0291、物种资源的保护能力 0.0249、物种资源的开发利用数量 0.0312、物种资源的开发利用比率 0.0257、物种资源保护和利用规划 0.0387、拥有授权专利数量 0.0273、国家技术创新体系 0.0315、产学研合作机制 0.0138、企业创新能力 0.0335、国家研发投入 0.0323、企业研发投入数量 0.0288、企业研发经费投入比重 0.0323、科技成果产业化数量 0.0228、科技成果产业化数量占成果数量的比例 0.0190、知识产权保护 0.0187、生物技术专业人才数量 0.0258、技术人员占从业人员的比例 0.0334、研发人员比重 0.0374、生物企业经营管理人才数量 0.0245、资源保护与管理人才数量 0.0327、每年培养生物人才数量 0.0280、吸引海外人员数量 0.0225、人才激励机制 0.0358、股票（市场）规模及其的认同程度 0.0324、金融机构对生物产业的认同程度 0.0348、创业投资资金数量及退出机制 0.0212、生物产业发展基金资金数量 0.0316、生物安全法律法规及相应的技术标准体系 0.0085、生物产品市场准入制度 0.0083、安全与发展并重的药品安全监督管理 0.0053、严格的病原微生物实验室生物安全管理 0.0047、安全与发展并重的转基因生物安全管理 0.0047、防止外来生物入侵 0.0041、重大疫情防控 0.0044、放宽对产品定价的管制 0.0149、明确的产业发展规划 0.0215、鼓励新产品、新技术研发的有关政策 0.0255、研发经费投入强度 0.0277、优惠的税收政策 0.0182、鼓励消费的有关政策 0.0164、政府采购 0.0158。按照层次总排序权重从大到小的顺序排序，则中国生物产业竞争力评价指标依次分别为：物种资源保护和利用规划、研发人员比重、人才激励机制、金融机构对生物产业的认同程度、企业创新能力、技术人员占从业人员的比例、资源保护与管理人才数量、股票（市场）规模及其的认同程度、国家研发投入、企业研发经费投入比重、生物产业发展基金资金数量、国家技术创新体系、物种资源的开发利用数量、被保藏的物种数量、被保藏的物种比率、企业研发投入数量、每年培养生物人才数量、研发经费投入强度、拥有授权专利数量、生物技术专业人才数量、物种资源的开发利用比率、鼓励新产品、新技术研发的有关政策、物种资源的保护能力、生物企业经营管理人才数量、科技成果产业化数量、吸引海外人员数量、明确的产业发展规划、创业投资资金数量及退出机制、物种数量、科技成果产业化数量占成果数量的比例、知识产权保护、优惠的税收政策、鼓励消费的有关政策、政府采购、放宽对产品定价的管制、产学研合作机制、生物安全法律法规及相应的技术标准体系、生物产品市场准入制度、安全与发展并重的药品安全监督管理、严格的病原微生物实验室生物安全管理、安全与发展并重的转基因生物安全管理、重大疫情防控和防止外来生物入侵。

表 6-7　2020 年中国生物产业竞争力评价指标体系权重计算结果

评价指标	生物资源条件	技术创新能力	人才竞争力	资本竞争力	生物安全监督管理	政府支持力度	层次总排序权重	层次总排序
	0.20	0.26	0.24	0.12	0.04	0.14		
物种数量	0.102						0.0204	29
被保藏的物种数量	0.1501						0.0300	14
被保藏的物种比率	0.1457						0.0291	15
物种资源的保护能力	0.1244						0.0249	23
物种资源的开发利用数量	0.1559						0.0312	13
物种资源的开发利用比率	0.1283						0.0257	21
物种资源保护和利用规划	0.1936						0.0387	1
拥有授权专利数量		0.1051					0.0273	19
国家技术创新体系		0.1211					0.0315	12
产学研合作机制		0.053					0.0138	36
企业创新能力		0.1287					0.0335	5
国家研发投入		0.1244					0.0323	9
企业研发投入数量		0.1107					0.0288	16
企业研发经费投入比重		0.1242					0.0323	10
科技成果产业化数量		0.0876					0.0228	25
科技成果产业化数量占成果数量的比例		0.0732					0.0190	30
知识产权保护		0.072					0.0187	31
生物技术专业人才数量			0.1073				0.0258	20
技术人员占从业人员的比例			0.139				0.0334	6
研发人员比重			0.1559				0.0374	2
生物企业经营管理人才数量			0.1022				0.0245	24
资源保护与管理人才数量			0.1361				0.0327	7

续表6-7

评价指标	生物资源条件	技术创新能力	人才竞争力	资本竞争力	生物安全监督管理	政府支持力度	层次总排序权重	层次总排序
	0.20	0.26	0.24	0.12	0.04	0.14		
每年培养生物人才数量			0.1166				0.0280	17
吸引海外人员数量			0.0939				0.0225	26
人才激励机制			0.149				0.0358	3
股票（市场）规模及其的认同程度				0.2702			0.0324	8
金融机构对生物产业的认同程度				0.2903			0.0348	4
创业投资资金数量及退出机制				0.1763			0.0212	28
生物产业发展基金资金数量				0.2632			0.0316	11
生物安全法律法规及相应的技术标准体系					0.2115		0.0085	37
生物产品市场准入制度					0.2076		0.0083	38
安全与发展并重的药品安全监督管理					0.1335		0.0053	39
严格的病原微生物实验室生物安全管理					0.1178		0.0047	40
安全与发展并重的转基因生物安全管理					0.1172		0.0047	40
防止外来生物入侵					0.1027		0.0041	43
重大疫情防控					0.1097		0.0044	42
放宽对产品定价的管制						0.1063	0.0149	35
明确的产业发展规划						0.1535	0.0215	27
鼓励新产品、新技术研发的有关政策						0.1822	0.0255	22
研发经费投入强度						0.198	0.0277	18
优惠的税收政策						0.1302	0.0182	32
鼓励消费的有关政策						0.1171	0.0164	33
政府采购						0.1127	0.0158	34
合计	1.00	1.00	1.00	1.00	1.00	1.00	1.00	

从中国生物产业竞争力评价的一级指标来看，技术创新能力的权重最大（0.26），紧接着是人才竞争力（0.24），生物产业属于高新技术产业，技术创新和人才资源已经成为生物产业发展的最重要的驱动力之一；其次是生物资源条件、政府支持力度和资本竞争力，其权

重分别为 0.20、0.14 和 0.12，而生物安全监督管理的权重最低（0.04）。可见，从 2006 年发展到 2020 年，中国生物产业竞争力影响因素的作用权重已经发生了变化。技术创新能力和人才竞争力对中国生物产业竞争力具有重要的作用；同时，生物资源条件、政府支持力度、资本竞争力和生物安全监督管理对中国生物产业竞争力也具有十分重要的作用。

6.2.2 生物产业国际竞争力的测算

在对各个国家生物产业国际竞争力进行衡量时，采用的指标体系如表 6-1 所示，采用的方法是综合评价分析法。

为了进行比较，本研究采取了较为常用的加权平均法来计算生物产业国际竞争力的综合值。即把生物产业国际竞争力评价的各个指标（没有单位的指标不需要量化测度，如比率指标、比重指标和比例指数等）先化为无量纲的分值，即量化测度。再按照它们的权重进行加权平均，从而得出一个容易比较的、量化的结果，能够直接显示出生物产业国际竞争力的高低。

具体评价方法如下：

（1）遵照表 6-1 的指标体系，对各个指标的量化测度：

$$Z_i = (\text{被评价生物产业国际竞争力指标的实际值}/\text{比较指标中的最大值}) \times 100 \quad (6\text{-}9)$$

（2）从具体的指标开始，逐项分层加权计算，随后汇总结果，得到各国生物产业国际竞争力的综合评价值，最后进行国际比较。计算综合评价值的公式可表示为：

$$CI = \sum_{i=1}^{n} W_i \left(\sum_{j=1}^{m} W_{ij} P_{ij}\right) \quad (6\text{-}10)$$

其中，CI（International Competitiveness Index）代表某个国家生物产业的国际竞争力指数，n 为生物产业国际竞争力的构成要素个数，这里有 $n=6$；m 为生物产业国际竞争力第 i 个构成要素包含的子构成要素的个数，P_{ij} 为第 i 个构成要素的第 j 个子构成要素标准化后的值，W_{ij} 为第 i 个构成要素的第 j 个子构成要素的权重（刘春香，2005）。

6.3 中国生物产业国际竞争力的综合评价

由于不能直接从生物产业国际竞争力的最终综合数值判断出中国生物产业国际竞争力的水平，所以需要选取比较对象。考虑到中国的实际情况，本研究选择了世界上著名的生物产业大国以及与中国相似的发展中国家，即美国、法国、德国、英国、日本和印度作为中国的国际比较对象。根据本研究前面确定的评价原则和评价指标体系，对中国和上述 6 个国家生物产业的国际竞争力进行综合评价与比较。

6.3.1 数据来源

本研究选择的指标有定量指标与定性指标，其中定性指标的数值是根据德尔菲法从 20

多位有关生物产业方面的著名专家打分获得的，而定量指标的数值主要来源于以下数据源：

（1）统计年鉴。包括《中国统计年鉴》《中国农村统计年鉴》《中国农业统计年鉴》《国际统计年鉴》《世界经济年鉴》等文献资料。

（2）网上资源。主要有世界银行数据库、联合国粮农组织数据库、美国农业部数据库、联合国货币与基金组织数据库、联合国贸发会议数据库、经济与合作组织数据库、世界贸易组织数据库等。

（3）相关书籍。包括：《中国生物技术发展报告（2001—2006）》《中国生物技术产业发展报告（2003—2006）》《正在崛起的生物产业》《生物产业发展指标体系及动态监测研究》《2003 年中国医药统计年报》《中国生物产业调研报告》《中国生物产业发展战略研究》《中国高技术产业发展年鉴（2006）》《生命科学与生物技术及生物产业发展战略研究报告》《2019 年全球创新指数报告》《中国生物技术发展报告（2010—2019）》《中国生物技术产业发展报告（2010—2019）》《2019 年中国医药统计年报》《中国高技术产业发展年鉴（2019）》等文献资料。

6.3.2　生物产业国际竞争力评价结果及分析

通过采用综合评价分析法，根据本研究前面确定的评价原则和评价指标体系，对中国、美国、法国、德国、英国、日本和印度 7 个国家生物产业的国际竞争力各项指标进行规范化处理和综合指数运算。

1）2006 年中国生物产业国际竞争力评价结果比较分析

2006 年中国与其他 6 个国家生物产业国际竞争力指标指数与综合指数计算结果如表 6-8 所示。从表 6-8 可知，中国、美国、法国、德国、英国、日本和印度等国家生物产业国际竞争力综合指数分别为 63.90、86.14、72.46、74.48、73.77、66.87 和 61.74。其中，美国生物产业国际竞争力综合指数最高，达到了 86.14；德国、英国和法国相接近，介于 72.40～74.50；中国、日本和印度国家生物产业国际竞争力综合指数相对较低，在 70 以下。美国生物产业国际竞争力较强的原因主要是源于美国在生物资源条件、技术创新能力、政府支持力度、资本竞争力、人才竞争力和生物安全监督管理方面均具有很强的优势；德国、英国和法国在技术创新能力、政府支持力度、资本竞争力、人才竞争力和生物安全监督管理方面均具有比较强的优势；日本在生物安全监督管理方面具有比较强的优势，在生物资源条件方面相对较差；印度在生物资源条件和生物安全监督管理方面具有比较强的优势；中国在生物资源条件和生物安全监督管理方面具有比较强的优势，而在技术创新能力、政府支持力度和资本竞争力方面相对较差。

表 6-8　2006 年中国与其他 6 个国家生物产业国际竞争力指标指数与综合指数表

评价指标	中国	美国	法国	德国	英国	日本	印度
物种数量	91	83	63	70	70	68	78
被保藏的物种数量	91	83	63	70	70	55	78
被保藏的物种比率	70	85	75	75	75	85	70

续表6-8

评价指标	中国	美国	法国	德国	英国	日本	印度
物种资源的保护能力	70	83	75	75	75	75	70
物种资源的开发利用数量	90	85	65	70	70	55	75
物种资源的开发利用比率	70	85	75	75	75	85	70
物种资源保护和利用规划	70	83	75	75	75	75	70
拥有授权专利数量	56	91	80	82	80	78	60
国家技术创新体系	60	90	70	72	71	63	59
产学研合作机制	60	85	70	72	71	63	59
企业创新能力	60	91	70	72	71	68	59
国家研发投入	60	85	70	72	71	65	59
企业研发投入数量	60	86	70	72	71	63	59
企业研发经费投入比重	53	95	70	72	71	60	49
科技成果产业化数量	56	95	70	72	71	65	51
科技成果产业化数量占成果数量的比例	55	95	70	72	71	62	53
知识产权保护	51	95	70	72	71	65	60
生物技术专业人才数量	74	75	70	72	71	60	50
技术人员占从业人员的比例	57	95	70	72	71	60	53
研发人员比重	57	95	70	72	71	60	51
生物企业经营管理人才数量	55	81	70	72	71	60	51
资源保护与管理人才数量	50	80	71	75	72	61	51
每年培养生物人才数量	70	78	70	72	71	60	63
吸引海外人员数量	70	65	64	62	61	70	78
人才激励机制	52	95	70	72	71	60	51
股票（市场）规模及其的认同程度	50	83	70	72	71	62	51
金融机构对生物产业的认同程度	50	85	70	72	71	62	50
创业投资资金数量及退出机制	50	80	70	72	71	65	51
生物产业发展基金资金数量	58	80	70	72	71	63	51
生物安全法律法规及相应的技术标准体系	65	85	80	80	80	75	65
生物产品市场准入制度	75	85	80	80	80	80	75
安全与发展并重的药品安全监督管理	70	85	80	80	80	80	70

续表6-8

评价指标	中国	美国	法国	德国	英国	日本	印度
严格的病原微生物实验室生物安全管理	70	85	80	80	80	80	70
安全与发展并重的转基因生物安全管理	70	85	80	80	80	80	70
防止外来生物入侵	70	85	80	80	80	80	70
重大疫情防控	70	85	80	80	80	80	70
放宽对产品定价的管制	70	85	80	80	85	80	75
明确的产业发展规划	70	85	75	78	75	70	71
鼓励新产品、新技术研发的有关政策	60	89	80	82	80	70	71
研发经费投入强度	50	90	75	76	76	62	53
优惠的税收政策	45	85	80	82	81	55	50
鼓励消费的有关政策	55	80	70	72	71	60	55
政府采购	80	75	70	72	71	60	60
国际竞争力综合指数	63.90	86.14	72.46	74.48	73.77	66.87	61.74

对 7 个国家生物产业国际竞争力综合评价与分析的结果与 7 个国家的实际情况基本一致，表明本文构建的国家生物产业国际竞争力评价指标体系与评价方法可行。

2）2020 年中国生物产业国际竞争力评价结果比较分析

通过采用综合评价分析法，根据前面确定的评价原则和评价指标体系，对中国、美国、法国、德国、英国、日本和印度这 7 个国家生物产业的国际竞争力各项指标进行规范化处理和综合指数运算，2020 年中国与其他 6 个国家生物产业国际竞争力指标指数与综合指数计算结果如表 6-9 所示。

表 6-9　2020 年中国与其他 6 个国家生物产业国际竞争力指标指数及综合指数

评价指标	中国	美国	法国	德国	英国	日本	印度
物种数量	91	83	63	70	70	68	78
被保藏的物种数量	91	83	63	70	70	55	78
被保藏的物种比率	70	85	75	75	75	85	70
物种资源的保护能力	85	87	82	81	82	85	75
物种资源的开发利用数量	92	86	66	69	70	60	75
物种资源的开发利用比率	72	86	74	78	80	84	73
物种资源保护和利用规划	80	85	71	74	77	75	70
拥有授权专利数量	85	97	81	80	85	79	65

续表6-9

评价指标	中国	美国	法国	德国	英国	日本	印度
国家技术创新体系	84	88	85	84	87	82	65
产学研合作机制	82	80	76	80	83	88	76
企业创新能力	70	92	71	72	71	84	64
国家研发投入	75	85	69	74	73	65	59
企业研发投入数量	68	86	74	77	71	63	59
企业研发经费投入比重	80	95	79	69	72	63	50
科技成果产业化数量	73	95	71	70	79	66	55
科技成果产业化数量占成果数量的比例	70	95	77	71	75	63	54
知识产权保护	70	95	75	73	80	61	57
生物技术专业人才数量	70	75	70	70	81	64	52
技术人员占从业人员的比例	73	95	73	77	74	67	50
研发人员比重	70	95	74	78	77	65	55
生物企业经营管理人才数量	74	81	70	71	77	60	55
资源保护与管理人才数量	70	80	71	74	71	61	55
每年培养生物人才数量	78	90	70	72	76	67	60
吸引海外人员数量	70	90	64	62	64	69	77
人才激励机制	88	95	74	72	78	62	53
股票（市场）规模及认同程度	80	83	75	73	71	63	54
金融机构对生物产业的认同程度	80	85	72	75	70	64	59
创业投资资金数量及退出机制	68	80	70	72	73	65	60
生物产业发展基金资金数量	73	80	78	70	74	63	60
生物安全法律法规及相应的技术标准体系	75	84	82	81	81	76	68
生物产品市场准入制度	77	85	84	85	75	82	77
安全与发展并重的药品安全监督管理	75	90	79	84	82	84	72
严格的病原微生物实验室生物安全管理	78	85	84	83	86	78	74
安全与发展并重的转基因生物安全管理	85	87	82	80	77	79	75
防止外来生物入侵	80	85	75	82	82	74	73

续表6-9

评价指标	中国	美国	法国	德国	英国	日本	印度
重大疫情防控	90	75	77	86	81	82	78
放宽对产品定价的管制	70	89	82	80	85	83	77
明确的产业发展规划	88	82	75	78	76	75	70
鼓励新产品、新技术研发的有关政策	76	89	85	82	78	74	69
研发经费投入强度	80	90	75	76	76	62	53
优惠的税收政策	65	85	80	82	81	55	55
鼓励消费的有关政策	74	80	75	72	72	66	52
政府采购	82	76	71	75	71	65	70
国际竞争力综合指数	77.21	87.02	73.93	74.64	75.62	68.93	62.62

由表 6-9 可知，中国、美国、法国、德国、英国、日本和印度等国家生物产业国际竞争力综合指数分别为 77.21、87.02、73.93、74.64、75.62、68.93 和 62.62。其中，美国生物产业国际竞争力综合指数最高，达到了 87.02；中国以 77.21 居于第二；接着是英国、德国和法国，其生物产业国际竞争力综合指数相近，介于 73.93～75.62，日本生物产业国际竞争力综合指数排名第六（68.93），而印度生物产业国际竞争力综合指数最低（62.62）。

进一步分析各国家生物产业国际竞争力一级指标得分（图 6-3）可以看出，美国生物产业国际竞争力较强的原因主要是源于美国在生物资源条件、技术创新能力、政府支持力度、资本竞争力、人才竞争力和生物安全监督管理方面均具有很强的优势；法国在资本竞争力、生物安全监督管理和政府支持力度方面竞争力较强；中国在生物资源条件、人才竞争力、生物安全监督管理和政府支持力度方面的优势相对突出，但在技术创新能力和人才竞争力方面与其他国家还有一定差距；德国、英国在生物安全监督管理和政府支持力度方面具备较强优势；日本发展生物产业的比较优势体现在生物安全监督管理方面；而印度发展生物产业的各个条件状况在 7 个国家中均处于相对竞争弱势地位。由此可见，生物产业技术创新和生物技术人才竞争力是当前我国生物产业的相对发展劣势，是我国生物产业未来发展需要重视的问题。

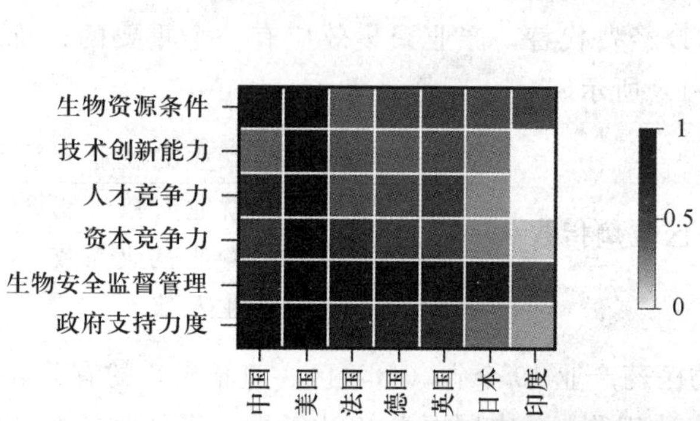

图 6-3　2020 年生物产业国际竞争力一级指标竞争力评价结果

第7章　中国省际生物产业竞争力评价

中国省际生物产业竞争力是指向国内外市场提供符合消费者或购买者需求的生物技术或产品并能持续获得盈利的能力；是指在国内外生物技术或产品市场上，某省生物产业相对于其他省生物产业来说的生产力。省际生物产业竞争力的显性表示是外向度，而省际外向度的强弱不仅取决于生物技术或产品的出口类别、出口量、创汇额等直接因素，而且与这个省生物技术或产品的质量、成本、产量、技术水平、规模、营销、市场流通等有极大的关系（王方舟，2010）。因此，要从影响省际生物产业竞争力的各个因素入手，分析一省的生物产业省际竞争力，以反映一省生物产业发展的总体竞争态势。

7.1　中国省际生物医药产业竞争力评价

医药产业与人民生活息息相关，刚性需求强、发展空间大、富有成长性。本节主要对我国各省（自治区、直辖市）的生物医药产业现状进行全面分析，通过定性与定量相结合，得出生物医药产业在19个省（自治区、直辖市）的发展定位及其比较优劣势。

本节利用因子分析法对我国19个省（自治区、直辖市）生物医药产业有关因素进行分析，找出与生物医药产业相关的具有代表性的指标进行量化处理，采用SPSS软件进行运算分析得出结论。

1）评价指标体系构建

首先通过筛选有代表性的数据指标，构建全面的生物医药产业指标评价体系，通过查阅文献，整理有关数据，将数据指标进行量化处理，本研究共选取了如表7-1所示的14个数据指标（刘力萌，2015），对我国19个省（自治区、直辖市）生物医药产业在全国的发展程度进行评价比较。需要特别解释的是，由于难以得到生物医药产业的R&D经费数据，故使用规模以上工业企业R&D经费代替，产业聚集效应有一个重要的评价指标就是区位熵指数，其计算公式如公式（7-1）所示。

$$\text{区位熵指数}=\frac{\dfrac{\text{该地区生物医药产业的就业人数}}{\text{该地区总就业人数}}}{\dfrac{\text{国家生物医药产业就业人数}}{\text{全国就业人数}}} \tag{7-1}$$

本节选择全国生物医药产业19个省（自治区、直辖市）的有关数据并采用因子分析法。

通过查阅《中国统计年鉴》《中国医药统计年报》等文献资料，收集和整理相关数据，用具有代表性的数据建立因子分析模型，如表7-2和图7-1所示。对全国19个省（自治区、直辖市）生物医药产业的基础数据进行 SPSS 分析（刘力萌，2015）。

表 7-1　生物医药产业评价指标体系

各省（自治区、直辖市）发展情况	评价指标	评价指标代码
产业布局情况	各省（自治区、直辖市）生物医药企业数量/个	X_1
	各省（自治区、直辖市）生物医药企业/本省的所有制药企业/%	X_2
生物医药产业经济总体运行情况	工业总产值/亿元	X_3
	资产总额/亿元	X_4
	产品销售收入/亿元	X_5
	利润总额/亿元	X_6
产业园区聚集效应	区位熵指数	X_7
产业研发和技术情况	科研人员数量/个	X_8
	科研人员/从业人员/%	X_9
	规模以上企业 R&D 经费支出/亿元	X_{10}
产业医药资源情况	科研院所数量/个	X_{11}
	各省（自治区、直辖市）重点普查药材数量/全国重点普查药材/%	X_{12}
政府扶持情况	政府对生物医药产业经费投入/亿元	X_{13}
	政府公共服务支出/亿元	X_{14}

表 7-2　中国 19 个省（自治区、直辖市）生物医药产业评价指标原始数据

省（自治区、直辖市）	X_1	X_2	X_3	X_4	X_5	X_6	X_7
北京	43	21.2	393.2	502.1	231.4	43.7	1.7
天津	19	18.7	367.1	419.5	197.2	34.9	1.2
河北	17	11.2	137.9	293.7	42.1	3.9	0.7
辽宁	47	12.3	219.7	496.3	273.1	59.7	1.1
吉林	32	19.6	232.1	418.2	163.7	21.9	1.0
上海	52	23.1	351.7	579.1	367.2	57.9	1.9
江苏	66	21.6	331.4	501.7	483.9	31.9	2.3
浙江	64	19.7	309.6	898.1	712.1	63.7	1.7
安徽	26	9.6	114.3	237.6	51.2	6.9	0.6
山东	97	17.9	309.6	729.1	189.1	124.7	1.3
河南	48	12.6	132.7	248.1	23.1	39.6	0.7
湖北	29	7.2	110.6	196.2	13.2	7.2	0.6
湖南	27	8.7	136.9	204.3	6.1	9.4	0.5

续表7-2

省（自治区、直辖市）	X_1	X_2	X_3	X_4	X_5	X_6	X_7
广东	48	18.2	357.2	627.1	239.1	309.1	1.2
重庆	14	8.6	21.9	68.9	19.2	6.1	0.9
四川	42	14.3	120.6	307.1	197.3	21.3	1.1
陕西	22	7.1	86.8	329.9	167.1	6.8	0.6
福建	24	13.7	167.9	378.8	83.9	8.1	0.9
广西	18	12.9	69.3	291.2	42.1	−0.7	0.6

省（自治区、直辖市）	X_8	X_9	X_{10}	X_{11}	X_{12}	X_{13}	X_{14}
北京	496	8.32	213.06	132	19.6	328.2	463.7
天津	182	8.71	300.04	142	11.2	321.7	346.2
河北	106	5.37	232.74	102	31.9	137.9	268.9
辽宁	294	5.78	333.13	97	28.1	169.7	301.7
吉林	323	5.67	69.81	62	37.7	148.1	286.3
上海	645	8.91	404.78	59	9.3	321.7	449.3
江苏	560	7.79	1 239.57	102	27.6	391.4	386.9
浙江	1 030	7.98	684.35	42	29.7	319.6	369.7
安徽	131	5.97	247.72	119	39.1	154.3	279.1
山东	295	7.21	1 052.80	49	47.6	319.6	357.8
河南	255	5.13	295.34	52	27.9	132.7	259.3
湖北	135	5.17	311.79	87	21.6	140.6	275.9
湖南	168	5.31	270.39	72	24.7	156.9	316.9
广东	359	6.91	123.49	41	32.1	307.2	347.9
重庆	20	4.97	138.81	58	29.7	131.9	233.6
四川	403	6.97	168.89	38	36.7	219.6	339.1
陕西	164	5.72	140.14	41	21.6	106.8	271.8
福建	114	5.61	1 279.19	63	22.7	137.9	319.7
广西	85	4.08	81.70	79	31.8	109.3	241.6

资料来源：《2013 年中国统计年鉴》《2013 年中国医药统计年报》。

2）因子判断

在采用因子分析法之前，对数据进行无量纲化处理得到标准数据，进行效度检验，检验指标体现在 KMO 和 Bartlett 球形检验值上。一般认为 KOM≥0.9 时，做因子分析效果极佳；在 0.7≤KOM<0.9 时，做因子分析效果较好；在 0.5≤KOM<0.7 时，因子分析效果一般；在 KOM<0.5 时，不适合做因子分析。在 Bartlett 球形检验中，Sig 值表示变量数据

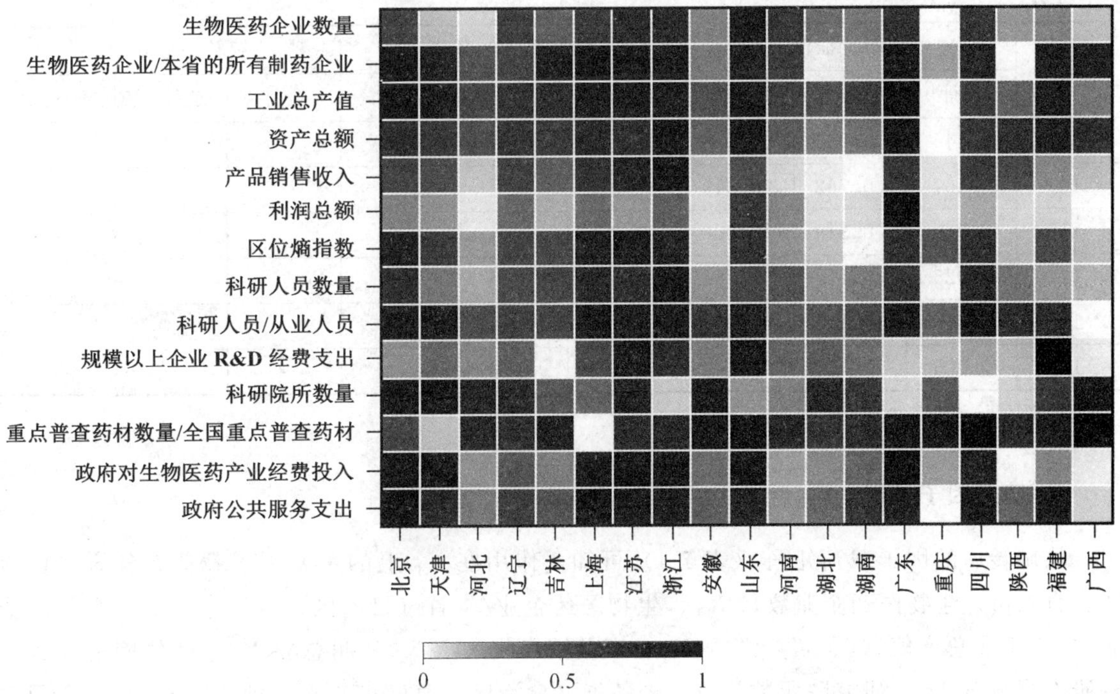

图 7-1　中国省（自治区、直辖市）生物医药产业评价指标标准化数据

关系是否显著，若 Sig＜0.05 表示数据变量适合做因子分析。

经 SPSS 计算得出 KMO＝0.703 大于 0.5，在 Bartlett 的球形度检中 Sig＜0.001，近似方卡值为 255.268，数值较大，适合做因子分析。

3）主成分提取

从总方差解释表（表 7-3）可以得到特征值大于 1 的公因子有三个，三个因子累计方差贡献率为 80.851%，大于 80%，所以本研究共提取了三个主成分。

表 7-3　解释的总方差

成分	初始特征值			提取平方和载入			旋转平方和载入		
	合计	方差/%	累计/%	合计	方差/%	累计/%	合计	方差/%	累计/%
1	8.222	58.731	58.731	8.222	58.731	58.731	8.040	57.430	57.430
2	2.031	14.509	73.240	2.031	14.509	73.240	2.034	14.532	71.962
3	1.066	7.611	80.851	1.066	7.611	80.851	1.244	8.888	80.851
4	0.904	6.456	87.307						
5	0.579	4.135	91.441						
6	0.364	2.599	94.041						
7	0.260	1.855	95.896						
8	0.228	1.625	97.521						

续表7-3

成分	初始特征值			提取平方和载入			旋转平方和载入		
	合计	方差/%	累计/%	合计	方差/%	累计/%	合计	方差/%	累计/%
9	0.145	1.036	98.558						
10	0.107	0.762	99.319						
11	0.049	0.349	99.668						
12	0.025	0.176	99.844						
13	0.015	0.110	99.954						
14	0.006	0.046	100.000						

提取方法：主成分分析。

4）确定因子类型

从旋转后的因子载荷矩阵（表7-4）可知，作用在F_1上的主要因子载荷有各省（自治区、直辖市）生物医药企业数量X_1、生物医药企业/本省（自治区、直辖市）的所有制药企业X_2、工业总产值X_3、资产总额X_4、产品销售收入X_5、利润总额X_6、区位熵指数X_7、科研人员数量X_8、研究院所数量X_{11}、各省（自治区、直辖市）重点普查药材数量/全国重点普查药材X_{12}。其中包含了产业布局情况、生物医药产业经济总体运行情况、医药资源情况和产业园区聚集程度指标，主要涵盖了产业规模、资源和盈利能力三个方面，这三个方面又可以成为发展能力因子。

表7-4　旋转成分矩阵表

因素	成分		
	F_1	F_2	F_3
X_1	0.671	0.508	0.367
X_2	0.898	−0.049	0.076
X_3	0.942	−0.126	−0.038
X_4	0.855	0.342	0.111
X_5	0.848	0.172	0.140
X_6	0.540	0.516	−0.451
X_7	0.894	−0.098	0.285
X_8	0.830	0.161	0.133
X_9	0.911	−0.252	0.035
X_{10}	0.329	0.107	0.839
X_{11}	0.039	−0.786	0.066
X_{12}	−0.219	0.749	0.187
X_{13}	0.940	−0.068	0.123
X_{14}	0.893	−0.228	0.088

F_2 的主要因子载荷是政府对生物医药产业经费投入 X_{13} 和政府公共服务支出 X_{14}。这两因子主要表示了政府对生物医药产业的扶持情况，可以称为政策环境因子。

F_3 的主要因子载荷是科研人员/从业人员 X_9 和规模以上企业 R&D 经费支出 X_{10}。这两个因子主要表示了企业的科研能力，可以称为技术创新因子。

5）计算综合绩效得分

通过 SPSS 软件分析，对变量做线性回归得到系数的最小二乘估计就是所谓的因子得分系数，回归计算方法如公式（7-2）所示。

$$S=\sum_{i=1}^{3}W_iF_i \tag{7-2}$$

其中，W_i 是权重因子，即是旋转后的因子方差贡献率。

根据估计出来的得分系数，得到因子综合计算公式（7-3）：

$$S=0.58731F_1+0.14509F_2+0.07611F_3 \tag{7-3}$$

通过计算得到如表 7-5 所示的全国部分省（自治区、直辖市）生物医药产业综合绩效得分。

表 7-5　因子得分及排名

省（自治区、直辖市）	F_1	排名	F_2	排名	F_3	排名	F	排名
北京	0.61652	6	1.57174	2	−0.37844	11	0.53231	6
天津	0.56785	8	0.02984	12	0.76991	2	0.39643	7
河北	−0.98285	18	0.33006	10	0.00298	9	−0.52912	16
辽宁	0.68592	7	−0.38511	16	0.73736	3	0.40309	14
吉林	−0.24663	11	0.55193	8	0.56753	5	−0.02157	8
上海	1.03012	3	1.57560	1	0.13247	7	0.84369	3
江苏	0.91202	5	0.61889	6	−0.45731	14	0.59063	5
浙江	2.68496	1	0.58756	7	−0.92760	17	1.59155	1
安徽	−0.84725	16	0.21708	11	−0.42880	13	−0.49874	15
山东	1.32907	2	0.83171	3	1.12145	1	0.98660	2
河南	−0.51824	14	0.02559	13	−0.82174	16	−0.36320	13
湖北	−0.97096	17	0.42293	9	−0.37062	12	−0.53710	17
湖南	−0.81840	15	−1.44420	18	0.15561	6	−0.67835	18
广东	0.97869	4	0.77925	4	0.59311	4	0.73300	4
重庆	−0.25727	12	0.70883	5	−0.58119	15	−0.09249	10
四川	−0.01601	10	−0.29722	15	0.07573	8	−0.04676	9
陕西	−0.01485	9	−0.69849	17	−1.74112	19	−0.24258	11
福建	−0.47185	13	−0.14673	14	−0.30896	10	−0.32193	12
广西	−1.46490	19	−1.61583	19	−1.04039	18	−1.17398	19

(1) 从综合得分排名来看，除了陕西省、辽宁省，综合排名前10位地区其中有8个地区在发展能力因子排名的前10位，综合排名前5位的地区发展能力因子排名也在前5位。因此发展能力对生物医药产业的综合发展水平贡献最大。

(2) 从政策环境因子排名来看，前10位的地区分别有9个位于综合排名前10位，排名前3位的地区也位于综合排名的前5位，所以政策环境中因子对于综合发展水平也有一定的贡献。

(3) 从技术创新因子排名来看，前10地区其中有5个地区位于综合排名前10位，所以技术创新因子对综合排名的贡献最小。

(4) 排名靠前的省（自治区、直辖市）主要集中在经济发达的省（自治区、直辖市）和长三角地区，可见地理位置和经济水平对生物医药产业的影响较大。

7.2 中国省际生物能源产业竞争力评价

本节利用因子分析法对我国31个省（自治区、直辖市）生物能源产业有关因素进行分析，找出与生物能源产业相关的具有代表性的指标进行量化处理，采用SPSS软件进行运算分析得出结论。

1) 评价指标体系构建

首先通过筛选有代表性的数据指标，构建全面的生物能源产业指标评价体系，通过查阅文献，整理有关数据，将数据指标进行量化处理，本研究共选取12个数据指标（表7-6），对我国各省（自治区、直辖市）生物能源产业在全国的发展程度进行评价比较。其中部分指标的获取方式与上一节相同。本节选择全国生物能源产业31个省（自治区、直辖市）的有关数据，并采用因子分析法。

表7-6 生物能源产业评价指标体系

省（自治区、直辖市）生物能源产业发展情况	评价指标	评价指标代码
产业布局情况	生物能源企业数量/个	X_1
	生物能源企业/本省（自治区、直辖市）的所有能源企业/%	X_2
生物能源产业经济总体运行情况	农林生物质发电量/亿千瓦时	X_3
	生物质燃料年供应量/万吨	X_4
	农林生物质发电装机容量/万千瓦	X_5
	沼气发电量/百万千瓦时	X_6
产业研发和技术情况	科研人员数量/千人	X_7
	科研人员/从业人员/%	X_8
	规模以上企业R&D经费内部支出/亿元	X_9

续表7-6

省（自治区、直辖市）生物能源产业发展情况	评价指标	评价指标代码
产业能源资源情况	普通高等学校（机构）数量/所	X_{10}
	经济林造林面积/千公顷	X_{11}
	“十三五”期间生物质能源发电指标/万千瓦	X_{12}

通过查阅《2018 年中国区域经济统计年鉴》《2018 年中国生物质发电产业排名报告》《2018 年中国教育统计年鉴》、物联网数据库等文献资料，收集与整理相关数据。用具有代表性的数据建立因子分析模型，如表 7-7 和图 7-2 所示。对 2018 年全国 31 个省（自治区、直辖市）生物能源产业的基础数据进行 SPSS 分析。

表 7-7　中国 31 个省（自治区、直辖市）生物能源产业评价指标原始数据

省（自治区、直辖市）	X_1	X_2	X_3	X_4	X_5	X_6
安徽	235	1.581	48.53	115.41	74.9	72.85
北京	143	1.116	0	0.12	0	114.13
福建	109	0.665	2.99	38.52	5.4	35.14
甘肃	29	0.588	1.72	19.36	3	6.95
广东	586	1.116	14.75	182.20	22	314.48
广西	142	1.549	8.59	38.64	17	103.8
贵州	34	0.828	3.71	7.32	6	0
海南	30	1.668	0	0.60	0	0
河北	179	0.784	23.44	69.32	42.61	32.71
河南	216	1.553	20.15	139.94	39.05	189.17
黑龙江	68	0.982	44.49	94.02	81.6	67.56
湖北	120	0.960	23.66	40.20	48.3	31.27
湖南	197	1.662	19.87	56.46	39.72	128.26
吉林	74	1.427	22.66	40.94	39.7	3.7
江苏	328	0.782	31.76	160.35	49.35	210
江西	93	1.370	11.21	82.22	17.6	200.15
辽宁	132	0.856	4.35	53.05	7.2	60.01
内蒙古	42	0.555	6.16	81.39	10.2	4.54
宁夏	6	0.300	0.70	4.63	5	0
青海	5	0.423	0.00	0.00	0	18.86
山东	364	1.129	70.30	260.30	126	171.88
山西	47	0.593	17.21	27.66	27.85	0
陕西	96	1.315	1.32	33.17	3	67.62

续表7-7

省（自治区、直辖市）	X_1	X_2	X_3	X_4	X_5	X_6
上海	137	0.825	0	0	0	111.27
四川	139	1.159	3.55	40.68	5.5	84.5
天津	109	1.503	0.00	13.73	0	0
西藏	1	0.455	0.00	0.00	0	0
新疆	24	0.555	1.68	0.00	2.4	14.98
云南	66	1.023	0.00	8.04	0	0
浙江	206	0.666	11.64	99.18	21.37	183.17
重庆	33	0.279	1.97	5.22	6.02	47.34

省（自治区、直辖市）	X_7	X_8	X_9	X_{10}	X_{11}	X_{12}
安徽	36.98	1.28	99.14	119	44.58	73
北京	77.76	8.67	134.20	92	0.13	1
福建	28.88	0.72	168.88	89	5.68	2
甘肃	11.92	2.39	9.46	49	20.45	38
广东	72.01	0.56	1124.70	152	7.79	23
广西	27.29	1.96	6.08	75	30.55	49
贵州	14.68	1.78	20.72	72	140.80	15
海南	5.85	5.79	4.61	20	4.15	15
河北	43.79	1.54	43.63	122	56.18	134
河南	45.03	0.94	72.83	139	49.00	160
黑龙江	36.79	4.23	5.98	81	1.79	110
湖北	58.21	1.99	145.44	128	51.34	59
湖南	46.63	1.57	86.47	124	47.36	36
吉林	27.38	2.56	9.68	62	7.78	113
江苏	77.29	0.83	502.60	167	11.77	57
江西	28.05	1.20	68.58	102	29.37	56
辽宁	44.30	2.42	41.28	115	25.44	79
内蒙古	16.70	2.01	9.80	53	10.29	24
宁夏	64.27	22.63	5.95	19	4.23	3
青海	43.23	25.13	2.47	12	0.98	0
山东	65.14	0.94	226.55	145	66.22	126
山西	22.80	1.22	13.52	83	85.79	30
陕西	48.25	3.29	81.26	95	70.70	48
上海	56.81	2.95	127.32	64	0.24	1
四川	52.04	1.76	139.43	119	30.32	15

续表7-7

省（自治区、直辖市）	X_1	X_2	X_3	X_4	X_5	X_6
天津	24.60	2.44	68.11	56	0.36	2
西藏	11.93	59.65	0.13	7	17.01	0
新疆	13.54	2.03	2.77	50	40.34	25
云南	19.11	2.30	9.22	79	216.59	0
浙江	53.65	0.82	270.18	108	9.04	5
重庆	24.07	1.55	58.15	65	52.92	13

资料来源：《2018 年中国区域经济统计年鉴》《2018 年中国生物质发电产业排名报告》《2018 年中国教育统计年鉴》、物联网数据库等。

2）因子判断

经 SPSS 计算得出 KMO＝0.747＞0.5，在 Bartlett 的球形度检中 Sig＜0.001，近似方卡值为 380.084，数值较大，适合做因子分析。

3）主成分提取

从总方差解释表（表 7-8）可以得到特征值大于 1 的公因子有三个，三个因子累计方差贡献率为 76.989％，故本研究共提取了三个主成分。

表 7-8 解释的总方差

成分	初始特征值			提取平方和载入		
	合计	方差/％	累计/％	合计	方差/％	累计/％
1	5.866	48.882	48.882	5.866	48.882	48.882
2	2.074	17.286	66.168	2.074	17.286	66.168
3	1.299	10.821	76.989	1.299	10.821	76.989
4	0.921	7.677	84.666			
5	0.605	5.043	89.708			
6	0.488	4.067	93.775			
7	0.344	2.868	96.643			
8	0.191	1.593	98.237			
9	0.107	0.894	99.131			
10	0.070	0.582	99.714			
11	0.030	0.250	99.964			
12	0.004	0.036	100.000			

提取方法：主成分分析。

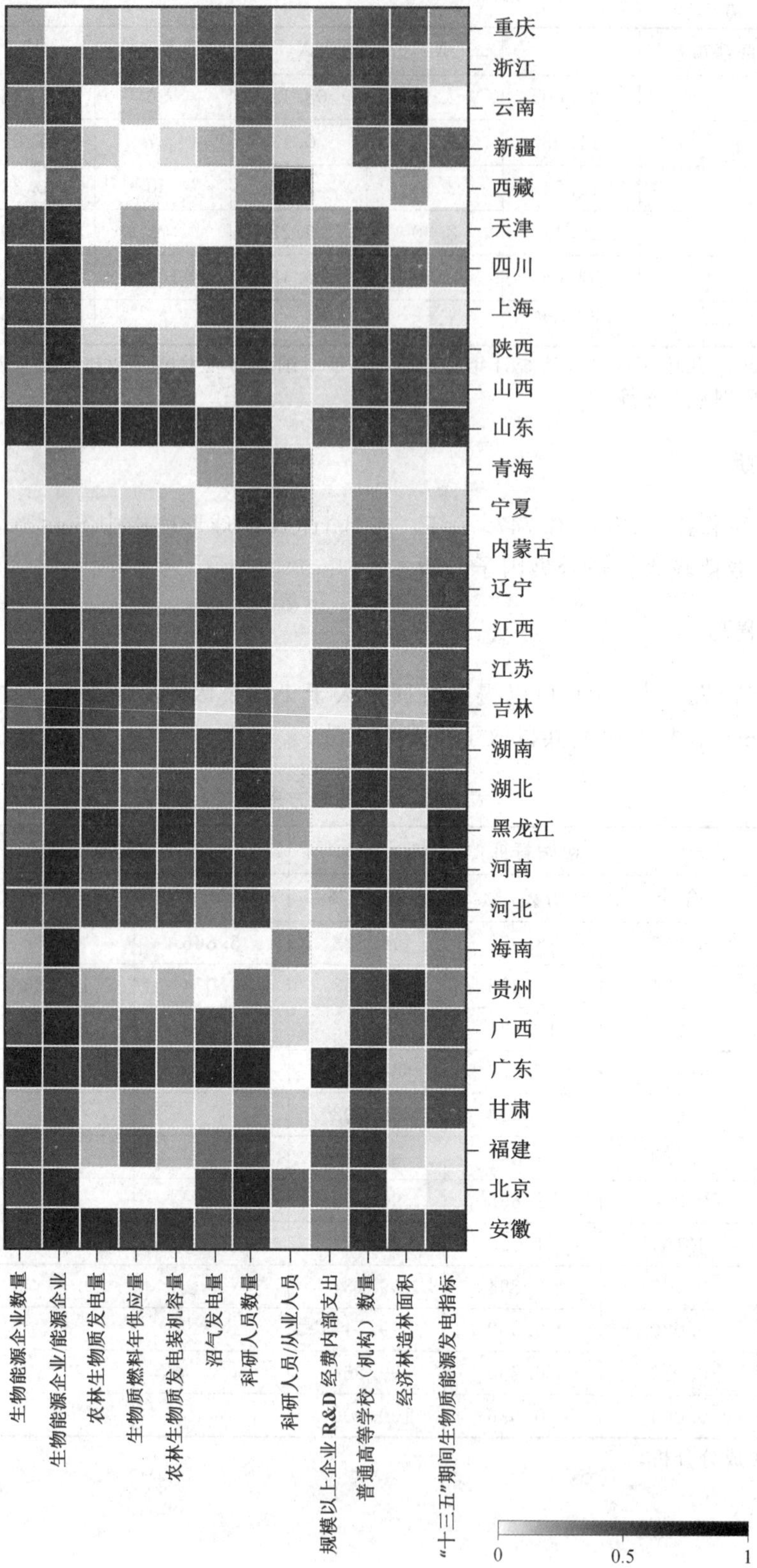

图 7-2 中国部分省（自治区、直辖市）生物能源产业评价指标标准化数据

4）确定因子类型

从旋转后的因子载荷矩阵（表 7-9）可知，作用在 F_1 上的主要因子载荷（取载荷系数绝对值大于 0.6）有生物能源企业数量 X_1、生物质燃料年供应量 X_4、沼气发电量 X_6、科研人员数量 X_7、规模以上企业 R&D 经费内部支出 X_9、普通高等学校（机构）数量 X_{10}。这其中包含了产业布局情况、产业经济总体运行情况和产业研发创新情况，主要涵盖了产业规模和创新能力两个方面，这两个方面又可以成为发展能力因子。

表 7-9　成分矩阵及指标权重表

因素	成分		
	F_1	F_2	F_3
X_1	0.896	0.305	0.189
X_2	0.139	0.246	0.570
X_3	0.228	0.934	0.094
X_4	0.629	0.688	0.116
X_5	0.203	0.945	0.088
X_6	0.889	0.193	0.119
X_7	0.769	0.190	−0.149
X_8	−0.245	−0.125	−0.770
X_9	0.925	−0.050	0.005
X_{10}	0.680	0.423	0.474
X_{11}	−0.282	−0.022	0.643
X_{12}	0.020	0.845	0.230

F_2 的主要因子载荷是农林生物质发电量 X_3、生物质燃料年供应量 X_4、农林生物质发电装机容量 X_5 和“十三五”期间生物质能源发电指标 X_{12}。这两因子主要表示了政府对生物能源产业的支持情况，可以称为政策环境因子。

F_3 的主要因子载荷是经济林造林面积 X_{11}。该因子主要表示了生物能源的发展资源状况，可以称为发展资源因子。

5）计算综合绩效得分

通过 SPSS 软件分析及加权计算，得到如表 7-10 所示的全国部分省（自治区、直辖市）生物能源产业综合绩效得分。

（1）从综合得分排名来看，山东省、安徽省、河南省排名前 3 位，综合排名前 10 的省（自治区、直辖市）分别有 9 个、6 个和 6 个在三个主成分排名中也进入了前 10，可见发展能力因子更影响最终结果。

表 7-10 因子得分及排名

省（自治区、直辖市）	F_1	排名	F_2	排名	F_3	排名	F	排名
山东	0.9535	1	0.4298	1	0.2507	4	0.7375	1
安徽	0.6037	5	0.3848	4	−0.0771	10	0.4591	2
河南	0.6577	4	0.2994	6	−0.1998	21	0.4568	3
黑龙江	0.4898	7	0.4269	2	0.2632	3	0.4442	4
江苏	0.7579	3	−0.1995	27	0.0209	6	0.4393	5
广东	0.8599	2	−0.6378	31	−0.2507	22	0.3672	6
河北	0.4697	8	0.3176	5	−0.0192	8	0.3670	7
吉林	0.3413	14	0.3901	3	−0.0301	9	0.3003	8
湖北	0.4408	10	0.1433	11	−0.0877	12	0.2998	9
湖南	0.4910	6	0.1033	13	−0.3216	28	0.2897	10
江西	0.4199	11	0.0710	17	−0.2738	23	0.2440	11
浙江	0.4562	9	−0.2508	29	−0.0810	11	0.2218	12
辽宁	0.3500	13	0.0526	18	−0.1454	17	0.2136	13
广西	0.3290	15	0.1295	12	−0.2984	26	0.1960	14
山西	0.2196	20	0.2085	7	−0.1598	20	0.1638	15
陕西	0.3129	17	0.0400	19	−0.3527	29	0.1580	16
四川	0.3522	12	−0.1084	24	−0.2942	25	0.1578	17
内蒙古	0.1720	22	0.0776	15	−0.0159	7	0.1244	18
北京	0.3242	16	−0.2998	30	−0.1417	16	0.1184	19
福建	0.2285	19	−0.1003	23	−0.1482	18	0.1016	20
上海	0.2547	18	−0.2495	28	−0.1246	15	0.0880	21
甘肃	0.1149	26	0.0955	14	−0.0924	13	0.0814	22
天津	0.1786	21	0.0131	20	−0.2988	27	0.0742	23
贵州	0.1330	25	0.1883	9	−0.4323	30	0.0659	24
重庆	0.1360	24	−0.0223	21	−0.1243	14	0.0638	25
新疆	0.0972	27	0.0763	16	−0.1483	19	0.0580	26
宁夏	0.0863	29	−0.1896	26	0.2827	2	0.0520	27
海南	0.0923	28	0.1457	10	−0.2863	24	0.0510	28
云南	0.1374	23	0.2041	8	−0.6661	31	0.0393	29
青海	0.0467	30	−0.1511	25	0.2324	5	0.0284	30
西藏	−0.0606	31	−0.0811	22	0.4365	1	0.0048	31

（2）从各主成分因子排名来看，山东省、广东省和江苏省分别排名生物能源产业发展能力前 3 位，排名靠前的地区发展能力强劲，具备较大的生物能源产业规模以及较强的研发创新能力；山东省、黑龙江省、吉林省分别排名生物能源产业政策环境前 3 位，排名靠前的地区较为重视生物能源产业发展，已针对生物能源产业作出了较大的政策布局；西藏自治区、宁夏回族自治区、黑龙江省分别排名生物能源产业发展资源前 3 位，排名靠前的地区更加具备生物能源产业发展优势，主要体现在其农林资源丰富。

（3）排名靠前的省（自治区、直辖市）主要集中在东部地区及经济发达地区，可见地理位置和经济水平对生物能源产业发展的推动作用较大。

7.3 中国省际生物农业产业竞争力评价

本节利用因子分析法对我国 31 个省（自治区、直辖市）生物农业产业有关因素进行分析，找出与生物农业产业相关的具有代表性的指标进行量化处理，采用 SPSS 软件进行运算分析得出结论。

1）评价指标体系构建

首先通过筛选有代表性的数据指标，构建全面的生物农业产业指标评价体系，通过查阅文献，整理有关数据，将数据指标进行量化处理，本节共选取 12 个数据指标（表 7-11），对我国 31 个省（自治区、直辖市）生物农业产业在全国的发展程度进行评价比较。其中部分指标的获取方式与上一节相同。本研究选择全国生物农业产业 31 个省（自治区、直辖市）的有关数据，并采用因子分析法。

表 7-11 生物农业产业评价指标体系

省（自治区、直辖市）发展情况	评价指标	评价指标代码
产业布局总体情况	生物农业企业数量/个	X_1
	生物农业企业/本省（自治区、直辖市）的所有农业企业/%	X_2
生物农业产业经济总体运行情况	林业生物农药无公害防治面积/万公顷	X_3
	生物农药（兽药）公司数量/家	X_4
	生物肥料公司数量/家	X_5
产业研发和技术情况	科研人员数量/千人	X_6
	科研人员/从业人员/%	X_7
	规模以上企业 R&D 经费内部支出/亿元	X_8

续表7-11

省（自治区、直辖市）发展情况	评价指标	评价指标代码
产业需求条件	农作物播种面积/百万公顷	X_9
	造林总面积/万公顷	X_{10}
	农药使用量/万吨	X_{11}
	化肥施用量/万吨	X_{12}

通过查阅《2018年中国林业统计年鉴》《2018年中国区域经济统计年鉴》《2017年中国农业年鉴》《2018年中国教育统计年鉴》、物联网数据库等文献资料，收集与整理相关数据。用具有代表性的数据建立因子分析模型，如表7-12和图7-3所示。对2018年全国31个省（自治区、直辖市）生物农业产业的基础数据进行SPSS分析。

表7-12　中国31个省（自治区、直辖市）生物农业产业评价指标原始数据

省（自治区、直辖市）	X_1	X_2	X_3	X_4	X_5	X_6
安徽	214	1.12	22.31	108	73	72.85
北京	357	3.21	1.82	229	164	114.13
福建	167	1.20	1.10	106	77	35.14
甘肃	59	0.73	8.75	16	13	6.95
广东	369	1.83	4.18	191	149	314.48
广西	206	1.69	0.30	110	97	103.8
贵州	31	0.46	2.17	14	12	0
海南	170	2.80	0.16	44	39	0
河北	191	0.82	35.87	132	168	32.71
河南	244	0.97	40.98	263	144	189.17
黑龙江	130	1.21	12.15	66	76	67.56
湖北	194	1.29	13.48	105	102	31.27
湖南	174	0.90	11.28	60	56	128.26
吉林	88	0.93	15.11	29	36	3.7
江苏	278	1.06	9.95	232	198	210
江西	97	0.86	2.74	58	18	200.15
辽宁	122	1.32	22.42	75	98	60.01
内蒙古	49	1.14	44.76	15	14	4.54
宁夏	34	1.81	4.03	13	7	0
青海	23	2.95	7.50	4	4	18.86
山东	586	1.95	37.19	492	715	171.88

续表7-12

省（自治区、直辖市）	X_1	X_2	X_3	X_4	X_5	X_6
山西	73	1.06	8.56	41	31	0
陕西	154	1.42	7.58	114	47	67.62
上海	248	3.05	0.90	69	39	111.27
四川	244	1.14	10.98	110	71	84.5
天津	62	1.86	4.19	46	25	0
西藏	2	1.60	0.01	0	1	0
新疆	100	1.64	76.51	37	38	14.98
云南	240	1.94	18.53	79	50	0
浙江	193	0.99	3.37	173	104	183.17
重庆	54	0.27	3.71	35	27	47.34

省（自治区、直辖市）	X_7	X_8	X_9	X_{10}	X_{11}	X_{12}
安徽	36.98	1.28	8.77	13.85	9.9394	311.80
北京	77.76	8.67	0.10	3.00	0.2726	7.29
福建	28.88	0.72	1.58	19.34	5.2167	110.74
甘肃	11.92	2.39	3.77	39.28	5.1995	83.17
广东	72.01	0.56	4.28	27.05	11.2958	231.32
广西	27.29	1.96	5.97	24.78	7.2495	255.05
贵州	14.68	1.78	5.48	34.67	1.3399	89.48
海南	5.85	5.79	0.71	1.05	3.3408	48.37
河北	43.79	1.54	8.20	60.10	7.7623	312.40
河南	45.03	0.94	14.78	17.36	12.0713	692.79
黑龙江	36.79	4.23	14.67	9.66	8.3218	245.64
湖北	58.21	1.99	7.95	33.07	10.9588	295.82
湖南	46.63	1.57	8.11	58.43	11.6023	242.61
吉林	27.38	2.56	6.08	12.27	5.6294	228.30
江苏	77.29	0.83	7.52	4.34	7.3167	292.45
江西	28.05	1.20	5.56	30.81	8.7737	123.20
辽宁	44.30	2.42	4.21	16.80	5.7474	145.02
内蒙古	16.70	2.01	8.82	60.00	3.5618	222.67
宁夏	64.27	22.63	1.16	10.01	0.254	38.37
青海	43.23	25.13	0.56	20.59	0.1875	8.32
山东	65.14	0.94	11.08	14.75	14.067	420.35

续表 7-12

省（自治区、直辖市）	X_7	X_8	X_9	X_{10}	X_{11}	X_{12}
山西	22.80	1.22	3.56	34.01	2.8831	109.61
陕西	48.25	3.29	4.09	34.81	1.3335	229.64
上海	56.81	2.95	0.28	0.32	0.3523	8.37
四川	52.04	1.76	9.62	43.68	5.5751	235.21
天津	24.60	2.44	0.43	0.86	0.2353	16.95
西藏	11.93	59.65	0.27	7.50	0.1076	5.19
新疆	13.54	2.03	6.07	24.38	2.767	254.99
云南	19.11	2.30	6.89	37.48	5.7675	217.37
浙江	53.65	0.82	1.98	6.36	4.6303	77.76
重庆	24.07	1.55	3.35	27.00	1.7467	93.17

资料来源：《2018年中国林业统计年鉴》《2018年中国区域经济统计年鉴》《2017年中国农业年鉴》《2018年中国教育统计年鉴》、物联网数据库等。

2）因子判断

经SPSS计算得出KMO=0.648>0.5，在Bartlett的球形度检中Sig<0.001，近似方卡值为301.640，数值较大，适合做因子分析。

3）主成分提取

从总方差解释图（表7-13）可以得到特征值大于1的公因子有三个，三个因子累计方差贡献率为75.908%，故本研究共提取了三个主成分。

表7-13 解释的总方差

成分	初始特征值			提取平方和载入		
	合计	方差/%	累计/%	合计	方差/%	累计/%
1	5.216	43.463	43.463	5.216	43.463	43.463
2	2.790	23.253	66.716	2.790	23.253	66.716
3	1.103	9.192	75.908	1.103	9.192	75.908
4	0.738	6.151	82.058			
5	0.597	4.975	87.033			
6	0.515	4.293	91.326			
7	0.392	3.264	94.591			
8	0.313	2.606	97.197			
9	0.153	1.272	98.469			
10	0.116	0.968	99.437			
11	0.053	0.438	99.875			
12	0.015	0.125	100.000			

提取方法：主成分分析。

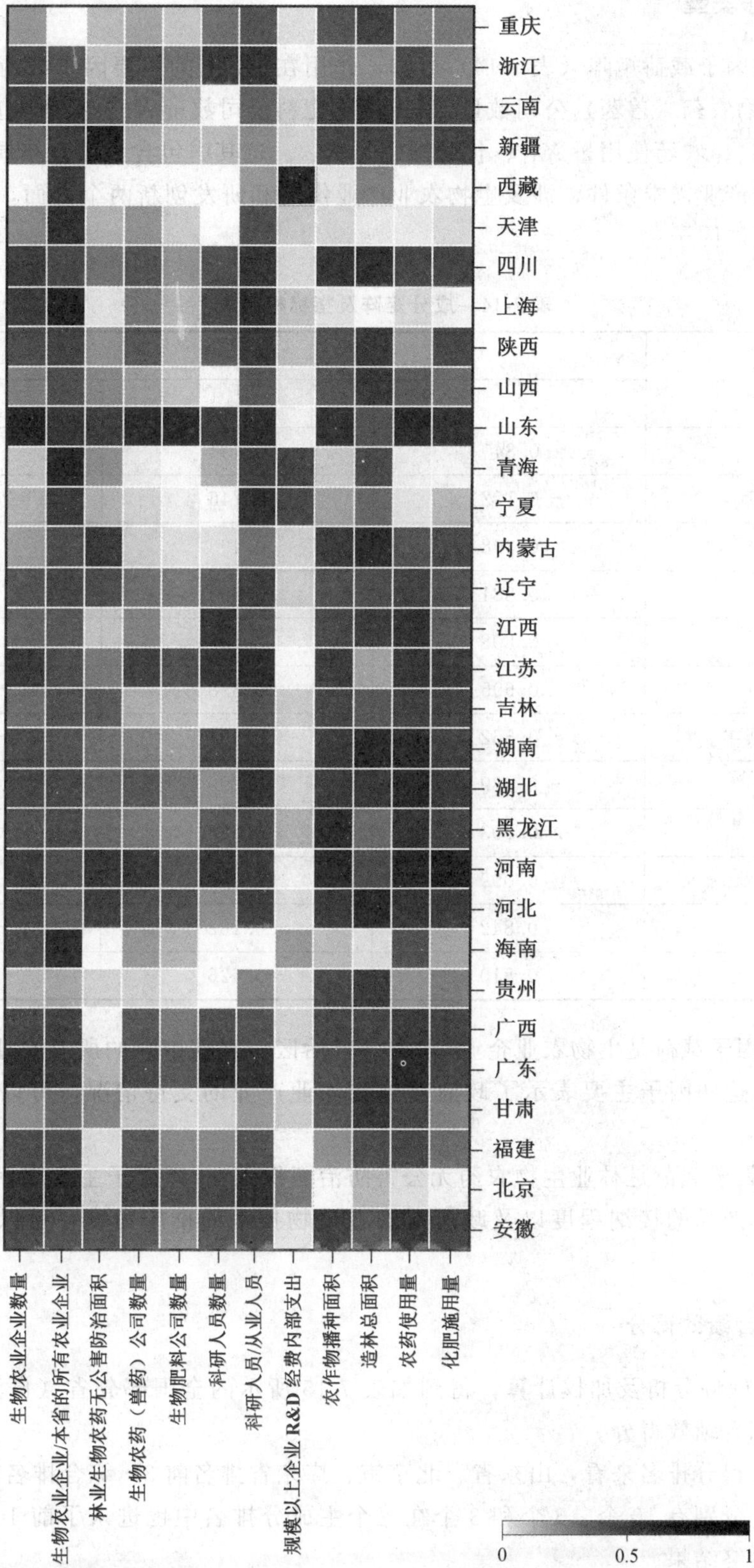

图 7-3 中国 31 个省（自治区、直辖市）生物农业产业评价指标标准化数据

4）确定因子类型

从旋转后的因子载荷矩阵（表 7-14）可知，作用在 F_1 上的主要因子载荷有生物农业企业数量 X_1、生物农药（兽药）公司数量 X_4、生物肥料公司数量 X_5、科研人员数量 X_6、农作物播种面积 X_9、农药使用量 X_{11}、化肥施用量 X_{12}。这其中包含了产业布局情况、产业研发要素状况以及产业需求条件，涉及生物农业产业供需和研发创新两个方面，这两个方面又可以成为市场发展因子。

表 7-14　成分矩阵及指标权重表

因素	成分		
	F_1	F_2	F_3
X_1	0.840	0.434	0.059
X_2	−0.122	0.746	0.412
X_3	0.398	−0.493	0.642
X_4	0.881	0.366	0.113
X_5	0.808	0.293	0.258
X_6	0.695	0.328	−0.434
X_7	0.562	0.554	−0.237
X_8	−0.489	0.290	0.331
X_9	0.703	−0.566	0.088
X_{10}	0.099	−0.716	−0.165
X_{11}	0.842	−0.262	−0.160
X_{12}	0.810	−0.426	0.153

F_2 的主要因子载荷是生物农业企业/本省（自治区、直辖市）的所有农业企业 X_2 和造林总面积 X_{10}。这两因子主要表示了政府对生物农业产业的支持情况，可以称为需求状况因子。

F_3 的主要因子载荷是林业生物农药无公害防治面积 X_3。该因子主要表示了从业人员对生物农业技术和产品的接纳程度以及政府对农业生物技术的推广力度，可以称为政策支持因子。

5）计算综合绩效得分

通过 SPSS 软件分析及加权计算，得到如表 7-15 所示的全国部分省（自治区、直辖市）生物农业产业综合绩效得分。

（1）从综合得分排名来看，山东省、北京市、广东省排名前 3，综合排名前 12 的省（自治区、直辖市）分别有 10 个、6 个和 3 个在三个主成分排名中也进入了前 10，可见市场发展因子更影响最终结果。

表 7-15　因子得分及排名

省（自治区、直辖市）	F_1	排名	F_2	排名	F_3	排名	F	排名
山东	1.0300	1	0.2869	5	0.4574	2	0.7333	1
北京	0.3373	14	0.6852	1	0.1955	10	0.4266	2
广东	0.6501	3	0.3045	3	−0.3541	31	0.4228	3
河南	0.7950	2	−0.2060	27	0.2244	8	0.4196	4
江苏	0.6153	4	0.2576	8	−0.1470	27	0.4136	5
上海	0.2039	22	0.5215	2	0.1279	16	0.2919	6
浙江	0.3687	12	0.2720	7	−0.2040	28	0.2698	7
安徽	0.4696	8	−0.0763	18	0.1358	14	0.2622	8
湖北	0.4792	6	−0.0729	17	0.0224	20	0.2550	9
广西	0.3784	11	0.0361	15	0.0152	21	0.2297	10
黑龙江	0.4341	10	−0.1135	24	0.1222	17	0.2288	11
四川	0.4431	9	−0.0864	19	−0.0421	25	0.2224	12
辽宁	0.3137	15	0.0448	14	0.1319	15	0.2094	13
河北	0.4852	5	−0.2927	30	0.1704	11	0.2091	14
云南	0.3132	16	−0.0983	21	0.3048	7	0.1862	15
陕西	0.2899	17	0.0500	13	0.0266	19	0.1846	16
海南	0.0946	27	0.2575	9	0.3617	4	0.1768	17
新疆	0.2781	18	−0.2412	29	0.7455	1	0.1757	18
湖南	0.4784	7	−0.2276	28	−0.2383	29	0.1756	19
福建	0.2438	21	0.0821	12	0.0046	23	0.1653	20
宁夏	0.0812	28	0.2792	6	0.1577	12	0.1510	21
青海	0.0316	30	0.2917	4	0.3412	5	0.1487	22
江西	0.3513	13	−0.0637	16	−0.3041	30	0.1450	23
吉林	0.2545	20	−0.0953	20	0.1560	13	0.1356	24
天津	0.0617	29	0.2116	10	0.2116	9	0.1257	25
山西	0.1649	23	−0.1002	22	0.0698	18	0.0723	26
西藏	−0.0914	31	0.2083	11	0.4334	3	0.0638	27
内蒙古	0.2625	19	−0.4204	31	0.3389	6	0.0628	28
重庆	0.1585	25	−0.1020	23	−0.1079	26	0.0466	29
甘肃	0.1605	24	−0.2043	26	0.0058	22	0.0301	30
贵州	0.1207	26	−0.1968	25	−0.0222	24	0.0062	31

(2) 从各主成分因子排名来看，山东省、河南省和广东省分别排名生物农业产业市场发展前3位，排名靠前的地区生物农业市场发展能力强劲，具备较大的生物农业供需市场以及较强的研发创新能力；北京市、上海市、广东省分别排名生物农业产业需求状况前3位，排名靠前的地区对生物农业产业的需求更大，它们一般是经济较发达的省（自治区、直辖市），其发展现代都市农业对农业生物技术需求较高；新疆维吾尔自治区、山东省、西藏自治区分别排名生物农业产业政策支持前3位，排名靠前的地区对生物农业产业发展较为重视，已经在农业发展中应用了较多生物技术。

(3) 排名靠前的省（自治区、直辖市）主要集中在东部地区及经济发达地区，可见地理位置和经济水平对生物农业产业发展的推动作用较大。

7.4 中国省际生物工业产业竞争力评价

本节利用因子分析法对我国31个省（自治区、直辖市）生物工业产业有关因素进行分析，找出与生物工业产业相关的具有代表性的指标进行量化处理，采用SPSS软件进行运算分析得出结论。

1）评价指标体系构建

生物工业属于高新技术产业，其在我国的发展时间较晚且规模较小，导致我国生物工业产业相关数据较少，本节通过我国31个省（自治区、直辖市）生物工业的代表性细分产业的公司企业数量反映各地区生物工业发展状况。通过查阅文献，整理有关数据，本研究共选取7个数据指标（表7-16），对我国31个省（自治区、直辖市）生物工业产业在全国的发展程度进行评价比较。本节选择全国生物工业产业31个省（自治区、直辖市）的有关数据，并采用因子分析法。

表7-16 生物工业产业评价指标体系

省（自治区、直辖市）生物工业产业发展情况	评价指标体系	评价指标代码
生物工业产业市场规模	生物材料企业数量/家	X_1
	活性酵母与酶制剂企业数量/家	X_2
	生物芯片企业数量/家	X_3
	生物反应器企业数量/家	X_4
产业研发和技术情况	科研人员数量/千人	X_5
	科研人员/从业人员/%	X_6
	规模以上企业R&D经费内部支出/亿元	X_7

通过查阅《2018年中国教育统计年鉴》以及物联网数据库等文献资料，收集与整理相关数据。用具有代表性的数据建立因子分析模型，如表7-17和图7-4所示。对2018年全国31个省（自治区、直辖市）生物工业产业进行SPSS分析。

表 7-17　中国 31 个省（自治区、直辖市）生物工业产业评价指标原始数据

省（自治区、直辖市）	X_1	X_2	X_3	X_4	X_5	X_6	X_7
安徽	9 842	270	92	122	72.85	36.98	1.28
北京	6 835	245	119	321	114.13	77.76	8.67
福建	14 693	129	44	94	35.14	28.88	0.72
甘肃	2 846	62	15	20	6.95	11.92	2.39
广东	49 359	707	591	335	314.48	72.01	0.56
广西	7 144	240	23	42	103.8	27.29	1.96
贵州	1 926	60	18	16	0	14.68	1.78
海南	3 202	56	19	15	0	5.85	5.79
河北	5 743	548	18	61	32.71	43.79	1.54
河南	7 890	355	47	118	189.17	45.03	0.94
黑龙江	5 188	950	32	32	67.56	36.79	4.23
湖北	10 390	293	69	130	31.27	58.21	1.99
湖南	7 623	172	12	68	128.26	46.63	1.57
吉林	5 220	157	20	25	3.7	27.38	2.56
江苏	20 315	890	374	600	210	77.29	0.83
江西	3 888	103	23	49	200.15	28.05	1.20
辽宁	9 194	284	27	75	60.01	44.30	2.42
内蒙古	4 329	104	8	24	4.54	16.70	2.01
宁夏	1 271	61	3	11	0	64.27	22.63
青海	1 685	8	3	5	18.86	43.23	25.13
山东	22 919	1 518	135	668	171.88	65.14	0.94
山西	3 136	54	6	15	0	22.80	1.22
陕西	8 584	239	108	66	67.62	48.25	3.29
上海	27 516	295	201	285	111.27	56.81	2.95
四川	9 888	356	76	152	84.5	52.04	1.76
天津	6 960	223	59	136	0	24.60	2.44
西藏	391	13	3	5	0	11.93	59.65
新疆	3 668	96	17	19	14.98	13.54	2.03
云南	4 767	165	31	50	0	19.11	2.30
浙江	14 077	524	250	260	183.17	53.65	0.82
重庆	4 753	98	61	35	47.34	24.07	1.55

资料来源：《2018 年中国教育统计年鉴》、物联网数据库等。

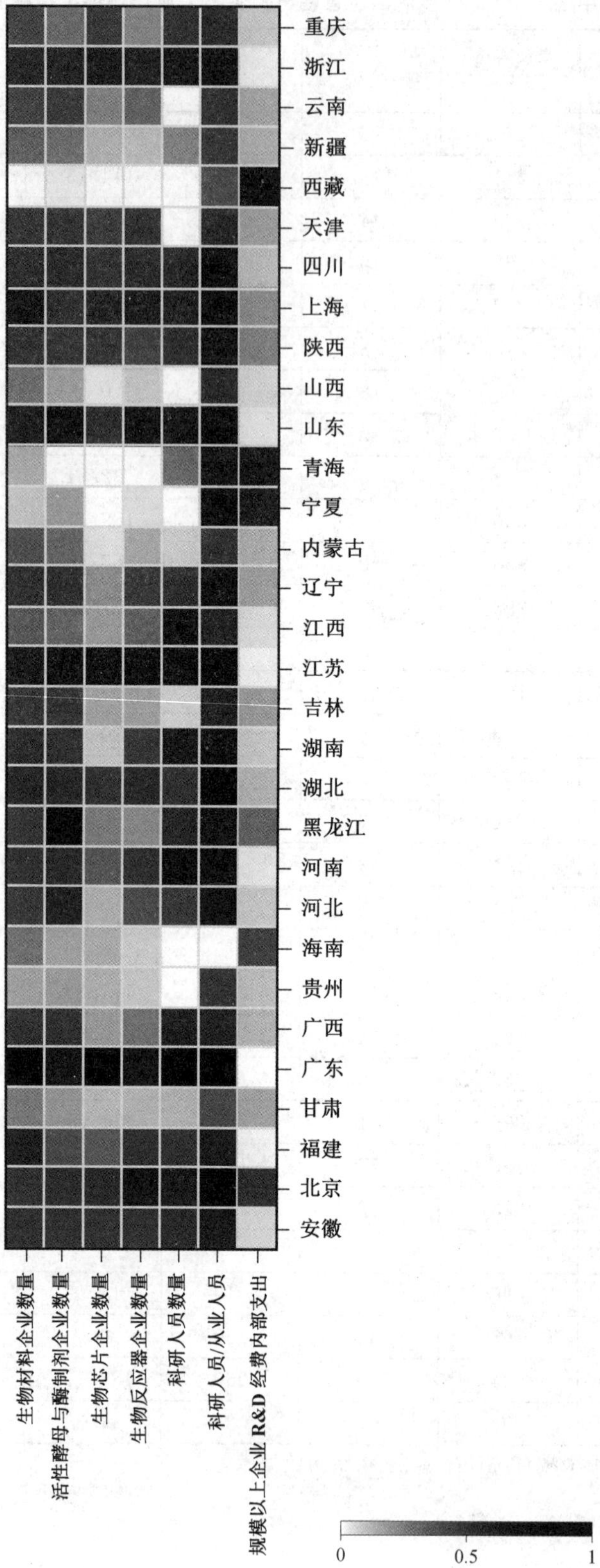

图 7-4 中国 31 个省（自治区、直辖市）生物工业产业评价指标标准化数据

2）因子判断

经 SPSS 计算得出 KMO＝0.830＞0.5，在 Bartlett 的球形度检中 Sig＜0.001，近似方卡值为 144.754，数值较大，适合做因子分析。

3）主成分提取

从总方差解释表（表 7-18）可以得到特征值大于 1 的公因子仅有一个，该因子累计方差贡献率为 63.571%，故本研究共提取了一个主成分。

表 7-18　解释的总方差

成分	初始特征值			提取平方和载入		
	合计	方差/%	累计/%	合计	方差/%	累计/%
1	4.45	63.571	63.571	4.45	63.571	63.571
2	0.937	13.388	76.959			
3	0.675	9.646	86.605			
4	0.402	5.744	92.349			
5	0.284	4.051	96.4			
6	0.168	2.395	98.794			
7	0.084	1.206	100			

提取方法：主成分分析。

4）计算综合绩效得分

通过 SPSS 软件分析及加权计算，得到如图 7-5 所示的全国部分省（自治区、直辖市）生物工业产业综合绩效得分。

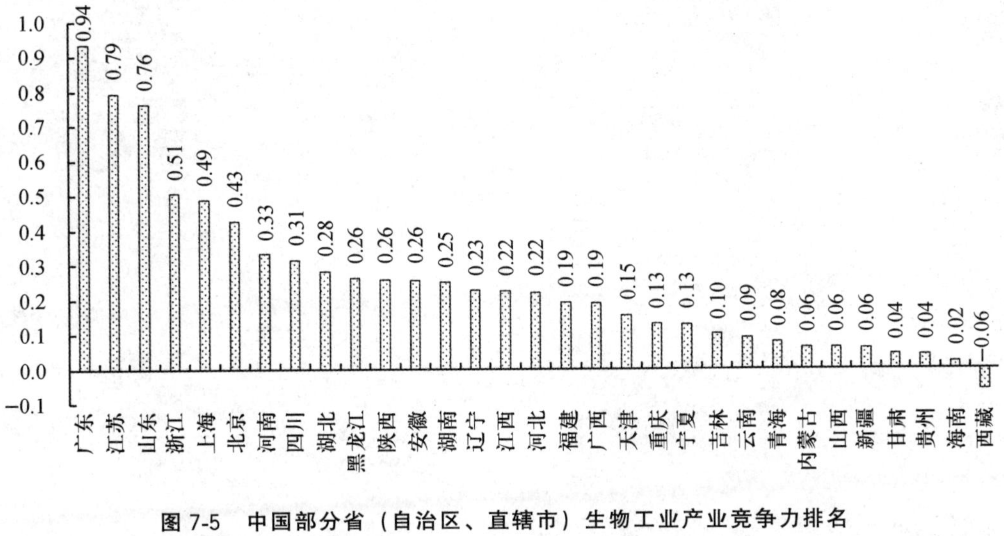

图 7-5　中国部分省（自治区、直辖市）生物工业产业竞争力排名

（1）从综合得分排名来看，广东省、江苏省、山东省排名前3位，排名靠前的地区凭借更多的生物工业企业数量和强劲的科技研发实力在国内生物工业产业竞争中处于优势地位。

（2）排名靠前的省（自治区、直辖市）主要集中在东部地区及经济发达地区，可见地理位置和经济水平对生物工业产业发展的推动作用较大。

第 8 章　国内外生物产业发展政策研究

美欧等发达国家与地区已经形成一套较为完善的政策支持体系，全方位促进区域内生物产业的发展。中国将生物产业列为重点培育发展的战略性新兴产业之一，出台实施了一系列财税、价格、金融等优惠政策，生物产业保持了健康发展的良好态势。我国主要省（自治区、直辖市）生物产业促进手段和优惠政策各具特色，共性的产业推进措施主要包括资金支持、促进人才引进、创新体系建设、市场培育、引导产业发展方向以及加强组织和办事机制保障等方面。

8.1　国际生物产业政策变化分析

生物产业是 21 世纪创新最为活跃、影响最为深远的新兴产业。随着现代生命科学快速发展，现代生物技术产业化快速演进，生物经济对人类生产生活产生深远影响。近年来各发达经济体纷纷聚焦生物产业，引导全球资本市场向生物领域投注目光，依托发达国家科研机构和人才密集的优势，波士顿基因城、莱茵河畔生物谷等一批现代生物产业集群，业已成为全球生物产业创新发展的策源地。同时经过多年的发展，美欧等发达国家与地区已经形成一套较为完善的政策支持体系，全方位促进区域内生物产业的发展。从各国生物产业发展的实践来看，生物产业的发展、成熟和壮大离不开政府的包括政策、法律、组织等在内的“一揽子”支持。充分发挥政府的作用，构建一个全面的有利于生物产业发展的政策支持体系十分必要。

1）美国

作为现代生物技术的发源地，美国生物产业领先于世界其他国家。为了获得和保持在生物产业领域的全面领先优势，近年来，美国制定了一系列政策和措施，主要包括：一是建立高层协调机制和产业组织体系。美国白宫、国会均设有专门的“生物技术委员会”，跟踪生物技术的发展，研究制定相应的财政预算、管理法规和税收政策。同时美国生物技术行业组织（BIO）比较发达，在推动政府制定有利于生物发展政策与法规方面发挥着重要作用；二是实施专项计划。美国联邦政府针对不同的成长阶段推出行动计划；三是制定税收优惠政策。美国政府利用税收优惠（如减免高技术产品投资税、高技术公司的公司税、财产税、工商税）等税制来间接刺激投资。各州政府也为生物技术产品开发提供经费补贴；四是设立生物产业基地。美国在知识密集地区已初步形成了波士顿、旧金山、华盛顿、圣地亚哥、北卡三角园五大生物产业基地；五是放宽生物药品管理。美国食品药品管理局（FDA）简化了生物技术公司新药检验与申报程序，放宽了转基因植物大田试验的管理条例等，并将生物技术的专利保护期限从 17 年延长为 20 年。

2）欧盟地区

尽管美国一直居全球生物产业之首，但欧洲生物产业在全球舞台上也扮演着主要角色。早在2003年9月，欧盟委员会在“Life Sciences and Biotechnology—A Strategy for Europe Progress Report and Future Orientations（生命科学和生物技术——欧洲战略进展报告和未来方向）”中指出：生物技术是下一个技术革命，是知识经济和循环经济的支柱，欧洲必须采取积极主动的政策措施。

政策的支持加速了欧洲生物产业的蓬勃发展，主要政策有：一是重视生物技术发展战略。欧盟（EU）第六个科研计划框架中，把“生命科学、有利于人类健康的基因组技术和生物技术”放在了首要的位置上。2002年，欧盟就发表了一份“Life sciences and biotechnology：A strategy for Europe（生命科学与生物技术：欧洲的发展战略）”研究报告，对生物产业进行了战略布局；二是加大生物技术研究投资；三是改革税收制度。英国为了进一步鼓励风险投资，政府将对小型高技术企业的投资减免20％的公司税。英国政府还将引入针对中小企业（年研究开发投入超过5万英镑）的研究开发税务信贷，这些企业可以享受150％的研究开发费用免税。德国也在2010年发布的《生物经济2030：国家研究部战略》和《健康研究框架计划》中提出，计划用80亿欧元的经费投入生物技术研发领域。

3）日本

日本虽然在生物产业领域内的某些基础性研究上取得了较大进展，但总体而言，日本在生物技术研发方面与欧美存在较大差距。

日本政府在发展、振兴21世纪日本经济的一系列政策当中，把生物产业作为重点发展对象。一是制定生物技术战略。生物产业是继汽车和信息产业之后，又一个被日本明确纳入国家发展战略的领域。早在2002年12月日本召开的第5次生物战略会议上，日本政府就确定了生物技术立国战略，提出了多项扶持政策；二是加大重点项目资金资助。考虑到与美国的巨大差距，日本的生物产业政策不再采取全方位发展战略，而是集中资源，以发展“基因新药”为目标来推动日本的生物产业；三是促进产学官的联合。日本政府推出了产学合作的产业R&D促进计划、风险企业实验室计划和面向未来的研究计划。强化产学官的联合，将大学科研人员的新理论和新技术设想与企业界的科研有机结合起来，促进了科研成果的迅速转化。

4）印度

由于印度生物技术所处的国际地位，联合国已把印度作为发展中国家生物工程技术培训中心，欧美等发达国家则将其作为生物技术试验基地。不少跨国公司和医药巨头也纷纷涌入。专家预测，根据印度现在的发展速度，在不远的将来印度将成为世界上重要的生物产业大国。

印度生物产业发展如此迅速，与政府大力支持是分不开的。一是保证政府对产业的有力协调。印度政府设有独立的国家“生物技术局”，全面负责和协调全国生物技术工作，同时印度政府还分别成立了由科学家和管理专家组成的科学顾问委员会，以及16个生物技术特别工作组；二是大力支持生物信息技术的研究。印度政府以生物信息技术行业为重点发展领域，2004年就颁布了《国家生物信息技术政策》，力图利用软件产业的优势带动生物产业发展；三是税收优惠政策。出口型企业享有优惠政策，其中包括：可在国内保税区内销售其总产量 25％的产品，免税进口，商品出口收入免除全部所得税等；四是创造良好的法制环境。印度政府对《专利法》做了新的修改，即对除有关人类基因的生物技术成果不授予专利权外，对一般转基因动植物可给予专利权保护。印度颁布实施了《生物多样性保护法》，同时为保证生物技术工作者在实验室环境下的安全性，印度颁布了生物技术安全规则和关于遗传工程生物及其制品的生产、进口、利用、研究、保存和分发的条例。

8.2　中国生物产业政策变化分析

我国生物产业的快速发展离不开产业政策的支持与保护。当前我国生物产业以政府主导型产业政策模式为主，零星分散的专项产业政策，以及条块分割的产业调控政策，促进集聚的产业布局政策。同时，目前我国生物产业政策体系仍存在政策体系不完备、生物产业集聚区宏观布局政策的指导性不强、生物产业投资保护政策倾斜力度不够、税收杠杆的支持效果不明显、生物产业的法制化程度低等问题需要解决。

8.2.1　结构性政策

我国生物产业起步于 80 年代初期，经过近 40 年的发展，我国生命科学和生物技术的基础研究已取得了突破性进展，与世界先进水平的差距并不明显，有的领域还处于国际领先水平。但我国生物技术的产业化水平却相对落后，与发达国家相比存在较大差距。在影响产业发展的诸多因素中，产业政策居于核心地位。目前我国的生物产业政策存在产业政策体系不完备，宏观布局政策的指导性较模糊，投融资、税收等生物产业配套政策的倾斜性不足等问题，严重影响了我国生物产业的发展（图 8-1）。

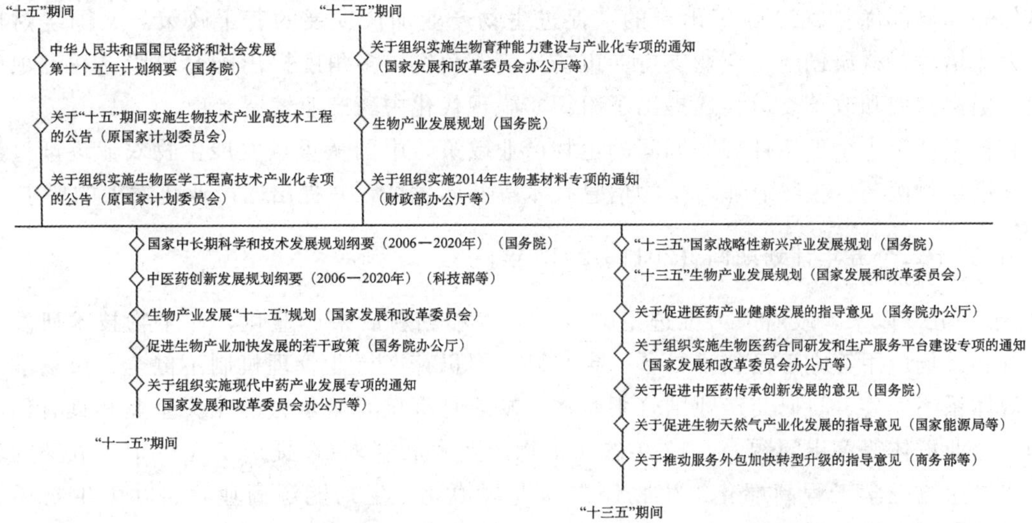

图 8-1　"十五"到"十三五"期间中国生物产业结构政策

数据来源：根据政府官网文件搜索整理绘制。

1）第十个五年计划期间（2001—2005 年）

在这一期间，随着全球范围内开始形成以基因技术为核心的生物技术产业链，带动现代农业、医药产业、食品工业、化学工业、环保工业的发展，政府开始制定相应产业政策，鼓励中国生物产业发展。首先在《中华人民共和国国民经济和社会发展第十个五年计划纲要》中从国家层面提出有重点地发展高技术产业、建设生物技术工程等一批重大高技术工程，促进现代中药等高技术的产业化发展。在 2003 年发布的《国家计划委员会关于“十五”期间实施生物技术产业高技术工程的公告》中对生物产业发展方向进行了分工，强调重点发展生物农业、积极发展生物医药、推进发展环保生物海洋生物技术以及生物反应器产业化、促进生物技术在传统产业的应用。随后 2003 年原国家计划委员会公布了《国家计划委员会关于组织实施生物医学工程高技术产业化专项的公告》，通过专项支持，加快对生物工程关键技术的研发，促进中国生物医学工程产业化发展。

2）第十一个五年计划期间（2006—2010 年）

随着生命科学研究发展不断取得突破，在“十一五”期间，世界现代生物技术发展开始进入大规模产业化的阶段，许多生命科学研究取得重大突破，新型生物产业群蓬勃发展。许多国家纷纷制定生物产业发展战略规划，积极抢占 21 世纪国际经济技术竞争制高点。我国生物产业经过“十五”期间的发展，已经具备较好的基础，对生命科学领域的研究取得一定的突破，在生物育种领域具有一定的优势，生物医药、生物农业等初具规模，呈现集聚化发展趋势。因此，为了促进我国生物产业在经过“第十个五年计划”后，继续呈现蓬勃发展的态势，2006 年科技部等十六个部门联合制定《中医药创新发展规划纲要（2006—2020 年）》，指导未来中国现代中医药领域的发展。随后国家发展和改革委员会制定了《生物产业发展“十一五”规划》，强调在“第十个五年计划”的基础上，通过组织实施九大专项，加快发展生物医药、生物农业、生物能源、生物制造、生物环保等行业，形成我国生物产业群体优势和局部优势。2009 年出台的《促进生物产业加快发展的若干政策》又围绕财税融资、人才培养、科研创新、企业支持、市场环境等角度，多角度提出配套政策。在专项政策方面，国家发展和改革委员会还提出了组织实施现代化中药产业发展专项。

相较于“第十个五年计划”期间的生物产业政策，中国从重点发展生物农业逐渐过渡到希望促进生物医药、生物农业、生物信息技术等共同发展，并提出向产业化发展的要求。

3）第十二个五年计划期间（2011—2015 年）

“十一五”以来，政府大力推进生物技术研发和创新成果产业化，在生物技术研发、产业培育和市场应用等方面已初步具备一定基础，但仍存在行业管理机制不健全、市场准入政策法规体系不完善、科研与产业结合不紧密、缺乏具有核心竞争力的龙头企业和具有创新活力的小企业群体等突出问题。2012 年的《生物产业发展规划》，提出了在“十一五”的基础上，促进生物医学工程高端化、生物制造产业规模化、生物能源商业化、壮大生物环保产业。同时针对生物农业领域，2012 年公布的《关于组织实施生物育种能力建设与产业化专项的通知》，强调推动建设以企业为主体的种业体系，希望显著提升企业的品种培育和产业化能力。随后针对生物材料产业，2014 年财政部与国家发展和改革委员会联合组织实施了生物材料专项，促进生物材料领域技术研发与创新。

与第十一个五年计划期间相比，国家在生物医药、生物医学工程、生物农业、生物制造和生物能源的基础上提出了新的目标，第一次提出发展生物服务领域，这是政府在现代生产和消费模式下提出的新要求。在专项支持方面，形成了生物医学工程、现代中药、生物育种和生物材料多领域专项支持政策体系。

4）第十三个五年计划期间（2016—2020 年）

"十二五"以来，随着现代生命科学快速发展，以及生物技术与信息、材料、能源等技术加速融合，高通量测序、基因组编辑和生物信息分析等现代生物技术突破与产业化快速演进，生物经济正加速成为继信息经济后新的经济形态，对人类生产生活产生深远影响。在这一时期，面对激烈的全球竞争环境，我国需要加紧建设生物经济强国，在新一轮全球产业竞争中谋得有利地位。2016 年国家发展和改革委员会发布的《"十三五"生物产业发展规划》强调构建生物医药新体系，提升生物医学工程发展水平，加速生物农业产业化，推动生物制造规模化，生物能源创新化，生物环保技术取得突破以及培育生物服务新业态。针对生物医药产业，2016 年国务院办公厅出台了《国务院办公厅关于促进医药产业健康发展的指导意见》，希望通过多角度政策扶持，推动医药产业智能化、服务化、生态化，实现产业向中高端转型。随后发布的《关于组织实施生物医药合同研发和生产服务平台建设专项的通知》《中共中央国务院关于促进中医药传承创新发展的意见》《中共中央国务院关于促进生物天然气产业化发展的指导意见》和《商务部等 8 部门关于推动服务外包加快转型升级的指导意见》分别从生物医药、生物能源和生物服务三个方面支持产业创新与发展。

与"第十二个五年计划"期间相比，在原重点发展领域的基础上提出了有关生物环保技术应用的要求，明确指出围绕国家生态文明建设的迫切需求，面向环境污染生物修复和废弃物资源化利用，发展高效生物菌剂与生物制剂、高效低耗生物工艺与装备以及生物—物化优化组合技术集成系统。同时进一步形成了对生物能源、生物服务、生物医药等产业的针对性政策，这也表明中国生物产业政策支持体系进一步细化完善。

8.2.2　配套性政策分析

1）管理政策

生物产业作为新兴产业，其研发生产应用环节过程管理规范体系需要建设完善。在转基因管理方面，国务院首先于 2001 年制定了《农业转基因生物安全管理条例》，对境内从事农业转基因生物研究、试验、生产、加工、经营和进出口活动进行规范管理。随后原卫生部出台《转基因食品卫生管理办法》，完善转基因食品的监督管理。同时为了进一步管理进出境转基因产品检验检疫工作，2004 年出台《进出境转基因产品检验检疫管理办法》，初步形成了转基因产品从前期研发到后期流通全环节的管理体系。随后 2006 年原农业部发布《农业转基因生物加工审批办法》，加强对农业转基因生物加工审批管理，加上 2020 年国务院出台的《农业转基因生物监管工作方案》，我国针对转基因生物研发生产加工全环节的管理体系进一步完善优化。在生物产业科研活动方面，“十一五”期间科技部与原卫生部联合发布了《人体干细胞研究伦理指导原则》，规范境内从事人胚胎干细胞研究活动，“十一五”期间政府先后从科研项目管理、实验室安全管理出台了《国家高技术产业发展项目管理暂行办法》《病原微生物实验室生物安全环境管理办法》和《人间传染的高致病性病原微生物实验室和实验活动生物安全审批管理办法》，规范生物产业科研活动安全管理。“十三五”期间，为了规范涉及人的生物医学研究活动，原国家卫生计划生育委员会公布了《涉及人的生物医学研究伦理审查办法》，同时为了进一步提高我国高级别生物安全实验室体系的建设水平，在《病原微生物实验室生物安全管理条例》的基础上制定了《高级别生物安全实验室体系建设规划（2016—2025 年）》，进一步完善我国高级别生物实验室管理体系。在生物产品流通方面，“十五”期间，出台《中华人民共和国生物两用品及相关设备和技术出口管制条例》和《生物两用品及相关设备和技术出口管制清单》，同时为了进一步管理进出境转基因产品检验检疫工作，出台《进出境转基因产品检验检疫管理办法》，初步形成进出口生物制品管理体系。“十一五”期间，原环境保护部与质检总局又出台《进出口环保用微生物菌剂环境安全管理办法》，加强微生物制品安全管理。“十三五”期间，针对生物药品进出口管理方面，国家药品监督管理局综合司启用了药品进出口准许证管理系统，规范化管理蛋白同化制剂和肽类激素等生物药品进出口，进一步完善优化进出口生物制品管理体系。在生物药品管理方面，“十五”期间先后公布了《中华人民共和国药品管理法实施条例》《生物制品批签发管理办法》以及《药品生产监督管理办法》，构建生物药品安全管理规范体系，“十三五”期间修改完善了《生物制品批签发管理办法》，加强对生物制品安全管理。同时在专利方面，2017 年通过的《专利优先审查管理办法》明确表示涉及生物等国家重点发展产业可以请求优先审查。

2）其他政策

在鼓励对生物产业投资方面，公布了《关于印发共同推动我国生物产业融资工作意见的通知》，提出了多项融资产品和措施，为生物企业创新创业营造良好的融资环境。

8.3 中国部分省（自治区、直辖市）生物产业政策变化分析

我国各个省（自治区、直辖市）生物产业促进手段和优惠政策各具特色，但最基本的产业推动措施也存在着一定的共通性，主要包括资金支持、促进人才引进、创新体系建设、市场培育、引导产业发展方向以及加强组织和办事机制保障等方面。资金支持方面，各地产业促进政策中对资金的支持包括建立专项资金，促进金融投资，进行税收减免，以及其他各种补贴等形式。人才引进方面，在生物领域高层次人才，以及随之而来的高水平项目的引进是各省（自治区、直辖市）加快生物产业发展的主要手段，各地普遍采用提供启动资金、安排创业投资、改善创业环境、提供优厚的个人待遇、对人才给予妥善的生活安置等方式。创新环境方面，在创新体系建设上，各地都建设了一系列比较完善的创新研发载体，组建产业联盟，加强产业内的产学研结合，通过各种手段鼓励创新成果产出。市场培育方面，很多地区

制定了市场培育政策，通过政府采购、制定产品目录、改变产品定价机制、促进生物产品流通业发展等方式，利用市场为杠杆，扶持生物产业发展。发展引导方面，为优化产业发展环境，各省（自治区、直辖市）都在生物产业规划中设计了优先发展的企业类型、产业的地区布局，通过针对性举措引导企业改变经营理念，并利用政策鼓励特定领域在本地区优先发展。政策保障方面，为确保各项措施落实到位，多省（自治区、直辖市）在政策中明确了生物产业的具体领导机构和分工，精简并优化了具体办事程序，有组织地为企业提供专业建议和咨询服务，部分地区还推出了有特色的创新性机制促进产业的发展。

8.3.1　东部地区部分省（自治区、直辖市）生物产业政策

1）上海市

从 1996 年起，有关上海市生物产业发展的政策陆续出台，在对政策样本选取时以 2019 年 11 月 22 号出台的《关于加强本市医疗卫生机构临床研究支持生物医药产业发展的实施方案》为截止点，借助上海市人民政府网、上海市发展和改革委员会官网等政府网站规范性文件，梳理上海市从 1996 年以来出台的涉及生物产业发展的政策，共计有 18 个结构性政策文本（表 8-1）。

表 8-1　上海市生物产业结构性政策样本列表

编号	名　称	发文单位	发文日期
1	上海市国民经济和社会发展“九五”计划与 2010 年远景目标纲要	上海市发展和改革委员会	1996-2-12
2	上海市国民经济和社会发展第十个五年计划纲要	上海市发展和改革委员会	2004-4-23
3	上海海洋经济发展“十一五”规划	上海市发展和改革委员会	2008-4-18
4	关于促进上海生物医药产业发展的若干政策规定	上海市发展和改革委员会、上海市科学技术委员会	2009-7-27
5	上海市生物医药产业发展行动计划（2009—2012 年）	上海市发展和改革委员会、上海市科学技术委员会	2009-7-30
6	上海市战略性新兴产业发展“十二五”规划	上海市发展和改革委员会	2012-1-16
7	上海市“十二五”生物医药产业人才规划	上海市科学技术委员会	2012-5-2
8	上海市生物医药产业发展行动计划（2014—2017 年）	上海市发展和改革委员会、上海市科学技术委员会	2014-1-9
9	关于促进上海生物医药产业发展的若干政策（2014 版）	上海市发展和改革委员会、上海市科学技术委员会	2014-8-8
10	关于促进本市生物医药产业健康发展的实施意见	上海市政府办公厅	2017-8-9
11	关于推进上海美丽健康产业发展的若干意见	上海市人民政府	2017-9-14
12	上海市中医药发展战略规划纲要（2018—2035 年）	上海市人民政府	2018-10-15

续表8-1

编号	名　称	发文单位	发文日期
13	促进上海市生物医药产业高质量发展行动方案（2018—2020 年）	上海市人民政府办公厅	2018-11-7
14	关于加快本市高新技术企业发展的若干意见	上海市人民政府	2018-11-7
15	上海市建设亚洲医学中心城市专项行动实施方案	上海市卫生健康委员会	2019-1-2
16	2019 年上海市中医药工作要点	上海市卫生健康委员会、上海市中医药管理局	2019-5-29
17	健康上海行动（2019—2030 年）	上海市健康促进委员会	2019-9-10
18	关于加强本市医疗卫生机构临床研究 支持生物医药产业发展的实施方案	上海市卫生健康委员会、上海市发展和改革委员会、上海市科技委员会、上海市经济与信息化委员会、上海市人力资源和社会保障局、上海市财政局、上海市医疗保障局、上海市中医药管理局、上海市药品监督管理局	2019-11-22

资料来源：政府官网搜索整理。

1995 年，上海市政府在《上海市国民经济和社会发展“九五”计划与 2010 年远景目标纲要》中提出在“九五”期间，要着眼于 21 世纪，加快高新技术产业化，重点培育现代生物技术与新药等产业成为上海市新的支柱产业。随后《上海市国民经济和社会发展第十个五年计划纲要》又对上海市生物产业发展提出了新的要求，提出推动现代生物技术的应用和科技创新，同时组建中药标准化研究基地和天然资源药物（中药）产业基地，并加快对生物信息和资源等研究中心的建设。2008 年发布的《上海海洋经济发展“十一五”规划》对上海市海洋生物医药产业发展提出了新的要求。2009 年上海市首次针对生物产业发布政策意见，先后出台了《关于促进上海生物医药产业发展的若干政策规定》和《上海市生物医药产业发展行动计划（2009—2012 年）》，提出了多条促进生物产业发展的政策，同时对 2009—2012 年上海市生物产业机遇、挑战与发展重点作出规划，争取把上海市初步建成国内生物医药的创新产品制造中心、商业中心和研发中心。随后在 2012 年的《上海市战略性新兴产业发展“十二五”规划》提出目标到 2015 年，上海市要成为我国生物技术创新的重要基地以及占据全国生物医药产业的领先地位，并针对生物产业人才培养出台了《上海“十二五”生物医药产业人才规划》。2014 年上海市科技委员会发布了《上海市生物医药产业发展行动计划》，强调在 2009—2012 年行动计划的基础上实现上海市生物医药产业新一轮的跨越式发展。同时根据上海市生物医药产业发展现状修订出台了《关于促进上海市生物医药产业发展的若干政策（2014 版）》，进一步完善上海市生物产业政策支持体系。随后 2017 年上海市人民政府办公厅公布《关于促进本市生物医药产业健康发展的实施意见》，促进上海市生物医药产业创新能力的提高，并提出在 2020 年基本建成亚太地区生物医药产业高端产品研发中心、制造中心、外包与服务中心和具有配置全球资源能力的现代药品流通体系的目标。同年从居民健康角度出发，出台了《关于推进上海美丽健康产业发展的若干意见》，对上海市生物保健、医疗器械等行业进行产业布局和目标定位。在 2018 年上海市先后出台了《上海市中医药发展战略规划纲要（2018—2035 年）》《促进上海市生物医药产业高质量发展行动方案（2018—2020 年）》和《上海市人民政府关于加快本市高新技术企业发展的若干意见》，从产业发展到企业支持全方位完善上海市生物产业政策体系。随后 2019 年上海市卫生健康委员会印发《上海市建设亚洲医学中心城市专项行动实施方案》，加大对医学方面的科研投入。同年针对中医药产业发展和居民健康先后发布了《2019 年上海市中医药工作要点》《关于加强本市医疗卫生机构临床研究支持生物医药产业发展的实施方案》和《健康上海行动（2019—2030 年）》（图 8-2）。

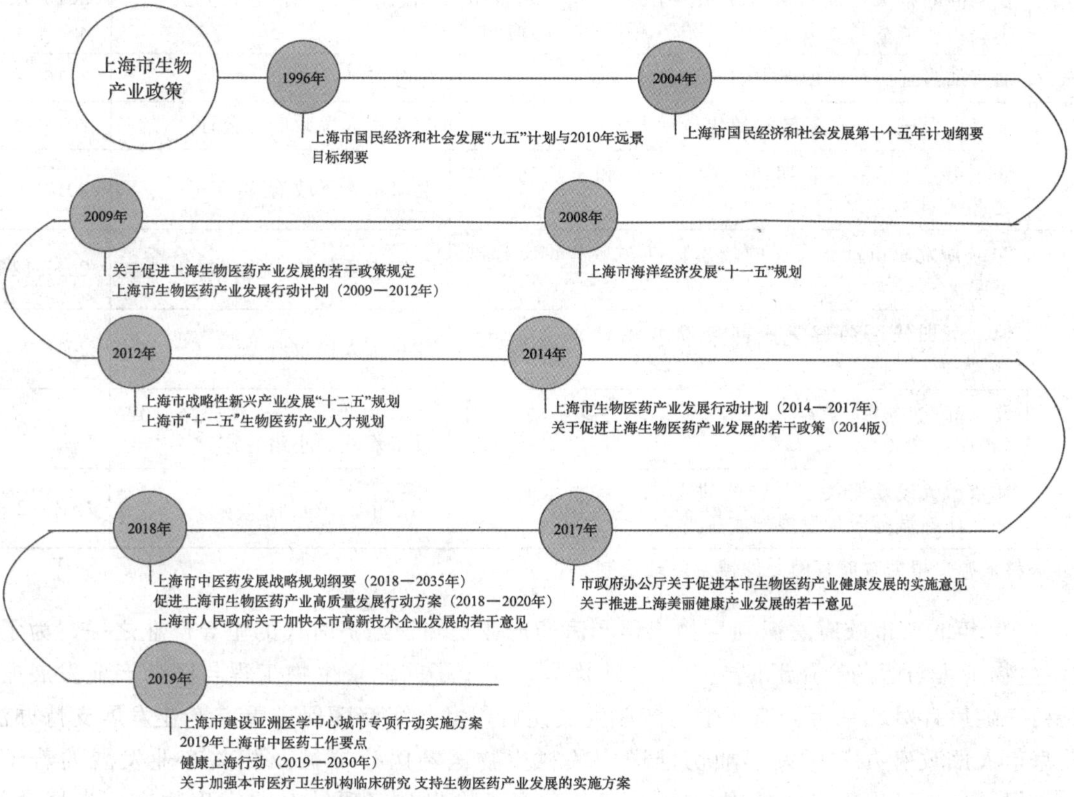

图 8-2　上海市生物产业相关政策梳理图

资料来源：根据政府官网文件搜索整理绘制。

2）北京市

在对北京市生物产业相关政策样本选取时，以 2018 年 10 月 22 日发表的《北京市人民政府关于加快推进北京经济技术开发区和亦庄新城高质量发展的实施意见》为截止点，从首都之窗官网以及北京市政府公报文件库中梳理了北京市从 2002 年以来出台的涉及北京市生物产业发展的政策，共计 12 个政策文本（表 8-2）。

表 8-2　北京市生物产业结构政策样本列表

编号	名　称	发文单位	发文日期
1	北京生物工程与医药产业发展振兴纲要	北京市人民政府办公厅	2002-1-15
2	海淀区促进重点产业发展支持办法的通知	北京市海淀区人民政府	2014-6-30

续表8-2

编号	名　称	发文单位	发文日期
3	北京市人民政府办公厅关于加快推进中关村生物医药医疗器械及相关产业发展的若干意见	北京市人民政府办公厅	2015-2-16
4	北京市食品药品安全三年行动计划（2016—2018 年）	北京市人民政府办公厅	2016-1-18
5	北京市经济和信息化委员会关于印发《北京市鼓励发展的高精尖产品目录（2016 年版）》和《北京市工业企业技术改造指导目录（2016 年版）》的通知	北京市经济和信息化委员会	2016-5-23
6	北京加强全国科技创新中心建设总体方案	国务院	2016-9-11
7	北京市促进科技成果转移转化行动方案	北京市人民政府办公厅	2016-11-2
8	北京市“十三五”时期现代产业发展和重点功能区建设规划	北京市人民政府	2017-1-13
9	2017 版北京市重点发展的技术标准领域和重点标准方向	北京市质量技术监督局	2017-12-8
10	北京市加快医药健康协同创新行动计划（2018—2020 年）	北京市人民政府	2018-9-27
11	北京市推进共建“一带一路”三年行动计划（2018—2020 年）	北京市推进“一带一路”建设工作领导小组	2018-10-22
12	北京市人民政府关于加快推进北京经济技术开发区和亦庄新城高质量发展的实施意见	北京市人民政府	2019-12-31

资料来源：根据政府官网文件搜索整理绘制。

2002 年北京市政府意识到生物工程和医药产业是知识经济时代的主导产业之一，为了尽快使生物工程与医药产业形成规模和产业优势，制定了《北京生物工程与医药产业发展振兴纲要》。随后针对北京市各地区生物产业发展先后印发《海淀区促进重点产业发展支持办法》《北京市人民政府办公厅关于加快推进中关村生物医药医疗器械及相关产业发展的若干意见》，促进本地区生物产业发展。2016 年各政府机构出台多项针对北京生物产业发展政策，首先北京市人民政府办公厅制定了《北京市食品药品安全三年行动计划（2016—2018 年）》，通过加强食品药品统一监管，进一步促进北京市生物医药产业监管规范。同年北京市经济和信息化委员会公布了《北京市鼓励发展的高精尖产品目录（2016 年版）》和《北京市工业企业技术改造指导目录（2016 年版）》，列出了北京市鼓励发展的生物产业领域条目，加快了培育首都功能定位的高精尖产业的步伐。随后国务院在《北京加强全国科技创新中心建设总体方案》中对北京市生物产业发展重点和方向做出相应规划与指导。在促进科研成果转化方面出台了《北京市促进科技成果转移转化行动方案》，鼓励生物技术科研成果创新与应用。在 2017 年颁布的《北京市“十三五”时期现代产业发展和重点功能区建设规划》提出提升医疗器械的智能制造水平，推动生物医药产业跨越发展，并提出了具体的目标与发展方向。同年北京市质量技术监督局在《2017 版北京市重点发展的技术标准领域和重点标准方向》中对生物产业标准做了进一步的完善与修改。随后 2018 年北京市人民政府针对医药产业发展印发了《北京市加快医药健康协同创新行动计划（2018—2020 年）》，规划未来三年医药产业的发展重点方向，其中包括对生物医学创新药和高端医疗器械的研发。随后《北京市推进共建“一带一路”三年行动计划（2018—2020 年）》中提出推动“健康丝绸之路”建设，加大与“一带一路”相关国家的医药行业合作，推动中医药“走出去”（图 8-3）。

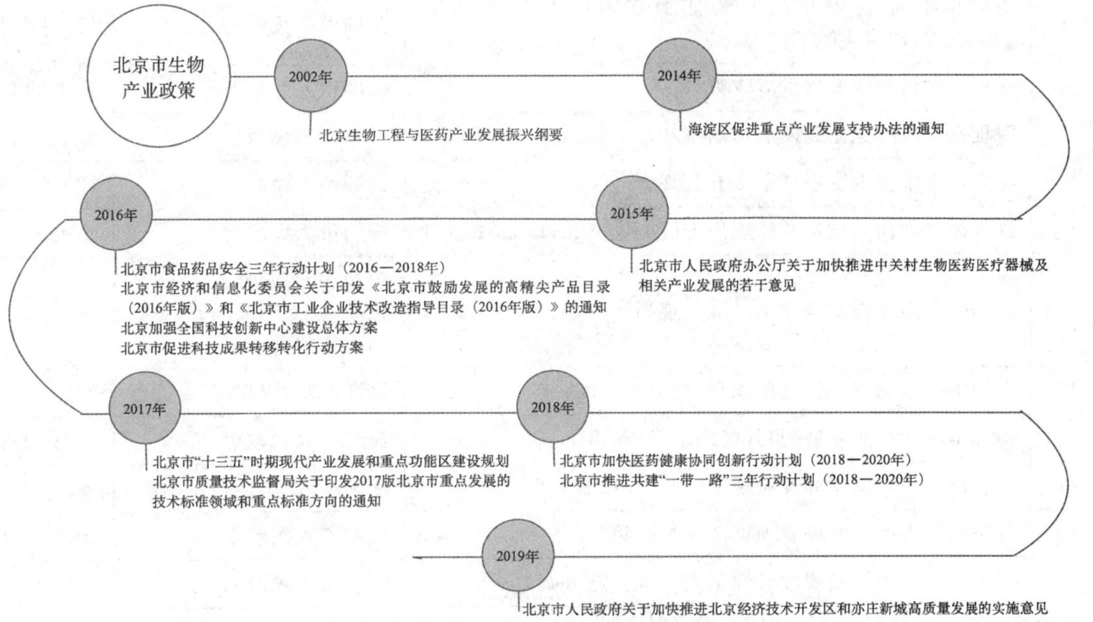

图 8-3　北京市生物产业相关政策梳理图

资料来源：根据政府官网文件搜索整理绘制。

3）深圳市

在对深圳市生物产业相关政策样本选取时，以 2018 年 11 月 13 日发表的《关于进一步加快发展战略性新兴产业实施方案》为截止点，从深圳市人民政府、深圳市发展和改革委员会等各级政府官网中梳理了深圳市从 2002 年以来出台的涉及深圳市生物产业发展的政策，共计 19 个政策文本（表 8-3）。

表 8-3　深圳市生物产业结构政策样本列表

编号	文件名称	发文机构	发文时间
1	深圳市重点发展的高新技术产业化领域（2002 年度）	深圳市发展计划局	2002-3-26
2	深圳市科技创新公共技术平台“十一五”发展规划（2006—2010 年）	深圳市科技和信息局	2007-7-10
3	深圳国家创新型城市总体规划（2008—2015 年）	深圳市人民政府	2008-9-21
4	深圳市人民政府关于深圳市加快海洋产业发展建设海洋强市的若干意见	深圳市人民政府	2008-12-30
5	深圳市现代产业体系总体规划（2009—2015 年）	深圳市人民政府	2009-7-23
6	深圳高新技术产业园区发展专项规划（2009—2015 年）	深圳市人民政府	2009-8-25
7	深圳生物产业振兴发展政策	深圳市人民政府	2009-9-16
8	深圳生物产业振兴发展规划（2009—2015 年）	深圳市人民政府	2009-9-23

续表8-3

编号	文件名称	发文机构	发文时间
9	深圳市推进生物互联网新能源产业发展工作方案（2010—2012 年）	深圳市人民政府办公厅	2011-1-9
10	深圳新材料产业振兴发展政策	深圳市人民政府	2011-8-21
11	深圳新材料产业振兴发展规划（2011—2015 年）	深圳市人民政府	2011-8-21
12	深圳市科学技术发展“十二五”规划	深圳市人民政府	2012-1-6
13	深圳国家创新型城市总体规划实施方案（2011—2013 年）	深圳市人民政府	2012-1-10
14	深圳市海洋经济发展“十二五”规划	深圳市经济贸易和信息化委员会、深圳市发展和改革委员会	2012-6-27
15	深圳国际生物谷总体发展规划（2013—2020 年）	深圳市发展和改革委员会	2013-12-18
16	深圳市海洋产业发展规划（2013—2020 年）	深圳市人民政府	2014-1-8
17	深圳市生命健康产业发展规划（2013—2020 年）	深圳市人民政府	2014-1-8
18	战略性新兴产业发展专项资金扶持政策	深圳市人民政府	2018-11-13
19	关于进一步加快发展战略性新兴产业实施方案	深圳市人民政府	2018-11-13

资料来源：根据政府官网文件搜索整理绘制。

2002 年原深圳市发展计划局印发《深圳市重点发展的高新技术产业化领域（2002 年度）》对生物技术领域的生物农业、生物医药、生物医学工程、现代中医药等领域的产业化现状与前景、方向以及产业化目标进行了进一步的明确，引导高新技术产业的发展。随后为了促进生物产业科研创新，原深圳市科技和信息局发布《深圳市科技创新公共技术平台“十一五”发展规划（2006—2010 年）》，提出建设实验动物中心、研发和试验协作平台等举措。2008 年深圳市政府又从城市建设方面提出《深圳国家创新型城市总体规划（2008—2015 年）》，规划中提到加快深圳市生物产业项目建设，加快生物制药、生物能源、海洋生物等一批生物产业项目建设。随后公布的《深圳市人民政府关于深圳市加快海洋产业发展建设海洋强市的若干意见》中提出重视海洋生物产业领域发展，促进海洋生物制药产业的集聚。随着深圳市生物产业的发展，政府对于生物产业重视逐渐增加，2009 年出台的多部规范性文件均提到与促进生物产业发展相关的政策意见，如《深圳市现代产业体系总体规划（2009—2015 年）》《深圳高新技术产业园区发展专项规划（2009—2015 年）》《深圳生物产业振兴发展政策》《深圳生物产业振兴发展规划（2009—2015 年）》，由浅入深，深圳市生物产业发展政策环境更加优越。随着互联网、新能源和生物产业的不断壮大，2010 年深圳市人民政府办公厅印发了《深圳市推进生物互联网新能源产业发展工作方案（2010—2012 年）》，对未来 3 年的生物等产业发展进行了具体的安排。随后《深圳新材料产业振兴发展政策》和《深圳新材料产业振兴发展规划（2011—2015 年）》又对生物材料产业进行了规划和配套政策建议。2012 年出台《深圳市科学技术发展“十二五”规划》《深圳国家创新型城市总体规划实施方案（2011—2013 年）》和《深圳市海洋经济发展“十二五”规划》则是对未来深圳市生物产业做出了明确的政策意见和规划导向。随着深圳市生物产业的发展，深圳市发展和改革委员会提出《深圳国际生物谷总体发展规划（2013—2020 年）》，对国际生物谷的战略定位、发展领域、发展目标、空间布局以及保障措施提出了新的要求。同时深圳市政府对 2013—2020 年的生物产业发展进行谋划，颁布了《深圳市海洋产业发展规划（2013—2020 年）》和《深圳市生命健康产业发展规划（2013—2020 年）》。为了进一步完善深圳市生物产业资金支持体系，深圳市人民政府在 2018 年印发了《战略性新兴产业发展专项资金扶持政策》。同年又印发了《关于进一步加快发展战略性新兴产业实施方案》，希望能够进一步提升深圳市包括生物产业在内的战略性新兴产业的发展能级（图 8-4）。

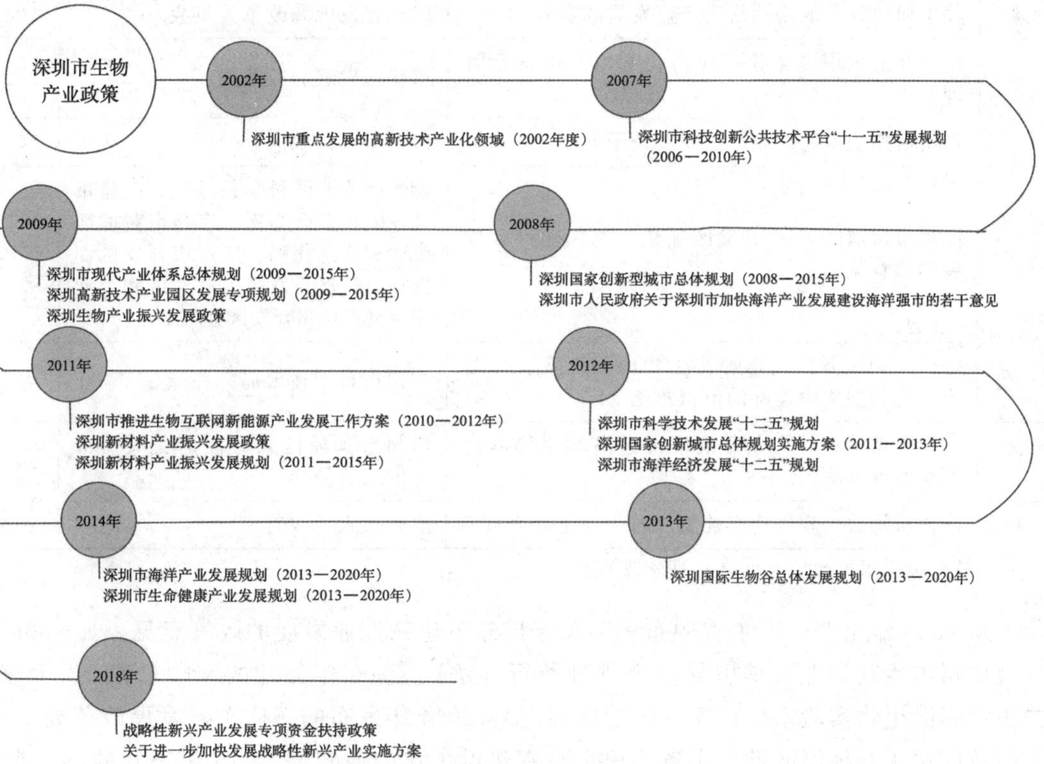

图 8-4　深圳市生物产业相关政策梳理图

资料来源：根据政府官网文件搜索整理绘制。

4）广东省

在对广东省生物产业相关政策样本选取时，以 2020 年 2 月 24 日发表的《广州市加快生物医药产业发展若干规定（修订）》为截止点，从广东省人民政府、广东省发展和改革委员会等各级政府官网中梳理了广东省从 2008 年以来出台的涉及广东省生物产业发展的政策，共计 12 个政策文本（表 8-4）。

表 8-4　广东省生物产业结构政策样本列表

编号	文件名称	发文机构	发文时间
1	广州市生物产业发展引导资金管理暂行办法	广州市发展和改革委员会	2008-1-1
2	广东省卫生厅关于一、二级病原微生物实验室生物安全的管理规定	广东省卫生厅	2009-6-27

续表8-4

编号	文件名称	发文机构	发文时间
3	关于明确广州国际生物岛管理权限的决定	广州市人民政府	2012-1-13
4	关于开展第五批广东省工程实验室建设工作的通知	广东省发展和改革委员会、广东省财政厅	2014-8-18
5	广东省主体功能区投资政策指导意见	广东省发展和改革委员会	2015-9-1
6	关于加快我省战略性新兴产业发展的实施方案	广东省发展和改革委员会	2017-8-18
7	广州开发区中以生物产业孵化基地专项资金管理办法	黄埔区发展和改革局	2017-8-24
8	广州市加快生物医药产业发展若干规定（试行）	广州市人民政府办公厅	2018-3-22
9	广州市黄埔区 广州开发区加快生物医药产业发展实施意见细则	冠州市黄埔区科学技术局、广州市开发区政策研究室、广州市黄埔区工业和信息化局、广州市开发区商务局、广州开发区民营经济和企业服务局、广州开发区金融工作局	2019-12-12
10	2017—2019年广州市加快生物医药产业发展若干规定相关奖励性补助申报指南	广州市科学技术局	2020-1-8
11	广州市黄埔区、广州开发区促进高端生物制药产业发展办法	广州市黄埔区人民政府、广州市开发区管委会	2020-2-14
12	广州市加快生物医药产业发展若干规定（修订）	广州市人民政府	2020-2-24

资料来源：根据政府官网文件搜索整理绘制。

从2008年至今，广东省颁布多项关于广东省生物产业发展的政策意见。如2008年公开的《广州市生物产业发展引导资金管理暂行办法》、2009年公开的《广东省卫生厅关于一、二级病原微生物实验室生物安全的管理规定》、2014年发布的《广东省发展改革委员会 广东省财政厅关于开展第五批广东省工程实验室建设工作的通知》、2015年公开的《广东省主体功能区投资政策指导意见》、2017年发布的《广州开发区中以生物产业孵化基地专项资金管理办法》以及2020年公开《2017—2019年广州市加快生物医药产业发展若干规定相关奖励性补助申报指南》分别立足于广东省生物产业资金支持、科研活动管理到投资指导，建立起广东省生物产业管理政策体系。在结构性政策方面，广东省政府2012年发布了《关于明确广州国际生物岛管理权限的决定》、2017年发布了《关于加快我省战略性新兴产业发展的实施方案》、2008年针对生物医药产业发展公开了《广州市加快生物医药产业发展若干规定（试行）》、2019年发布了《广州市黄埔区 广州开发区加快生物医药产业发展实施意见细则》以及2020年先后发表了《广州市黄埔区、广州开发区促进高端生物制药产业发展办法》和《广州市加快生物医药产业发展若干规定（修订）》，随着广东省政府对生物产业发展重视程度不断加深，广东省逐渐构成较为完善的生物产业结构政策体系（图8-5）。

5）河北省

在对河北省生物产业相关政策样本选取时，以2019年11月25日发表的《关于支持生物医药产业高质量发展的若干政策》为截止点，从河北省人民政府、河北省发展和改革委员

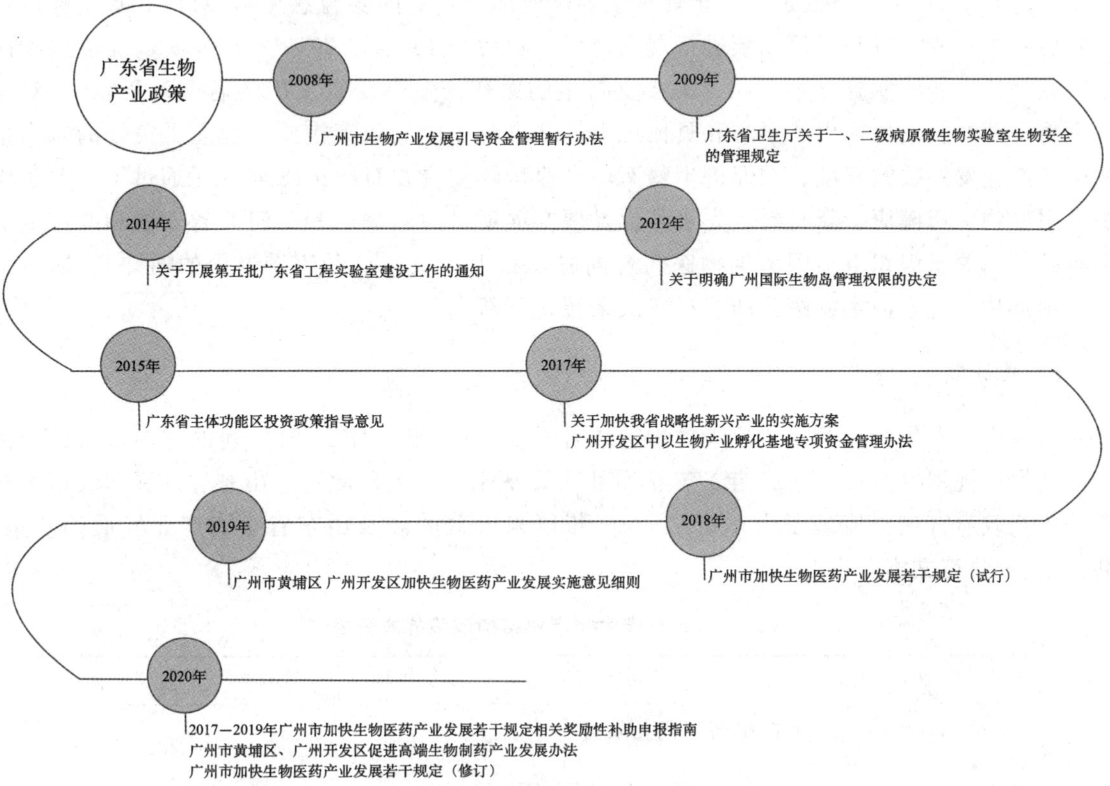

图 8-5　广东省生物产业相关政策梳理图

资料来源：根据政府官网文件搜索整理绘制。

会等各级政府官网中梳理了河北省从 2011 年以来出台的涉及河北省生物产业发展的政策，共计 5 个政策文本（表 8-5）。

表 8-5　河北省生物产业结构政策样本列表

编号	文件名称	发布单位	日期
1	关于促进生物产业加快发展的实施意见	河北省人民政府办公厅	2011-12-31
2	促进生物医药产业加快发展的实施方案	河北省发展和改革委员会、河北省科学技术厅、河北省财政厅、河北省人力资源和社会保障厅、河北省环境保护厅、河北省商务厅、河北省卫生和计划生育委员会、河北省食品药品监督管理局	2015-1-29
3	关于组织申报生物医药健康、新材料、先进环保发展专项项目的通知	河北省发展和改革委员会	2018-6-11
4	河北省发展和改革委员会等四部门关于组织申报国家生物医药合同研发和生产服务平台建设专项的通知	河北省发展和改革委员会、河北省工业和信息化厅、河北省卫生和计划生育委员会、河北省药品食品监督管理局	2018-6-22
5	关于支持生物医药产业高质量发展的若干政策	河北省人民政府办公厅	2019-11-25

资料来源：根据政府官网文件搜索整理绘制。

河北省于2011年下发了《关于促进生物产业加快发展的实施意见》，对河北省生物产业人才培养、企业投资和科研创新进行规划建议。随后2015年和2019年印发了《促进生物医药产业加快发展的实施方案》和《关于支持生物医药产业高质量发展的若干政策》，针对本省生物医药产业发展提出了要求和具体规划，并出台相应的政策措施，建立了良好的省内生物医药产业发展政策环境。在促进生物医药产业科研发展方面，2018年先后通过了《关于组织申报生物医药健康、新材料、先进环保发展专项项目的通知》和《河北省发展和改革委员会等四部门关于组织申报国家生物医药合同研发和生产服务平台建设专项的通知》，通过成立专项加快促进省内生物医药产业科研成果转化创新。

6）山东省

在对山东省生物产业相关政策样本选取时，以2018年6月25日发表的《山东省医养健康产业发展规划（2018—2022年）》为截止点，从山东省人民政府、山东省发展和改革委员会等各级政府官网中梳理了山东省从2003年以来出台的涉及山东省生物产业发展的政策，共计17个政策文本（表8-6）。

表8-6　山东省生物产业结构政策样本列表

编号	名　称	发文机构	发文时间
1	山东省人民政府关于加快中药现代化发展的意见	山东省人民政府	2003-5-14
2	山东省中长期科学和技术发展规划纲要（2006—2020年）	山东省人民政府	2006-2-13
3	山东省高技术产业发展“十一五”规划	山东省人民政府办公厅	2007-11-16
4	山东省生物产业发展规划（2008—2012年）	山东省发展和改革委员会	2008-5-9
5	山东省经济贸易委员会等部门关于促进生物、海洋、集成电路、彩电平板显示、轨道交通等5个新兴产业加快发展的指导意见（第二批）	原山东省经济贸易委员会	2009-5-7
6	山东省经济贸易委员会等部门关于粮油加工、乳业及乳制品、烟草、中药、丝绸、皮革、塑料、包装8个特色产业调整振兴指导意见（第三批）	山东省人民政府办公厅	2009-5-18
7	关于促进新材料、新医药、新信息3个新兴产业加快发展的若干政策	山东省人民政府	2010-3-18
8	山东省人民政府关于加快培育和发展战略性新兴产业的实施意见	山东省人民政府	2011-4-25
9	山东省战略性新兴产业发展“十二五”规划	山东省人民政府	2012-11-2
10	山东省人民政府办公厅关于加快发展高技术服务业的实施意见	山东省人民政府办公厅	2013-2-19

续表8-6

编号	名　称	发文机构	发文时间
11	山东省人民政府办公厅关于印发蜂业、烟叶、茶叶、桑蚕、中药材 5 个特色产业发展规划的通知	山东省人民政府办公厅	2014-1-28
12	〈中国制造 2025〉山东省行动纲要	山东省人民政府	2016-4-1
13	山东省人民政府办公厅关于贯彻国办发〔2016〕11 号文件促进医药产业健康发展的实施意见	山东省人民政府	2016-8-4
14	山东省“十三五”科技创新规划	山东省人民政府	2016-12-2
15	山东省“十三五”战略性新兴产业发展规划	山东省人民政府	2017-3-9
16	山东省人民政府关于贯彻落实国家中医药发展战略规划纲要（2016—2030 年）的实施方案	山东省人民政府	2017-3-30
17	山东省医养健康产业发展规划（2018—2022 年）	山东省人民政府	2018-6-25

资料来源：根据政府官网文件搜索整理绘制。

2003 年为加快山东省中药现代化进程出台《山东省人民政府关于加快中药现代化发展的意见》，提出建立创新中药研究开发体系、生产体系、市场服务体系以及质量标准体系。2006 年针对山东省科学技术的发展，提出《山东省中长期科学和技术发展规划纲要（2006—2020 年）》，指出应将生物技术作为未来高技术产业迎头赶上的重点。随后 2007 年印发了《山东省高技术产业发展“十一五”规划》将生物产业列为重点行业。2008 年山东省针对省内生物产业和经济发展发布了《山东省生物产业发展规划（2008—2012 年）》。2009—2010 年先后针对生物产业、现代中药以及生物医药产业发布了《关于促进生物、海洋、集成电路、彩电平板显示、轨道交通等 5 个新兴产业加快发展的指导意见（第二批）》《关于粮油加工、乳业及乳制品、烟草、中药、丝绸、皮革、塑料、包装 8 个特色产业调整振兴指导意见（第三批）》和《关于促进新材料、新医药、新信息 3 个新兴产业加快发展的若干政策》。随后在公开的《山东省人民政府关于加快培育和发展战略性新兴产业的实施意见》和《山东省战略性新兴产业发展“十二五”规划》提出了如何推动山东省内包括生物产业在内的战略性新兴产业加快发展，产业规模不断扩大的解决措施。在 2013 年出台的《山东省人民政府办公厅关于加快发展高技术服务业的实施意见》中将生物服务技术列为山东省高技术服务业的重点发展领域。随后 2014 年山东省政府公开《蜂业、烟叶、茶叶、桑蚕、中药材 5 个特色产业发展规划》，为未来推动山东省中药材产业发展水平提升提出具体要求与实施计划。随后 2016 年先后公开了《〈中国制造 2025〉山东省行动纲要》《山东省人民政府办公厅关于贯彻国办发〔2016〕11 号文件促进医药产业健康发展的实施意见》和《山东省“十三五”科技创新规划》，其中都针对生物产业相关领域提出了发展要求。2017 年政府在关于生物产业和现代中医药产业提升方面，发布了《山东省“十三五”战略性新兴产业发展规划》和《山东省人民政府关于贯彻落实国家中医药发展战略规划纲要（2016—2030 年）的实施方案》。山东省政府在 2018 年发布的《山东省医养健康产业发展规划（2018—2022 年）》中提出 2018—2022 年重点发展生物医药、中医中药、医疗器械等领域（图 8-6）。

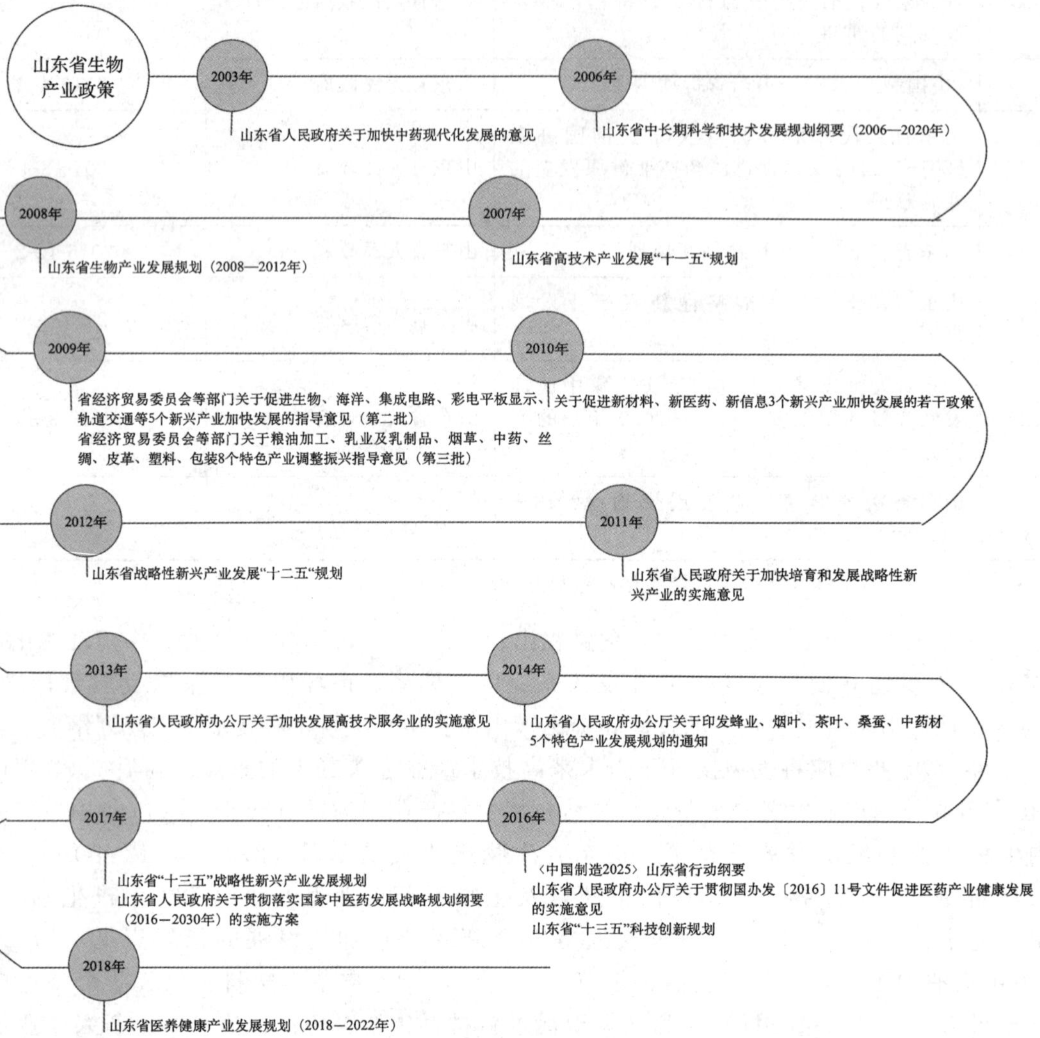

图 8-6　山东省生物产业相关政策梳理图

资料来源：根据政府官网文件搜索整理绘制。

8.3.2　中部地区部分省（自治区、直辖市）生物产业政策

1）湖北省

在对湖北省生物产业相关政策样本选取时，以 2019 年 12 月 3 日发表的《关于促进我省生物医药产业高质量发展的若干措施》为截止点，从湖北省人民政府、湖北省发展和改革委员会等各级政府官网中梳理了湖北省从 2006 年以来出台的涉及湖北省生物产业发展的政策，共计 24 个政策文本（表 8-7）。

表 8-7　湖北省生物产业结构政策样本列表

编号	名　称	发文机构	发文时间
1	湖北省科技发展“十一五”规划纲要	湖北省政府	2006-4-23
2	湖北省高新技术产业发展“十一五”规划	湖北省政府	2006-12-31
3	湖北省“十一五”工业发展规划	湖北省政府	2007-1-4
4	湖北省生物产业发展规划（2008—2015 年）	湖北省政府办公厅	2008-9-27
5	湖北省人民政府关于支持武汉东湖新技术产业开发区加快五大产业发展的若干意见		2009-7-15
6	“健康湖北”全民行动计划（2011—2015 年）	湖北省政府办公厅	2011-1-31
7	湖北省经济和社会发展第十二个五年规划纲要		2011-3-27
8	湖北省科技发展“十二五”规划	湖北省政府	2011-5-29
9	关于促进生物产业发展责任分工方案	湖北省政府办公厅	2011-5-31
10	湖北大别山革命老区经济社会发展试验区建设规划（2011—2020 年）	湖北省政府	2011-11-11
11	湖北国有经济结构调整和发展“十二五”规划纲要		2011-12-27
12	湖北省工业结构调整和优化升级“十二五”规划	湖北省政府	2012-1-30
13	湖北省工业“十二五”发展规划	湖北省政府	2012-1-31
14	湖北省战略性新兴产业发展“十二五”规划	湖北省政府	2012-5-9
15	湖北省人民政府关于促进健康服务业发展的实施意见	湖北省政府	2014-12-8
16	中国制造 2025 湖北行动纲要		2015-12-31
17	湖北省科技创新“十三五”规划	湖北省政府	2016-6-23
18	湖北省工业“十三五”发展规划	湖北省政府	2016-9-10
19	湖北省人民政府办公厅关于促进和规范健康医疗大数据应用发展的实施意见	湖北省政府	2016-10-10
20	湖北省人民政府办公厅关于促进医药产业健康发展的实施意见		2016-12-25
21	湖北省人民政府关于全面推进中医药发展的实施意见	湖北省政府	2016-12-30
22	湖北省人民政府办公厅关于印发湖北省中医药健康服务“十三五”发展规划的通知	湖北省政府办公厅	2017-2-24
23	湖北省人民政府关于促进中医药振兴发展的若干意见	湖北省政府	2018-6-1
24	关于促进我省生物医药产业高质量发展的若干措施	湖北省药品监督管理局	2019-12-3

资料来源：根据政府官网文件搜索整理绘制。

2006—2007 年湖北省人民政府先后印发了《湖北省科技发展“十一五”规划纲要》《湖北省高新技术产业发展“十一五”规划》和《湖北省“十一五”工业发展规划》，均对本省生物产业在“十一五”期间发展进行了大体方向规划。随后 2008 年湖北省发展和改革委员会编制了《湖北省生物产业发展规划（2008—2015 年）》，对 2008—2015 年的湖北省生物产业的发展目标、产业规划和政策措施进行了具体的规划。2009 年针对东湖新技术开发区五大产业（包括生物产业）的发展制定了《湖北省人民政府关于支持武汉东湖新技术产业开发区加快五大产业发展的若干意见》。2011—2012 年先后出台了 9 份规范性文件，均提及生物产业相关领域未来发展计划。2014 年针对健康服务业的发展，政府发布《关于促进健康服务业发展的实施意见》，强调鼓励积极推动生物制药高端化以及生物医药研发服务外包。随后先后发布《中国制造 2025 湖北行动纲要》《湖北省科技创新“十三五”规划》《湖北省工业“十三五”发展规划》和《关于促进和规范健康医疗大数据应用发展的实施意见》，对生物产业在未来发展方向和相关支持政策进行大体规划。在 2016 年底，湖北省人民政府办公厅印发了《关于促进医药产业健康发展的实施意见》，从生物医药产业转型升级、优化产业发展环境、培育新业态新增长点和人才队伍建设四个角度进行规划设计，进一步提升产业竞争力。为了激发中医药产业活力，先后发布了《关于全面推进中医药发展的实施意见》《湖北省中医药健康服务“十三五”发展规划》和《关于促进中医药振兴发展的若干意见》。2019 年 12 月湖北省药品监督管理局印发了《关于促进我省生物医药产业高质量发展的若干措施》，制定了关于完善审评审批机制、简化审批审评流程、鼓励产品研发创新、支持企业做大做强、维护良好市场秩序的 20 条政策措施（图 8-7）。

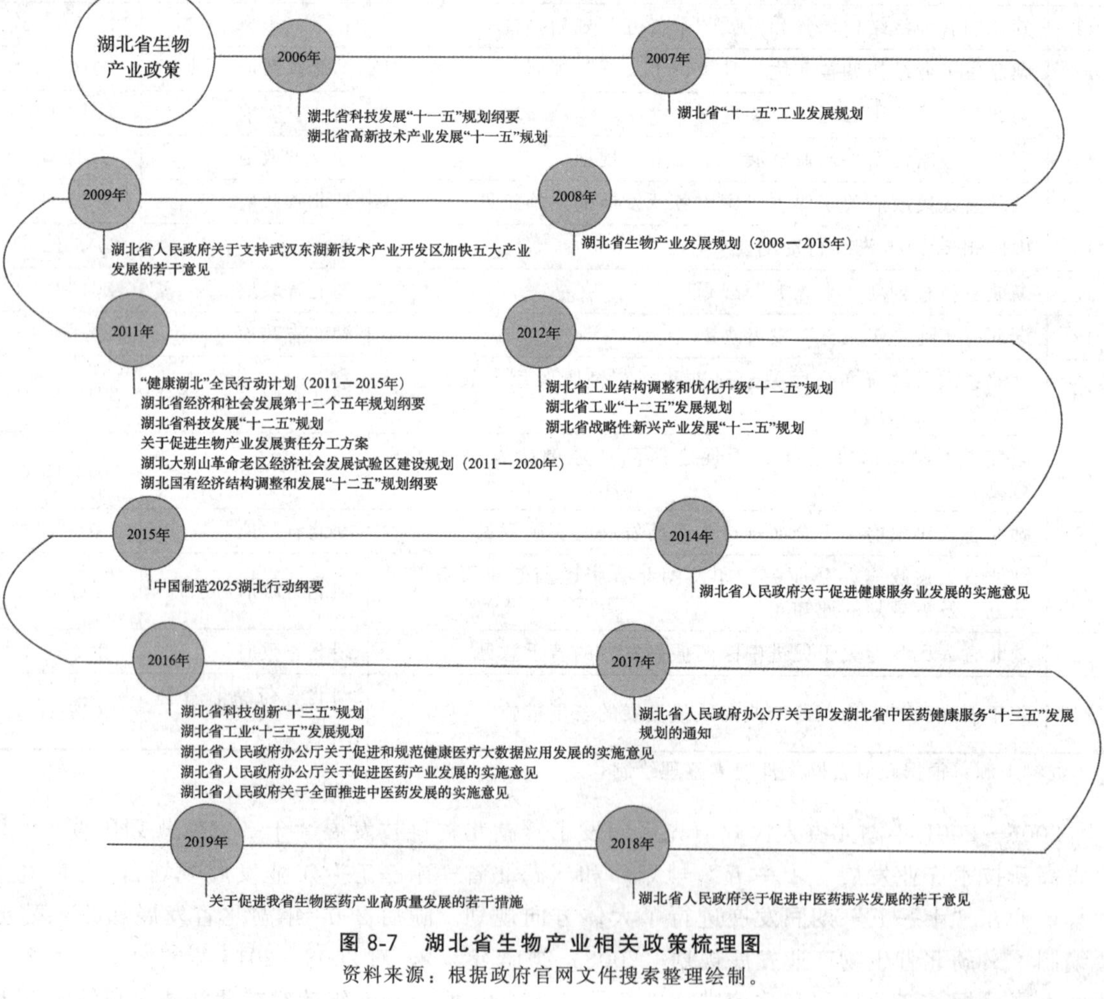

图 8-7 湖北省生物产业相关政策梳理图

资料来源：根据政府官网文件搜索整理绘制。

2）湖南省

在对湖南省生物产业相关政策样本选取时，以 2020 年 2 月 24 日发表的《湘南湘西承接产业转移示范区发展规划》为截止点，从湖南省人民政府、湖南省发展和改革委员会等各级政府官网中梳理了湖南省从 2009 年以来出台的涉及湖南省生物产业发展的政策，共计 11 个政策文本（表 8-8）。

表 8-8　湖南省生物产业结构政策样本列表

编号	名　称	发文机构	发文时间
1	湖南省生物医药产业振兴实施规划（2009—2011 年）	湖南省人民政府	2009-6-11
2	湖南省医药行业“十二五”发展规划	湖南省经济和信息化委员会	2011-9-2
3	湖南省人民政府关于促进生物产业加快发展的意见	湖南省人民政府	2012-12-19
4	湖南省人民政府办公厅关于加快发展高技术服务业的实施意见	湖南省人民政府办公厅	2013-7-25
5	湖南省人民政府办公厅关于加快中药材产业发展的意见	湖南省人民政府办公厅	2014-9-12
6	湖南省贯彻〈中国制造 2025〉建设制造强省五年行动计划（2016—2020 年）	湖南省人民政府	2015-11-12
7	湖南省中药材保护和发展规划（2016—2025 年）	湖南省原经济和信息化委员会、湖南省中医药管理局、湖南省发展和改革委员会、湖南省科技厅、湖南省财政厅、湖南省环保厅、湖南省农委、原湖南省林业厅、湖南省财务厅、湖南省食品药品监管局、湖南省扶贫办、湖南省保监局	2016-6-7
8	湖南省贯彻〈中医药发展战略规划纲要（2016—2030 年）〉实施方案	湖南省人民政府	2017-5-15
9	湖南省人民政府办公厅关于促进医药产业健康发展的实施意见	湖南省人民政府办公厅	2017-8-4
10	湖南创新型省份建设实施方案	湖南省人民政府	2018-12-30
11	湘南湘西承接产业转移示范区发展规划	湖南省人民政府	2020-2-24

资料来源：根据政府官网文件搜索整理绘制。

2009 年湖南省为加快全省生物医药产业发展制定了《湖南省生物医药产业振兴实施规划（2009—2011 年）》，希望全省生物医药产业的销售收入、重大品种培育和骨干企业培养有较大进步。随后 2011 年发布的《湖南省医药行业“十二五”发展规划》，从医药行业发展角度，对现状和存在问题进行分析，规划医药产业（包括生物医药领域）在“十二五”期间发展方向、发展重点以及政策意见。为把生物产业培育成为湖南省高技术领域的支柱产业和战略性新兴产业，湖南省人民政府印发《关于促进生物产业加快发展的意见》。2013 年发布的

《关于加快发展高技术服务业的实施意见》提到了加快培育和发展湖南省生物技术服务优势领域。2014 年公开的《湖南省人民政府办公厅关于加快中药材产业发展的意见》则从培育新的经济增长点，加快中药材产业发展角度提出提高生物产业竞争力的政策意见。随后 2016 年印发的《湖南省贯彻〈中国制造 2025〉建设制造强省五年行动计划（2016—2020 年）》从加速推进工业化方面，提出了包括生物医药及高性能医疗器械在内的 12 个重点发展产业以及促进产业发展的指导措施。2016—2017 年在生物医药产业方面先后发布了《湖南省中药材保护和发展规划（2016—2025 年）》《湖南省贯彻〈中医药发展战略规划纲要（2016—2030 年）〉实施方案》和《关于促进医药产业健康发展的实施意见》。2020 年公开的《湘南湘西承接产业转移示范区发展规划》提出生物医药是产业承接发展重点，进一步推动湘南湘西地区实现经济社会跨越式发展。

8.3.3 西部地区部分省（自治区、直辖市）生物产业政策

1）重庆市

在对重庆市生物产业相关政策样本选取时，以 2019 年 5 月 10 日发表的《重庆市加快生物医药产业发展若干政策》为截止点，从重庆市人民政府官网中梳理了重庆市从 2006 年以来出台的涉及重庆市生物产业发展的政策，共计 9 个政策文本（表 8-9）。

表 8-9 重庆市生物产业结构政策样本列表

编号	名 称	发文机构	发文时间
1	重庆市中长期科学和技术发展规划纲要（2006—2020 年）	重庆市人民政府	2006-4-27
2	重庆市人民政府关于加快医药产业发展的意见	重庆市人民政府	2013-3-11
3	重庆市人民政府关于促进健康服务业发展的实施意见	重庆市人民政府	2014-4-2
4	重庆市人民政府关于贯彻落实国家中医药发展战略规划纲要（2016—2030 年）的实施意见	重庆市人民政府	2016-9-1
5	重庆市内陆开放高地建设“十三五”规划	重庆市政府	2016-12-19
6	中国（重庆）自由贸易试验区产业发展规划（2018—2020 年）	重庆市人民政府办公厅	2018-3-23
7	重庆市人民政府办公厅关于加快生物医药产业发展的指导意见	重庆市人民政府办公厅	2019-4-30
8	重庆市推动制造业高质量发展专项行动方案（2019—2022 年）	重庆市人民政府	2019-4-30
9	重庆市加快生物医药产业发展若干政策	重庆市人民政府办公厅	2019-5-10

资料来源：根据政府官网文件搜索整理绘制。

2006 年重庆市人民政府印发了《重庆市中长期科学和技术发展规划纲要（2006—2020 年）》，提出重点发展化学和生物新药创制、生物医学工程、现代中药开发、农业种质资源开发等领域。随后 2013 年的《重庆市人民政府关于加快医药产业发展的意见》从医药行业角度对包括生物医药、生物医学工程、现代中药在内的六大支柱产业提出发展要求、实施措

施与配套政策。重庆市人民政府 2014 年又从健康服务业角度公布了《关于促进健康服务业发展的实施意见》，进一步通过相关政府措施，鼓励生物制药、医疗器械等健康服务产业发展。随后 2016 年为了进一步促进重庆市中医药产业发展出台《重庆市人民政府关于贯彻落实国家中医药发展战略规划纲要（2016—2030 年）的实施意见》。随着重庆市自由贸易试验区规划稳定进行，重庆市人民政府在《中国（重庆）自由贸易试验区产业发展规划（2018—2020 年）》中提出重点发展包括生物医药在内的先进制造产业集群，并对试验区范围内区域进行功能定位。随着重庆市政府对于生物产业发展重视不断加强，2019 年重庆市政府公开了《重庆市人民政府办公厅关于加快生物医药产业发展的指导意见》，对重庆市生物医药产业布局、科研创新、企业发展以及市场环境进行全方位指导和规划，进一步完善重庆市生物医药产业政策支持体系。同年重庆市政府印发了《重庆市推动制造业高质量发展专项行动方案（2019—2022 年）》，提出到 2020 年力争生物医药产业实现产值 900 亿元，到 2022 年力争实现产值 1300 亿元的目标，并指出重点发展生物药、化学创新药及高端仿制药、现代中药以及数字医疗器械，并随后公开了《重庆市人民政府办公厅关于印发重庆市加快生物医药产业发展若干政策的通知》，从研发、生产到政府支持制定了多条鼓励产业发展政策（图 8-8）。

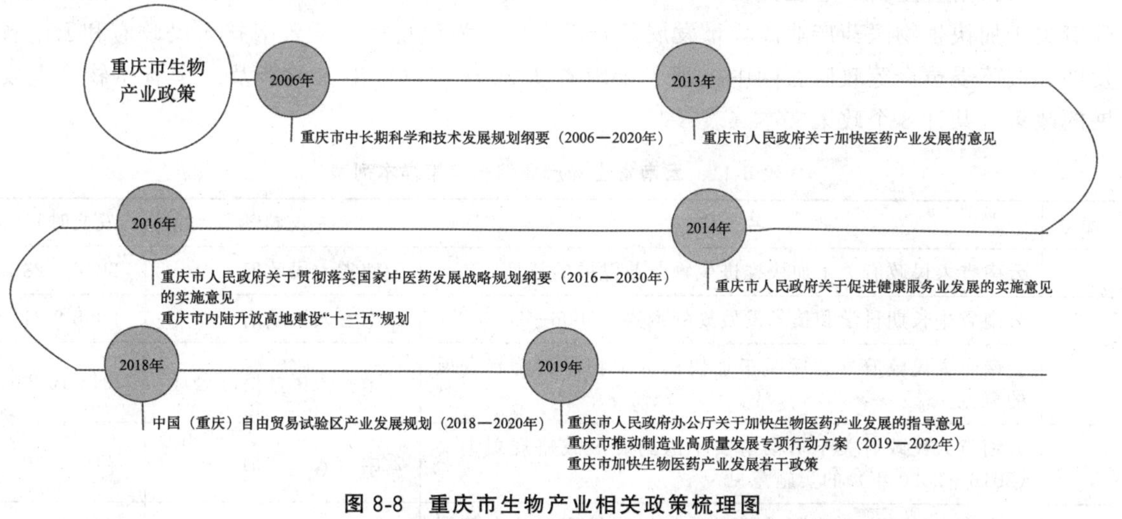

图 8-8　重庆市生物产业相关政策梳理图

资料来源：根据政府官网文件搜索整理绘制。

2）四川省

在对四川省生物产业相关政策样本选取时，以 2019 年 8 月 19 日发表的《促进中小企业发展税收优惠政策指引》为截止点，从四川省人民政府、四川省发展和改革委员会等各级政府官网中梳理了四川省从 2006 年以来出台的涉及四川省生物产业发展的政策，共计 4 个政策文本（表 8-10）。

表 8-10　四川省生物产业结构政策样本列表

编号	名　称	发布单位	时间
1	四川省生物工程产业发展规划纲要	四川省科学技术厅	2006-11-24
2	四川省生物技术产业工程实施方案	四川省科学技术厅	2006-11-24

续表8-10

编号	名　称	发布单位	时间
3	四川省生物产业发展规划实施方案（2013—2015 年）	四川省发展和改革委员会	2013-6-19
4	促进中小企业发展税收优惠政策指引	四川省税务局	2019-8-19

资料来源：根据政府官网文件搜索整理绘制。

2006 年四川省发布《四川省生物技术产业工程实施方案》，希望通过借助在生物技术及产业方面有一定的基础和优势，推动四川省在生物经济时代进入经济强省行列。2013 年印发了《四川省生物产业发展规划实施方案（2013—2015 年）》，强调突出高品质发展、增强生物医药、生物农业、生物制造、生物能源、生物环保和生物服务产业竞争力。随后 2019 年公布《促进中小企业发展税收优惠政策指引》中对生物产业等重点发展产业进行税收优惠，从税收方面给予生物产业中小企业支持。

3）云南省

在对云南省生物产业相关政策样本选取时，以 2019 年 11 月 14 日发表的《云南省人民政府关于加快生物医药产业高质量发展的若干意见》为截止点，从云南省人民政府和云南省发展和改革委员会等政府官网中梳理了云南省从 2008 年以来出台的涉及云南省生物产业发展的政策，共计 8 个政策文本（表 8-11）。

表 8-11　云南省生物产业结构政策样本列表

编号	名　称	发文机构	发文时间
1	云南省人民政府关于加快推进生物产业发展的意见	云南省人民政府	2008-4-28
2	云南省中长期科学和技术发展规划纲要（2006—2020 年）	云南省人民政府	2008-8-21
3	云南省人民政府办公厅关于加快推进生物经济跨越发展的意见	云南省人民政府办公厅	2015-10-23
4	云南省人民政府关于贯彻落实中医药发展战略规划纲要（2016—2030 年）的实施意见	云南省人民政府	2016-9-30
5	云南省人民政府办公厅关于促进和规范健康医疗大数据应用发展的实施意见	云南省人民政府办公厅	2016-11-4
6	云南省人民政府办公厅关于印发云南省生物医药和大健康产业发展规划（2016—2020 年）及三年行动计划（2016—2018 年）的通知	云南省人民政府办公厅	2017-1-11
7	云南省人民政府办公厅关于促进医药产业健康发展的实施意见	云南省人民政府办公厅	2017-2-24
8	云南省人民政府关于加快生物医药产业高质量发展的若干意见	云南省人民政府	2019-11-14

资料来源：根据政府官网文件搜索整理绘制。

2008 年为了实现云南省从生物资源大省到绿色经济强省跨越，云南省人民政府发布了《云南省人民政府关于加快推进生物产业发展的意见》。同年印发《云南省中长期科学和技术发展规划纲要（2006—2020 年）》将中医药现代化和民族药开发以及生物产业相关领域发展作为重点，同时提出建设围绕生物产业等新兴产业的工程技术研究中心。随后 2015 年云南省政府在生物产业的基础上提出了生物经济的概念，公布了《云南省人民政府办公厅关于加快推进生物经济跨越发展的意见》。针对云南省中医药产业发展，2016 年云南省政府印发了《云南省人民政府关于贯彻落实中医药发展战略规划纲要（2016—2030 年）的实施意见》。随后云南省政府又通过《云南省人民政府办公厅关于促进和规范健康医疗大数据应用发展的实施意见》从健康医疗大数据角度提出了对生物医药产业的发展要求。2017 年云南省人民政府先后印发《云南省生物医药和大健康产业发展规划（2016—2020 年）及三年行动计划（2016—2018 年）》和《云南省人民政府办公厅关于促进医药产业健康发展的实施意见》，分别对生物医药领域提出了产业规划以及实施意见。2019 年云南省政府为进一步完善生物医药产业政策体系，发布了《云南省人民政府关于加快生物医药产业高质量发展的若干意见》。

8.3.4　东北地区部分省（自治区、直辖市）生物产业政策

东北地区重点考察吉林省。在对吉林省生物产业相关政策样本选取时，以 2016 年 4 月 15 日发表的《吉林省人民政府关于推进医药健康产业发展的实施意见》为截止点，从吉林省人民政府、吉林省发展和改革委员会等各级政府官网中梳理了吉林省从 2004 年以来出台的涉及吉林省生物产业发展的政策，共计 10 个政策文本（表 8-12）。

表 8-12　吉林省生物产业结构政策样本列表

编号	名　称	发文机构	发文时间
1	吉林现代中药及生物制药基地建设发展纲要	吉林省人民政府办公厅	2004-3-2
2	吉林省人民政府关于加快培育和发展战略性新兴产业的实施意见	吉林省人民政府	2011-2-22
3	吉林省国民经济和社会发展第十二个五年规划纲要	吉林省人民政府	2011-2-28
4	吉林省支柱优势产业跃升计划（2011—2015 年）	吉林省人民政府	2011-4-11
5	吉林省战略性新兴产业培育计划（2011—2015 年）	吉林省人民政府	2011-5-17
6	吉林省自主创新能力建设“十二五”规划	吉林省人民政府办公厅	2012-2-27
7	吉林省人民政府关于促进健康服务业发展的实施意见	吉林省人民政府	2014-4-28
8	吉林省人民政府关于加快推进医药健康支柱产业发展的实施意见	吉林省人民政府	2014-12-29
9	吉林省工业和信息化厅等部门关于推动中药材保护和发展实施意见	吉林省人民政府办公厅	2015-8-18
10	吉林省人民政府关于推进医药健康产业发展的实施意见	吉林省人民政府	2016-4-15

资料来源：根据政府官网文件搜索整理绘制。

2004 年公开的《吉林现代中药及生物制药基地建设发展纲要》中提出建设现代中药及生物制药基地，促进吉林省医药产业发展和产业结构调整。随后 2011 年先后公开了 4 份规范性文件：《关于加快培育和发展战略性新兴产业的实施意见》《吉林省国民经济和社会发展第十二个五年规划纲要》《吉林省支柱优势产业跃升计划（2011—2015 年）》和《吉林省战略

性新兴产业培育计划（2011—2015 年）》，均提及了促进吉林省生物产业发展的大体规划。2012 年印发的《吉林省自主创新能力建设“十二五”规划》提出了若干促进包括生物领域在内的产业创新能力的规划建设。2014 年吉林省政府出台《关于促进健康服务业发展的实施意见》从健康服务业角度进一步完善生物医药及生物医学工程领域的政策规划体系。随后针对医药产业，吉林省印发《关于加快推进医药健康支柱产业发展的实施意见》。2015 年为了加快推进中药材保护与发展的资源优势，充分发挥吉林省中药现代化科技产业基地，多部门联合发布了《关于推动中药材保护和发展实施意见》。随后 2016 年，为了重点推进医药产业升级壮大、实现突破，吉林省人民政府印发《关于推进医药健康产业发展的实施意见》，要求在中药、生物制药、化学药、生物健康材料与保健食品、医疗器械、制药设备与检测仪器、医药商业与流通、医疗与健康服务 8 大领域和板块实现突破（图 8-9）。

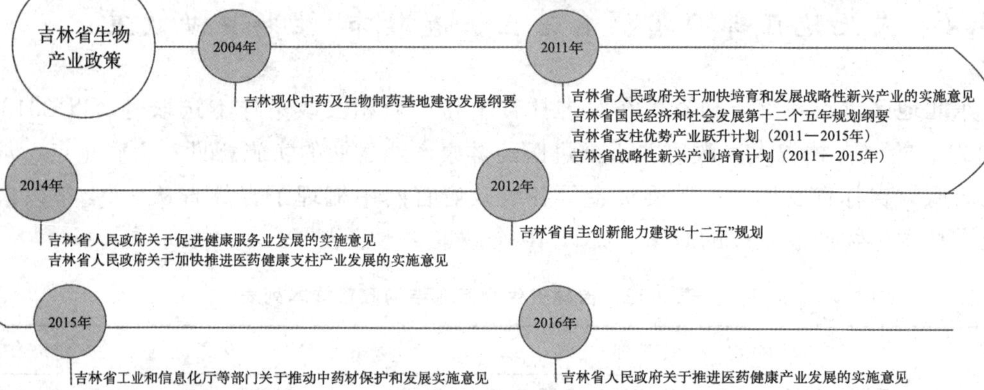

图 8-9　吉林省生物产业相关政策梳理图

资料来源：根据政府官网文件搜索整理绘制。

8.4　中国生物产业竞争力提升对策建议

我国生物产业面临突破性发展的重大战略机遇。一是时代机遇。当前，生物产业发展正处于成长期，产业内尚未形成类似汽车、半导体、软件等那样由少数跨国公司控制产业发展的垄断格局，为我国在局部领域实现跨越式发展提供了时间和空间。我国可以充分利用这一机遇期，在具有产业经济技术基础的领域，抢占一些制高点，实现跨越发展，在国际分工格局中占据有利地位。二是全球化机遇。从生命科学研究、生物技术发明到进入生物经济时代，需要庞大的人力、财力投入，需要全球市场分摊创新成本，国际合作将是生命科学研究、生物技术创新和生物产业发展的基本特征。这为我国发挥比较优势、广泛参与国际分工交流与合作、实现生物产业快速发展提供了难得的机遇。我国可以发挥独特的生物资源优势，广泛参与生物国际科技交流与合作，分享生物技术创新成果，加快生物技术产业化进程。三是生物产业与传统产业联动发展机遇。我国传统产业所占比重较大，生物技术应用的领域更加广泛、发展空间也比较广阔。我国只要坚持以应用促发展的方针，把发展生物经济、循环经济、知识经济和工业化结合起来，进一步发挥我国在纺织、化工、冶金等领域的比较优势，在发展生物经济的同时，必将促进我国经济社会的协调可持续发展。

8.4.1　明确中国近期生物产业发展重点

1）大力发展生物医药产业

围绕解决重大疾病和重大传染病防治、保障健康和有效缓解广大低收入阶层就医吃药难的问题，大力发展新疫苗、生物工程药物、小分子药物、生物医学工程产品等。

2）创新发展生物农业

以促进农业产业结构调整、保障粮食安全为核心，加速水稻、小麦、玉米、棉花、油料等重要农作物和畜禽、水产新品种的繁育和产业化，发展生物农药、生物肥料等绿色农用生物产品。

3）积极推进生物能源产业发展

发展生物能源，推动高产、高含油且环境适应性强的能源植物新品种培育和产业化，提高非粮原料燃料乙醇规模生产的转化效率，加快生物柴油产业化，有效缓解化石能源日趋紧缺的矛盾。

4）发展生物制造业

发展生物制造业，利用可再生的生物质原料生产乙烯、聚乳酸等大宗原料化工品，缓解我国材料工业对石油等一次矿物资源的过分依赖；大力推进高品质的重要酶制剂的工业生产和应用，全面提升食品工业、饲料工业、轻化工业等传统产业的技术水平。

5）发展生物环保

在生物环保领域，大力发展生物技术处理城市污水、垃圾，加快生物技术对盐碱地等低质土地改良步伐，研究推广荒漠绿化植物新品种。

6）加强生物资源保护和开发利用

加强生物资源保护和开发利用，开展生物资源普查，基本摸清我国生物资源基本状况，促进生物资源的保护和开发利用。

7）建立健全生物安全管理体系

建立健全生物安全管理体系，组织制定生物安全技术标准，完善生物安全监控技术手段，确保生物安全。

8.4.2　制定促进中国生物产业发展的政策

在制定政策时，主要把握以下原则：一是要突出生物产业高投入、高风险、高效益的特点，以及目前尚处于全面发展初期的阶段性特征，围绕初创期生物企业的培育、成长期生物企业的发展制定有关政策措施；二是突出我国国情，从解决制约当前我国生物产业的关键因素着手，明确轻重缓急，突出重点，既有继承、也有创新，既有所突破、也照顾到方方面面；三是突出可操作性，使有关政策能够操作实施。

1）强化生物产业自主创新

提高我国生物产业自主创新能力，除了要继续加大对生物技术基础研究、应用研究的投入外，关键是要进行体制创新，建立以市场需求为导向、企业为主体、产学研紧密结合的产业创新体系。为此，要加大国家重大生物技术研究开发与产业化专项资金向企业的投入，加强企业技术中心等建设，引导企业成为生物产业技术创新的主体。

生物技术研究实验室、工程中心等是促进生物产业创新、培养和凝聚高层次人才的必要基础设施。与其他行业相比，生物技术研究所需的研究手段和设施建设投入较大。为此，要加强高校和公益类科研机构等创新能力基础设施建设，大力促进自主知识产权成果的创造，提高原始创新能力。

生物技术产业化是当前我国生物产业自主创新的薄弱环节。为此，要推动产学研结合，大力推进生物技术成果市场、中介服务机构发展，组织实施生物技术产业化专项计划，加速自主创新成果的产业化。

2）造就高素质人才队伍

要把握新世纪新科技革命重大战略机遇，加快培育我国生物产业，努力抢占新世纪国际经济技术制高点，需要造就一支规模宏大、高素质的生物科技人才队伍。为此，要加强生命科学与技术人才培养，积极吸引海外留学人员、华人华侨回国创业，完善人才使用机制。重点是要优化人才结构，加强复合型人才培养，加快培养造就一批熟悉国际国内生物产业市场、具有国际先进水平的优秀职业经理人。充分发挥现有吸引国（境）外专家来华工作的资金和渠道的作用，吸引生物产业发展所需的高层次人才和紧缺人才来华工作与创业。

3）加大财税政策支持力度

目前国家重点研发计划、高技术产业发展项目计划等在生物产业领域已有专项财政资金投入，在这些专项计划中，生物领域所占比例不到30％，与发达国家相比存在较大差距。为进一步加大对生物产业的投入，应通过结构调整和资源整合，加大中央财政资金对生物技术及其产业化方面的投入。

在财政补贴方面，目前国家对农业良种、燃料乙醇已经制定了补贴办法，但对其他生物产品没有补贴。为此，国家应对完全可降解生物材料和经批准生产的生物柴油、生物质发电等重要生物产品给予支持。这主要是考虑到，目前生物柴油、生物基材料等尚处于发展初期，在当前技术条件下，面临着生产成本高、市场风险大、关键技术瓶颈等制约因素，实施国家财政补贴等支持政策有助于突破这些制约因素，加快产业化进程。同时，为鼓励自主知识产权成果创造，应对重大发明专利的申请、审查和维护、研究给予支持。

在税收政策方面，目前《国务院关于实施〈国家中长期科学和技术发展规划纲要

(2006—2020 年)〉若干配套政策》提出，国家高新技术产业开发区内新创办的高新技术企业经严格认定后，自获利年度起两年内免征所得税，两年后按减 15%的税率征收企业所得税。该政策在一定程度上解决了目前生物技术企业由于研发周期长而享受不到过去“两免三减半”所得税优惠政策问题，但该政策受企业所在地域的限制。针对上述情况，应对新创办生物企业，经认定后，全部享受上述政策。同时，为鼓励生物企业增加研究开发投入，提高自主创新能力，对生物企业研究开发费用，在现行加计扣除水平基础上进一步加大抵扣力度。

4）积极拓展融资渠道

要扶持生物技术创业投资机构和产业投资基金的设立和发展，加强对生物企业发展初期和成长期的支持。鼓励与引导金融机构支持生物产业发展，支持建立担保和再担保机构对生物企业提供贷款担保。要积极支持符合条件的中小生物企业在中小企业板和创业板上市，支持生物企业发行公司债券，建立创业风险投资退出机制。要加大政策性金融对生物产业的投入。这主要是考虑到：一是生物产业是资本密集型行业，目前尚处于全面发展的初期阶段，对资金的需求最为迫切，但同时这一时期银行、社会资金等不愿介入，需要政府进行引导；二是目前我国天使投资、创业投资等不完善，需要加大政策性金融对生物产业发展的支持，建立政府引导下的支持生物产业发展的投融资体系。

5）创造良好市场环境

新兴产业发展，关键在于市场需求和良好的市场环境。为引导和培育市场需求、规范市场环境，一要培育生物产品市场，采取有效措施引导农民利用边际土地种植能源作物，使用农业良种、生物农药、生物肥料等绿色农用生物产品。逐步扩大医疗保险、国家免疫规划等覆盖范围，规范药品政府采购方式，发展商业健康保险。逐步扩大非粮燃料乙醇试点区域，提高燃料乙醇在汽油中的比例。按国家统一规划，有序开展生物柴油试点工作；二是要完善生物产品市场准入政策，在规范审查和加强监管等保障生物安全措施的前提下，积极推进转基因农产品技术的研究开发与产业化，完善医药审批程序和市场准入制度，拥有自主知识产权的生物药品按国家有关程序进入医疗保险目录等；三要加强知识产权的保护和执行力度。

6）加强国际合作

充分利用经济全球化机遇，积极开展优势互补、互利共赢的国际合作，提高发展效率，加快我国生物产业发展。包括大力加强“一带一路”沿线国家与地区市场的开发，以及加强生物医药对外注册认证工作等。

7）加强生物物种资源保护和生物安全管理

生物产业的快速发展，为人类解决健康、食品、资源等问题提供了重要手段，同时，也产生了一些经济、社会、道德、伦理等问题，给人类社会发展提出了新的挑战。针对目前我国生物资源保护和生物安全存在的问题，要查清我国生物物种资源状况，建立健全生物物种资源保护体系，推进开发利用。同时，建立健全生物安全管理体系，组织制定生物安全技术标准，完善生物安全监控技术手段，确保生物安全。

8.4.3 进一步加强对生物产业集聚区的扶持

1）集聚区的内涵和任务

集聚区是指在生物产业发展基础好、成长性高、发展环境优的地区，以构建比较完善的产业链为目标，突出区域产业特色，引导形成的具有较高水平研究开发能力和大规模生产能力的生物产业集群。集聚区的主要任务包括：强化机制创新，加强技术创新能力基础设施、创新服务体系建设，着力营造良好的软硬件环境，提高公共创新条件的服务能力，加快培育龙头生物企业，完善生物企业孵育体系，培育中小型生物企业群。

2）集聚区发展原则

以科学发展观为指导，以营造良好的创新创业环境为重点，在发挥市场配置资源基础性作用的同时，通过宏观引导，实施政策倾斜，促进生物企业、技术、资金、人才等向优势区域集聚，努力形成各具特色的生物产业增长极，推动生物产业快速发展。

3）集聚区发展目标

产业特色鲜明，在全国生物产业中定位清晰；产业规模位居全国同领域前列，在特色领域居全国领先水平，集聚程度高；拥有大型骨干生物企业和一批具有潜力的中小型生物企业，以及一批研发水平较高的生物技术科研机构、高等教育机构；拥有一批高水平的生物人才；具有良好的投资和创新创业环境；所在地方政府高度重视并支持生物产业基地发展。

8.4.4 针对主要专业领域组织实施产业发展专项计划

在国家组织实施重大新药创制、艾滋病与肝炎等重大传染病防治和转基因农作物等三个科技重大专项的同时，建议组织实施若干重大产业专项。

1）重大传染病防治疫苗与诊断试剂专项计划

疫苗和诊断试剂在传染病和重大疾病的预防控制工作中具有关键作用和核心地位，疫苗预防接种仍是当前用于预防传染病流行的最有效、最经济的手段之一。生物信息学、反向疫苗学、现代生物技术的快速发展促使疫苗和诊断试剂产业规模迅速扩大，产品质量迅速提升。针对我国疫苗和诊断试剂源头技术薄弱、创新能力不足、生产规模小、产品老化等突出问题，围绕当前严重危害人类健康的重大传染病防治与重大疾病防治所需的疫苗及诊断试剂创新发展这一核心，以建设疫苗构建、疫苗生产新技术、免疫诊断试剂原料开发、临床试验等创新能力为基础，突破大规模蛋白表达和抗体制备技术、疫苗佐剂和疫苗递送系统技术、诊断标记技术、多肽与多糖合成技术，大力推动预防艾滋病与乙肝等重大传染病的疫苗、扩大国家计划免疫新型疫苗、预防胃肠道等常见传染病的疫苗、肿瘤等慢性病的治疗性疫苗、新型结核病诊断试剂、新型传染病等诊断试剂、肿瘤标志物诊断试剂的产业化，促进疫苗与诊断试剂产业的产品换代和整体技术水平提高，为有效控制艾滋病、病毒性肝炎、结核病等重大传染病流行，及时发现新发传染病，防止传染病暴发流行提供技术和产品支撑，推动我国疫苗和诊断试剂产业的健康发展。

2）生物制药专项计划

药物在维护人类健康和提高人类生存质量中发挥关键作用。功能基因组和蛋白质组学、基因工程技术、细胞工程技术的快速发展拓宽生物制药产业的发展空间，当前生物技术药物已经成为医药产业的一个重要组成部分。针对我国生物制药源头创新能力薄弱、核心技术竞争力不足、企业规模小等突出问题，建议围绕满足重大疾病和常见病治疗以及提升生物制药产业创新能力的需求，以发展抗体药物、成药基因和蛋白、病原微生物标识、肝癌诊疗等为基础，突破重组多克隆抗体平台技术、通用性细胞系技术、非注射给药剂型技术、哺乳动物细胞大规模培养等低能高效生产的产业化关键技术；开发治疗恶性肿瘤、乙型肝炎、心脑血管疾病等生物药物新产品；大力推动治疗乙肝等重大疾病生物技术药品的产业化。形成由药物发现到应用、由研究到产业的完整的创新药物体系，推动我国生物制药产业的快速发展，为治疗恶性肿瘤、心脑血管疾病和艾滋病等提供技术支撑。

3）化学创新药物专项计划

化学药物是现代临床用药的主流，在防病治病中发挥着主导作用，同时也是医药经济领域中最重要的支柱产业。化学创新药物的研发和产业化是世界医药产业发展的主要方向。高通量筛选与药效评价技术、高效样品制备与结构优化技术、计算机辅助药物设计、生物信息学、绿色合成技术等关键技术的快速发展，促使化学创新药物的研究开发取得了更快的发展，防病治病的水平不断提高，产业规模迅速扩大，产品质量和环境水平迅速提升。针对我国化学创新药物源头技术薄弱、创新能力不足、生产规模小、产品老化等突出问题，建议围绕当前严重危害人类健康的重大疾病的化学药物创新发展这一核心，以建设化学创新药物发现、药物多晶型研究与开发、新型给药系统的研发等原始创新能力为基础，突破化学药物绿色合成技术、手性药物合成技术等环保高效生产的产业化关键技术，大力推动治疗心脑血管疾病、肿瘤、代谢性疾病、免疫性疾病、感染性疾病等重大疾病药物的产业化。促进化学药物产业的产品换代和整体技术水平提高，形成由药物发现到应用、由研究到产业化的完整的创新药物研发体系，为治疗当前严重危害人类健康的重大疾病提供技术支撑，推动我国化学制药产业的快速发展。

4）生物医学工程专项计划

生物医学工程（BME）和生物医药是人类医疗与健康产业的两大核心组成部分。BME产业以生产用于疾病防治、诊断、辅助人体功能和提高人类生存质量的材料、器械、装置和设备为目的。现代生命科学和生物技术主导当代生物医学工程和产业的发展，有力地推动了组织工程、介入治疗，以及基于基因和分子诊断等 BME 产业门类的形成和发展。针对我国 BME 产业规模小，缺乏自主创新能力，技术含量高的产品主要依靠进口，难以满足全民医疗保健的基本需求等突出问题，建议围绕促进 BME 技术和产业创新发展这一核心，以建设高技术生物材料和人工器官、植入性组织和器官修复产品、智能化医疗装备和现代诊疗系统等创新能力为基础，突破人工器官及植入组织的生物功能化、靶向药物控释载体、医疗装备数字化、自动化、智能化及重要基础医用原材料开发等关键技术，大力推动新型医用植入器械及人工器官、医用生物可降解药物控释载体材料，高技术医疗诊断设备及诊疗系统等方面的产业化示范；加快实现大部分高技术医疗设备核心关键元部件/构件和高技术基础医用原材料国产化，完成数字影像设备、医疗监护设备和系统、放射治疗设备、医用内窥镜等重要BME产品的产业技术升级。通过生物医学工程产业发展专项的实施，增强产业技术持续创新集成能力，为我国BME产业的快速发展，满足广大人民群众医疗卫生需求奠定基础。

5）现代中药专项计划

中药产业是具有代表性的民族产业，在提高广大人民群众的健康水平、促进经济社会发展等方面发挥着重要作用。当代化学生物学分析技术与分子生物学技术的飞速发展为中药现代化提供了重要的技术保障，为民族中药产业提供了新的发展机遇。针对目前中药产业工艺落后、质量控制不稳定等方面的突出问题，建议围绕提高中药产业标准化技术水平、扩大产业规模与国际竞争能力和满足广大人民群众防病治病需求的核心，以建设中药饮片炮制、中药标准和质量控制、濒危药材生物繁育等创新能力为基础，构建现代中药工程技术体系，突破濒危药材野生抚育、生物培育的规模化生产、特色炮制、制剂生产在线控制、有害物质脱除技术和新型给药技术等关键技术，扩大中成药类、中药材无害化种植、中药饮片、中药提取物和中药保健品的产业化。通过中药生产设备的改造、制药新技术和生物繁育等高新技术的引入消化、吸收和再创新，促进产业技术升级。培育一批临床急需、疗效突出的特色大品种、大品牌和大企业，推动中药产业结构优化，推动中药产业可持续快速发展，保障民众健康。

6）生物育种专项计划

生物育种是发展农业的物质基础和技术载体，是现代农业发展的核心支撑。随着农业生物技术的快速发展，分子标记、转基因、细胞工程等生物育种技术正在成为动植物育种的核心与手段，引导和驱动现代农业发展。针对我国生物育种产业存在产业规模小、核心技术缺乏以及工程化集成创新能力薄弱等突出问题，建议围绕增加农民收入、发展特色农业、增强农产品竞争力和提高农业综合效益，以支撑生物育种产业技术持续创新、加速高技术成果产业化为主要任务，在强化主要动植物生物育种创新能力的基础上，突破分子标记、转基因、细胞工程等生物育种核心技术的瓶颈，加速农业生物育种技术和种子（苗）扩繁新技术集成应用，大面积示范应用优质、高产、高效、多抗农作物新品种150～200个、畜禽水产类新品种20～30个、林果花草新品种80～100个，培植具有核心竞争力的大型种业集团5～7个，新增主要农作物新品种覆盖5亿亩、畜禽新品种覆盖3 000万头（只）和水产新品种覆盖100万亩、林木花草新品种覆盖1 000万亩的高技术种业生产能力，为提高我国生物育种产业的核心竞争力提供支撑，推动现代农业发展。

7）绿色农用生物产品专项计划

绿色农用生物产品的大规模开发和广泛应用，是现代农业的重要标志，对促进农业生物产业发展，有效降低农业化学品的使用量、保护农业生态环境、保障国家粮食和食物安全等具有十分重要的作用。现代生物技术的应用，推动了从植物源或微生物源类物质转化生产生物农药、生物肥料、生物饲料、动物疫苗及动植物生长调节剂等绿色农用生物产业的快速发展。针对当前我国绿色农用生物产品产业品种少、规模小、成本高以及创新能力薄弱等突出问题，建议以加快绿色农用生物产品产业发展为核心，以提高农业微生物资源开发与利用、动植物生物反应器、动物用生物制品、生物防治以及生物饲料制品等领域的创新能力为基础，突破微生物发酵工艺与定向调控、绿色农用生物产品增效新助剂、新剂型和制造工艺、产品高效储运与保存等共性关键技术，构建绿色农用生物产品制造技术标准体系，重点研制新型疫苗、生物农药、生物肥料、生物饲料、环境修复制剂等重要主导农用生物制品 50 个以上，进行畜禽新型疫苗等动物用生物制品和制剂的大规模生产应用，培育一批绿色农用生物制品生产龙头企业，大幅度提升我国农业生物制品产业核心竞争力，为农业增效、农民增收、农业环境保护与可持续发展提供有效支撑。

8）生物能源专项计划

生物能源是利用生物可再生原料生产乙醇、丁醇、生物柴油、沼气、电力、成型燃料、热化学转化等的环境友好型新能源，是国际上解决能源短缺问题的重要战略。基因组学、蛋白质组学、代谢组学等前沿生物技术的发展极大地推动了生物能源产业的迅速崛起。针对我国生物能源生产原料约束、创新能力弱、关键技术尚未突破、产业规模小、市场竞争力弱等问题，建议围绕生物能源发展存在的原料规模化生产和加工技术两大突出制约因素，以建设纤维素生物燃料技术、能源微生物技术和生物燃料过程技术国家级创新平台为基础，重点突破能源植物优良品种培育、生物燃料新工艺、生物质成型燃料设备、热化学转化、纤维素原料利用、微生物菌种的改良、大规模过程技术等共性关键技术，建立技术产品标准体系；实现沼气和小型热化学气化供热系统等传统生物能源产业生产工艺的技术改造；大力推进淀粉作物、油料植物、生物乙醇、生物柴油、生物丁醇、沼气、生物质发电、生物质致密成型燃料等生物能源产品的产业化生产，增强我国生物能源产业自主创新能力，全面提高生物能源产业的市场竞争力和整体经济效益。

9）生物基材料专项计划

新材料产业既是国民经济发展的重要增长点，也是衡量国家创新能力和综合国力的重要标志之一。利用丰富的农林生物质资源，开发绿色、环境友好和可循环利用的生物基材料，是国际新材料产业发展的重要方向。现代生物技术的应用推动了生物基材料产业迅速发展，加速了产业升级换代。针对我国生物基材料产业源头技术薄弱、创新能力不足、技术集成性差、产业规模小、缺乏技术与产品标准等突出问题，建议围绕提高资源转化效率和降低成本这个核心，以建设生物炼制催化工程和生物质化学转化 2 个国家级创新平台为基础，重点突破微生物合成过程优化、生物基单体的高效共聚、生物基材料制备等产业化关键技术，建立产业技术与主导产品标准体系，实现可再生的生物质资源替代石油资源制备新材料以及复合生物基材料产业的技术换代和更新升级，大力推进淀粉基生物降解塑料、生物基高分子材料、生物基平台化合物、功能糖产品以及木塑复合材料等生物基材料产品的规模化生产，增强我国产业自主创新能力，全面提高我国生物基材料产业的市场竞争力和经济效益。

10）微生物制造专项计划

微生物制造是利用微生物细胞或酶的生物催化功能，进行大规模的物质加工与转化的先进生产方式，是从源头上解决资源短缺与环境污染问题的新型工业发展模式，对于保障我国社会经济可持续发展具有重大战略意义。基因工程、酶工程、发酵工程等现代生物技术的快速发展促使微生物制造产业规模迅速扩大、产品升级换代加速。针对我国微生物制造产业创新能力不足、发酵工艺粗放、产业规模小、企业营利能力弱等突出问题，建议围绕我国传统生物制造产业升级这一核心，以促进绿色生物技术过程取代传统化学工业过程为目标，建设和完善现代酶工程、生物过程系统、工业生物催化技术等微生物制造产业领域的产业创新能力，突破规模化发酵工艺、手性拆分与生物催化、分离精制等产业关键技术，开发相关新产品和工艺过程，进行重要工业酶、精细与日用化学品的生物法生产与生物造纸、生物纺织、生物制革产业化，加快微生物和酶制剂在高能耗、高物耗、污染严重的工业过程中的替代应用，促进传统生物制造产业升级，为显著提高医药、化工、食品、饲料、纺织、造纸、皮革等工业的绿色指数，降低能耗、物耗、水耗和环境污染提供产业技术支撑，实现我国制造业可持续发展。

参 考 文 献

[1] 陈立敏，谭力文．评价中国制造业国际竞争力的实证方法研究——兼与波特指标及产业分类法比较［J］．中国工业经济，2004（5）：30-37.

[2] 陈卫平，朱述斌．“钻石模型”，国外竞争力理论的新发展［J］．经济前沿，2002（5）：19-22.

[3] 陈武．比较优势与中国农业经济国际化［M］．北京：中国人民大学出版社，1997.

[4] 陈左．国际竞争力理论及其启示［J］．经济问题，1998（8）：7-9，13.

[5] 程琳琳，付亚洁，孙海元，等．基于 VOSviewer 的矿区土地复垦保证金制度研究综述［J］．矿产保护与利用，2017（1）：10-16.

[6] 狄昂照，吴明录，韩松，等．国际竞争力［M］．北京：改革出版社，1992.

[7] 樊纲．发展相对优势增强现实竞争力［J］．宏观经济研究，2000（12）：23-26.

[8] 樊纲．论竞争力——关于科技进步与经济效益关系的思考［J］．管理世界，1998（3）：10-15.

[9] Graul AI，Pina P，Cruces E，等. 2018 年全球新药研发报告——第 1 部分：新药和生物制剂［J］. 药学进展，2019，43（4）：309-317.

[10] 谷峻战．国外生物技术产业发展现状［J］．全球科技经济瞭望，2003（5）：49-51.

[11] 郭克莎．中国与世界先进水平的差距及缩小差距的途径研究［R］．中国社会科学院工业经济研究所研究报告，2000.

[12] 国际农业生物技术应用服务组织（ISAAA）. 2018 年全球生物技术/转基因作物商业化发展态势［J］. 中国生物工程杂志，2019，39（8）：1-6.

[13] 国家发展和改革委员会．“十三五”生物产业发展规划［EB/OL］. http：//www. ndrc. gov. cn/zcfb/zcfbghwb/201701/W020170112411581437678. pdf.

[14] 国家经济体制改革委员会经济体制改革研究院，中国人民大学，综合开发研究院联合研究组．中国国际竞争力发展报告（1996）［M］．北京：中国人民大学出版社，1997.

[15] 韩增林，李彬，张坤领，等．基于 CiteSpace 中国海洋经济研究的知识图谱分析［J］．地理科学，2016，36（5）：643-652.

[16] 韩中和．企业竞争力：理论与案例分析［M］．上海：复旦大学出版社，2000.

[17] 郝云宏．中国汽车工业国际竞争力分析［J］．商业经济与管理，2003（3）：4-9.

[18] 何继颖，朱金鑫，范月蕾，等．生物环保产业专利现状及发展趋势分析［J］．生物产业技术，2019（2）：9-14.

[19] 侯俊军，袁强，白杨．技术标准化提升产业国际竞争力的实证研究［J］．财经理论与实践，2015，36（01）：117-122.

[20] IPRdaily，incoPat. 2019 上半年全球生物医药产业发明专利排行榜（TOP100）［EB/OL］. http：//www. iprdaily. cn/news_22425. html.

[21] ISAAA. 2018 年全球生物技术/转基因作物商业化发展态势［J］．中国生物工程杂志，2019，39（8）：1-6.

[22] 金碚．竞争力经济学［M］．广州：广东经济出版社，2003.

[23] 金碚．中国工业国际竞争力——理论、方法和实证研究［M］．北京：经济管理出版社，1997.

[24] 金碚．中国工业国际竞争态势分析［J］．中国工业经济，1998（5）：5-7.

[25] 康迎英，张福利，蔡润津，等．基于 VOSviewer 国外医药卫生领域计算机辅助教学研究计量学分析［J］．中国医药导刊，2019，21（03）：181-187.

[26] 科技部中国生物技术发展中心. 医药生物技术中长期发展战略研究报告（2005－2020）[EB/OL].（2006）. http：//www. cncbd. org. cn/News/Detail/3416.
[27] 科技部中国生物技术发展中心. 工业生物技术发展战略研究报告［EB/OL].（2007）. http：//www. cncbd. org. cn/News/Detail/3415.
[28] 科技部中国生物技术发展中心. 前沿交叉生物技术及其应用研究报告——基于生物信息技术的集成创新与突破［EB/OL].（2006）. http：//www. cncbd. org. cn/News/Detail/3414.
[29] 科技部中国生物技术发展中心. 中国中长期生物技术与产业发展战略研究报告 2007－2020［EB/OL].（2006）. http：//www. cncbd. org. cn/News/Detail/3417.
[30] 科学技术部社会发展科技司，科学技术部中国生物技术发展中心. 2017 中国生命科学与生物技术发展报告［M]. 北京：科学出版社，2017.
[31] 科学技术部社会发展科技司，科学技术部中国生物技术发展中心. 2019 中国生命科学与生物技术发展报告［M]. 北京：科学出版社，2019.
[32] 李学勇．中国生物产业调研报告［M］．北京：中央文献出版社，2004.
[33] 李永发，田秀华．国家竞争力模型比较研究［J］．市场论坛，2004（6）：4-6.
[34] 李元．基于技术创新的产业国际竞争力研究［D］．哈尔滨：哈尔滨工程大学，2003.
[35] 李悦，李平．产业经济学［M］．大连：东北财经大学出版社，2002.
[36] 李志军．加快生物产业发展步伐，培育新的经济增长点［J］．中国生物工程杂志，2004，24（10）：85-88.
[37] 李志军．美国生物产业融资状况、特点与趋势分析［J］．中国生物工程杂志，2004，24（9）：95-99.
[38] 李志军．生物产业融资状况、问题及有关建议［J］．中国生物工程杂志，2004，24（8）：105-108.
[39] 李志军．中国生物产业融资政策和税收政策研究//国家发展和改革委员会高技术产业司，中国生物工程学会．中国生物技术产业发展报告（2004）［M］．北京：化学工业出版社，2005.
[40] 廖春良，冯宗先，程发新．中国家电产业国际价格竞争力分析［J］．价格理论与实践，2003（4）：24-25.
[41] 廖胜姣．科学知识图谱绘制工具 VOSviewer 与 Citespace 的比较研究［J］．科技情报开发与经济，2011，21（07）：137-139.
[42] 刘畅，张晓辉．我国生物产业的国际化对策研究［J］．长春金融高等专科学校学报，2016（6）：93-96.
[43] 刘春香．中国农业国际竞争力研究［D］．杭州：浙江大学，2005.
[44] 刘建亚．中国生物技术产业腾飞所面临的问题［J］．中国科技成果，2003（22）：27-28，36.
[45] 刘力萌．吉林省生物医药产业发展对策研究［D］．长春：长春理工大学，2015.
[46] 刘平洋．中国工业国际竞争力评说［J］．经济论坛，2003（18）：63-64.
[47] 刘宗贤．政府参与才能后劲十足——国外生物技术产业化发展政策撷英［N］．中国医药报，2004-01-13.
[48] 路翰静．印度生物医药产业发展现状及对我国的启示［J］．环球市场，2016（10）：16.
[49] 吕惠琳．全球生物医用材料研究文献计量分析［J］．科技视界，2017（4）：256-257.
[50] 迈克尔・波特．国家竞争优势［M］．李明轩，邱如美，译．北京：华夏出版社，2002.
[51] 迈克尔・波特．竞争优势［M］．陈小悦，译．北京：华夏出版社，1997.
[52] 麦可罗公司．全球生物农药发展与登记现状［EB/OL］. http：//www. sxmicrobe. com/7/796/content. aspx.
[53] 潘爱华，刘丹青．医药生物技术产业状况//国家发展和改革委员会高技术产业司，中国生物工程学会．中国生物技术产业发展报告（2003）［M］．北京：化学工业出版社，2004.
[54] 潘文卿．面对 WTO 中国农产品外贸优势及战略选择［J］．农业经济问题，2000（10）：6-12.
[55] 裴长洪．利用外资与产业竞争力［M］．北京：社会科学文献出版社，1998.
[56] 彭丽红．企业竞争力——理论和实证研究［M］．北京：经济科学出版社，2000.
[57] 彭熠，黄祖辉，郭红东．中国生物技术产业国际竞争力分析与评价［J］．科学学研究，2006，24

(2)：207-215.
[58] 綦成元，任志武，王昌林，等．国家生物产业基地建设规划思路研究∥国家发展和改革委员会高技术产业司，中国生物工程学会．中国生物技术产业发展报告（2004）[M]．北京：化学工业出版社，2005.
[59] 秦晓楠，卢小丽，武春友．国内生态安全研究知识图谱——基于 Citespace 的计量分析 [J]．生态学报，2014，34（13）：3693-3703.
[60] 孙爱仙．正在崛起的生物技术产业 [J]．中国创业投资与高科技，2004（6）：22-26.
[61] 孙治宇．影响我国产业国际竞争力的主要因素研究——基于产品技术结构视角∥江苏省外国经济学说研究会．江苏省外国经济学说研究会成立 30 周年暨 2013 年学术年会论文集．http：∥www. cnki. net.
[62] 王春法．关于中国生物技术创新战略的思考∥国家发展和改革委员会高技术产业司，中国生物工程学会．中国生物技术产业发展报告（2004）[M]．北京：化学工业出版社，2005.
[63] 王方舟．省际蔬菜产业竞争力评价指标体系与评价模型研究 [J]．湖北农业科学，2010，49（7）：1755-1758.
[64] 王飞．美国生物医药产业创新的升级规律及启示 [J]．南京社会科学，2019（8）：29-35.
[65] 王海焦，黄锐娜，王小俊，等．基于 VOSviewer 的富血小板血浆研究热点主题分析 [J]．中国组织工程研究，2019，23（18）：2947-2952.
[66] 王宏广，朱姝，尹志欣，等．国际生物经济发展的趋势与特征 [J]．中国科技论坛，2018（05）：158-164.
[67] 王娟，陈世超，王林丽，等．基于 CiteSpace 的教育大数据研究热点与趋势分析 [J]．现代教育技术，2016，26（02）：5-13.
[68] 王丽萍，李创，汤兵勇．产业国际竞争力研究综述（Ⅰ）[J]．石家庄经济学院学报，2006，29（1）：17-20.
[69] 王丽萍，李创，汤兵勇．产业国际竞争力研究综述（Ⅱ）[J]．石家庄经济学院学报，2006，29（2）：150-152.
[70] 王连芬．中国汽车产业竞争力研究 [D]．长春：吉林大学，2005.
[71] 王森．美国的生物技术产业及生物技术应用 [J]．全球科技经济瞭望，2002（11）：42-44.
[72] 王婷．生物产业竞争力研究——基于第三次全国经济普查数据的分析 [D]．合肥：合肥工业大学，2016.
[73] 王伟，吴信岚．基于 Web of Science 的我国生物技术文献的计量研究 [J]．现代情报，2011，31（11）：109-115.
[74] 吴楠，冯中朝，李晓莉．生物产业竞争力的决定因素及量化评价 [J]．商业时代·学术评论，2006（15）：75-76.
[75] 吴楠，冯中朝．生物产业竞争潜力与竞争力变化趋势的动态分析 [J]．科技进步与对策，2006（4）：107-109.
[76] 吴楠，李晓莉，冯中朝．生物产业战略性可持续发展的经济学分析 [J]．河南农业科学，2006（9）：22-24.
[77] 吴楠．生物产业竞争力与中国的战略对策研究 [D]．武汉：华中农业大学，2008.
[78] 吴松．日本生物科技与产业的发展动向 [J]．全球科技经济瞭望，2016（9）：48-59.
[79] 席雪莲．诺华 84 亿美元劲刮收购风暴 [N]．新民生报，2005-02-23.
[80] 邢志安．中国农业竞争力实证分析 [J]．河北经贸大学学报，2003（1）：42-47.
[81] 徐国念，官建成．抓住机遇提高我国 IT 产业的国际竞争力 [J]．中国软科学，2001（5）：36-40.
[82] 徐建中，王名扬．文献影响力的综合评价指标体系研究 [J]．情报理论与实践，2014，37（05）：56，69-72.
[83] 徐庭琴．印度生物医药产业的发展经验及对中国的启示 [J]．时代金融，2018（23）：39，43.
[84] 杨敏．生物环保发展态势及分析 [J]．生物产业技术，2019（2）：1.
[85] 杨天宇．我国生物技术产业发展的现状、问题与对策 [J]．经济理论与经济管理，2001（11）：16-19.
[86] 余鸣．中国畜牧业国际竞争力研究 [D]．北京：中国农业科学研究院，2002
[87] 詹姆斯·D. 盖斯福德，吉尔·E. 霍布斯，威廉·A. 克尔，等. 生物技术经济学 [M]. 黄祖辉，马述忠，译，上海：上海人民出版社，2003.
[88] 张昌彩，李红宇，林中萍，等．国内外生物产业发展历史、现状和趋势分析∥国家发展和改革委员会高技术产业司，中国生物工程学会．中国生物技术产业发展报告（2004）[M]．北京：化学工业出版社，2005.

[89] 张根发．生物产业——21世纪的前沿产业［M］．贵阳：贵州人民出版社，2004.

[90] 张会恒，文启湘．竞争力：要素 性质 体系［J］．生产力研究，2004（9）：55-57.

[91] 张金昌．国际竞争力评价的理论和方法研究［D］．北京：中国社会科学院，2001.

[92] 张领先．WTO框架下我国农业国内支持水平与结构优化研究［D］．北京：中国农业大学，2006.

[93] 张明菊．我国生物产业发展概况［J］．黄冈职业技术学院学报，2006，8（2）：92-96，99.

[94] 张仕元．构建资本流通渠道，加快我国生物技术产业发展//国家发展和改革委员会高技术产业司，中国生物工程学会．中国生物技术产业发展报告（2003）［M］．北京：化学工业出版社，2004.

[95] 张文君，曹兵伟，李少青，等. 全球农药市场概况和分析（上）. 世界农药，2016（5）：8-14，60.

[96] 张文君，曹兵伟，李少青，等. 全球农药市场概况和分析（下）. 世界农药，2016（6）：8-16.

[97] 张向阳，周勤．新型工业化与中国产业竞争力全国学术研讨会观点综述［J］．中国工业经济，2005（1）：126-128.

[98] 张晓强．中国高技术产业发展年鉴（2006）［M］．北京：北京理工大学出版社，2006.

[99] 张璇，苏楠，杨红岗，等．2000—2011年国际电子政务的知识图谱研究——基于Citespace和VOSviewer的计量分析［J］．情报杂志，2012，31（12）：51-57.

[100] 赵洪斌．论产业竞争力——一个理论综述［J］．当代财经，2004（12）：67-70.

[101] 赵嶂峰，陆一峰．我国生物产业竞争力现状及未来发展策略［J］．经营与管理，2016（6）：31-32.

[102] 中华人民共和国国务院．"十三五"国家科技创新规划［EB/OL］．http：//www. gov. cn/zhengce/content/2016-08/08/content _ 5098072. htm.

[103] 周肇光．中国经济未来发展趋势——基于生物经济研究文献的分析［J］．管理学刊，2015，28（05）：1-6.

[104] 朱春奎．产业竞争力的理论研究［J］．生产力研究，2003（6）：182-183.

[105] 朱建国，苏涛，王骏翼．产业国际竞争力内涵初探［J］．世界经济文汇，2001（1）：62-65.

[106] 朱修篁，易香华，薛芳芳，等．生物医药专利分布及趋势研究［J］．中国新药杂志，2015，24（15）：1686-1693.

[107] 朱玉贤．中国生物产业人才战略设想//国家发展与改革委员会技术产业司．中国生物技术产业发展报告（2004）［M］．北京：化学工业出版社，2005.

[108] 邹薇．关于中国国际竞争力的实证测度与理论研究［J］．经济评论，1999（5）：27-32.

[109] Argyres NS，Liebeskind JP. Governance inseparability and the evolution of US biotechnology industry ［J］. Journal of Economic Behavior and Organization，2002，47（2）：197-219.

[110] Ault A. Global biotechnology industry hoping for upturn in fortunes［J］. Lancet，2003，362（9377）：48.

[111] Becker GS，Murphy KM，Tamura R. Human capital，fertility，and economic growth［J］. Journal of Political Economics，1990，98（S2）：12-37.

[112] BP p. l. c. BP Statistical Review of World Energy 2019［EB/OL］. https：//www. bp. com/content/dam/bp/business-sites/en/global/corporate/pdfs/energy-economics/statistical-review/bp-stats-review-2019-full-report. pdf.

[113] Brian L. Organization and competitiveness——towards a new perspective［J］. Journal of General Management，1999，24（3）：13-52.

[114] Chang Moon H，Rugman AM，Verbeke A. A generalized double diamond approach to the global competitiveness of Korea and Singapore［J］. International Business Review，1998，7（2）：135-150.

[115] Chen CM. CiteSpace II：Detecting and visualizing emerging trends and transient patterns in scientific literature［J］. Journal of the American Society for Information Science and Technology，2006，57（3）：359-377.

[116] Chen CM. Searching for intellectual turning points: Progressive knowledge domain visualization [C]. Proceedings of the National Academy of Sciences of the United States of America, 2004, 101 (S1): 5303-5310.

[117] Cho DS. A dynamic approach to international competitiveness: the case of Korea [J]. Asia Pacific Business Review, 1994, 1 (1): 17-36.

[118] Chou YC, Hsu YY, Yen HY. Human resources for science and technology: Analyzing competitiveness using the analytic hierarchy process [J]. Technology in Society, 2008, 30 (2): 141-153.

[119] COMMISSION OF THE EUROPEAN COMMUNITIES. Life Sciences and Biotechnology - a Strategy for Europe Progress Report and Future Orientations [EB/OL]. (2003). https: //ec. europa. eu/biotechnology/pdf/com2003-96 _ en. pdf.

[120] Dahms AS. The US biotechnology industry: The importance of workforce quality in the maintenance of corporate competitive advantage [J]. Biochemistry and Molecular Biology Education, 2001, 29 (5): 206-208.

[121] Dryden Spring. An international marketefs view of Perte's New Zealand study [J]. Business Quarterly, 1992 (3): 65-69.

[122] Dunning JH, Sarianna M. Lundan. The Geographical sources of competitiveness of multinational enterprises: An econometric Analysis [J]. International Business Review, 1998 (7): 115-133.

[123] Ernst & Young. Beyond borders: Global biotechnology report 2007 [EB/OL]. (2007). https: //www. bioin. or. kr/fileDown. do? seq=6217&bid=industry.

[124] European Commission. Joint technology initiative in the field of bio-based industries [EB/OL]. (2012). http: //ec. europa. eu/smart-regulation/impact/planned _ ia/docs/2013 _ rtd _ 007 _ biobased _ industries _ en. pdf.

[125] EUROPEAN COMMISSION. Life sciences and biotechnology: A strategy for Europe [EB/OL]. (2002). http: //priede. bf. lu. lv/grozs/Mikrobiologijas/BiotehIII/Life _ sci _ and _ biotech. pdf.

[126] Fast Company. The world's 50 most innovative companies 2018 [EB/OL]. (2018). https: //www. fastcompany. com/most-innovative-companies/2018/sectors/biotech.

[127] FDA. New Drugs at FDA: CDER's New Molecular Entities and New Therapeutic Biological Products [EB/OL]. (2020). https: //www. fda. gov/drugs/development-approval-process-drugs/new-drugs-fda-cders-new-molecular-entities-and-new-therapeutic-biological-products.

[128] FDA. New Drugs at FDA: CDER's New Molecular Entities and New Therapeutic Biological Products [EB/OL]. (2020). https: //www. fda. gov/drugs/development-approval-process-drugs/new-drugs-fda-cders-new-molecular-entities-and-new-therapeutic-biological-products.

[129] George G, Zahra SA, Wood DJ. The effects of business-university alliances on innovative out-put and financial performance: A study of publicly traded biotechnology companies [J]. Journal of Business Venturing, 2002, 17 (6): 577-609.

[130] Germany Biotech Database. Number of Companies in the German biotechnology database [EB/OL]. (2020). https: //www. germanbiotech. com/de/portal/stats _ sectors. php.

[131] Giesecke S. The contrasting roles of government in the development of biotechnology industry in the US and Germany [J]. Research Policy, 2000, 29 (2): 205-223.

[132] Hall LA, Bagchi-Sen S. A study of R&D, innovation, and business performance in the Canadian biotechnology industry [J]. Technovation, 2002, 22 (4): 231-244.

[133] Harrigan J. Technology, factor supplies, and international specialization: estimating the neoclassical

model [J]. American Economic Review, 1997, 87 (4): 475-494

[134] Kao C, Wu WY, Hsieh WJ, et al.. Measuring the national competitiveness of Southeast Asian countries [J]. European Journal of Operational Research, 2008, 187 (2): 613-628.

[135] Keesing DB. Labor skills and comparative advantage [J]. American Economic Review, 1966, 56 (2): 249-258.

[136] Korea Pharmaceutical and Bio-Pharma Manufacturers Association. 2018 Directory of Korean Pharmaceutical industry [EB/OL]. (2018). http://www. kpbma. or. kr/attach/KPBMA _ Directory _ 2018. pdf.

[137] Leamer EE. The leontief paradox, reconsidered [J]. Journal of Political Economy, 1980, 88 (3): 495-503.

[138] Lee DH. Bio-based economies in Asia: Economic analysis of development of bio-based industry in China, India, Japan, Korea, Malaysia and Taiwan [J]. International Journal of Hydrogen Energy, 2016, 41 (07): 4333-4346.

[139] Loch CH, Chick S, Huchzermeier A. Can European Manufacturing Companies Compete? Industrial Competitiveness, Employment and Growth in Europe [J]. European Management Journal, 2007, 25 (4): 251-265.

[140] Matthew H. In two months, biotech startups raised more money than in all of 2013 [EB/OL]. (2018). https://www. forbes. com/sites/matthewherper/2018/03/05/in-two-months-biotech-startups-raised-more-money-than-in-all-of-2013/.

[141] Morrison C. 2019 biotech IPOs: party on. Nature Reviews Drug Discovery, 2020, 19 (1): 6-9.

[142] Mueller C. The evolution of the biotechnology industry in Germany [J]. Trends in Biotechnology, 2002, 20 (7): 287-290.

[143] OECD. Biobased chemicals and bioplastics: finding the right policy balance [EB/OL]. (2014). http://www. oecd. org/officialdocuments/publicdisplaydocumentpdf/? cote = DSTI/STP/BIO (2020) 17/FINAL&docLanguage=En.

[144] O'Shaughnessy NJ. Michael Porter's Competitive Advantage revisited [J]. Management Decision, 1996, 34 (6): 12-20.

[145] Persidis A. Biotechnology clusters [J]. Drug Discovery Today, 1999, 4 (7): 297-298.

[146] Richards M, De Carolis DM. Joint venture research and development activity: Ananalysis of the international biotechnology industry [J]. Journal of International Management, 2003, 9 (1): 33-49.

[147] Rugman AM, D'Cruz JR. The "double diamond" model of international competitiveness: the Canadian experience [J]. Management International Review, 1993, 33 (2): 17-39.

[148] Solleiro JL. Intellectual property rights and the growth of biotechnology based industries in developing countries [J]. Biotechnology Advances, 1997, 15 (3-4): 565-582.

[149] Thompson DN. Porter on Canadian competitiveness [J]. Business Quarterly, 1992 (3): 55-58.

[150] Vernon R. International investment and international trade in the product cycle [J]. Quarterly Journal of Economics, 1966, 80 (2): 190-207.

[151] Wang TY, Chien SC, Kao C. The role of technology development in national competitiveness — Evidence from Southeast Asian countries [J]. Technological Forecasting and Social Change, 2007, 74 (8): 1357-1373.

[152] WBA. Global Bioenergy Statistics 2019 [EB/OL]. (2019) [2020-03-26]. https://worldbioenergy. org/uploads/ 191129%20WBA%20GBS%202019 _ HQ. pdf.

[153] Weihrich H. Analyzing the competitive advantages and disadvantages of Germany with the TOWS Matrix—an alternative to Porter's Model [J]. European Business Review, 1999 (1): 9-22.